财富新动能

——2016青岛·中国财富论坛

王波明 ｜ 主编

张燕冬 ｜ 执行主编

人民出版社

责任编辑：鲁　静

版式设计：杜维伟

图书在版编目（CIP）数据

财富新动能：2016青岛 · 中国财富论坛／王波明　主编 ． 一北京：
　人民出版社，2017.6

ISBN 978 － 7 － 01 － 017689 － 5

I.①财…　　II.①王…　　III.①中国经济 － 经济发展 － 研究　　IV.① F124

中国版本图书馆 CIP 数据核字（2017）第 102891 号

财富新动能

CAIFU XINDONGNENG

——2016 青岛 · 中国财富论坛

王波明　主编

人 民 出 版 社 出版发行

（100706　北京市东城区隆福寺街 99 号）

北京新华印刷有限公司印刷　新华书店经销

2017 年 6 月第 1 版　2017 年 6 月北京第 1 次印刷

开本：710 毫米 ×1000 毫米 1/16　印张：20.25

字数：281 千字

ISBN 978 － 7 － 01 － 017689 － 5　定价：66.00 元

邮购地址 100706　北京市东城区隆福寺街 99 号

人民东方图书销售中心　电话：（010）65250042　65289539

目　录

序

维护金融稳定是各级政府必须承担的责任…………………郭树清　001

大力推进金融改革创新　当好财富管理"探路者"…………李　群　008

引　论

金融创新对中国经济转型至关重要………………多米尼克·德维尔潘　003

发展财富管理必须立足于实体经济及民生改善…………蔡　昉　007

发挥公募基金领头羊作用　促进财富管理行业健康发展……李　超　014

中国货币政策回旋空间仍大………………………………殷　勇　017

科技创新——财富创造新动能……………………………马蔚华　022

社保全国统筹是财税改革的重要方向……………………许善达　032

人口趋势要求加快金融改革………………Randall Scott Kroszner　036

打造财富管理中心的关键因素…………………Charles Bowman　041

第一章
全球经济与财富发展趋势

短期就业数据不会影响美联储加息趋势…………………哈继铭　047

监管层不开放数据是作茧自缚……………………………高西庆　049

预警中小银行理财产品面临的风险………………………巴曙松　052

人民币资产长期稳定正收益………………………………姚余栋　054

财富管理与金融发展相辅相成⋯⋯⋯⋯⋯⋯⋯⋯⋯⋯ 胡祖六　057

世界经济对财富管理行业的影响⋯⋯⋯⋯ Randall Scott Kroszner　062

俄罗斯、中亚转型与国际油价波动⋯⋯⋯⋯⋯⋯ Chris Weafer　065

对　话⋯⋯⋯⋯⋯⋯⋯⋯⋯⋯⋯⋯⋯⋯⋯⋯⋯⋯⋯⋯⋯⋯⋯　068

第二章

经济新动能与财富增长之道

经济增长新动力⋯⋯⋯⋯⋯⋯⋯⋯⋯⋯⋯⋯⋯⋯⋯⋯ 白重恩　077

财富管理应坚持行稳致远⋯⋯⋯⋯⋯⋯⋯⋯⋯⋯⋯ 许罗德　082

对　话⋯⋯⋯⋯⋯⋯⋯⋯⋯⋯⋯⋯⋯⋯⋯⋯⋯⋯⋯⋯⋯⋯⋯　085

第三章

货币政策分化与全球资产配置

全球一体化面临三大挑战⋯⋯⋯⋯⋯⋯⋯⋯⋯⋯⋯⋯ 祁　斌　095

以总需求为主的货币政策已到尽头⋯⋯⋯⋯⋯⋯⋯ 曹远征　097

成功配置资产的四个维度⋯⋯⋯⋯⋯⋯⋯⋯⋯⋯⋯⋯ 汪潮涌　099

国际金融风险从机遇期转为暴露期⋯⋯⋯⋯⋯⋯⋯ 管　涛　102

世界市场的关联性越来越强⋯⋯⋯⋯⋯⋯⋯⋯ Alexis Calla　104

国际资产配置必须考虑货币风险⋯⋯⋯⋯ Michael D. Huttman　106

对　话⋯⋯⋯⋯⋯⋯⋯⋯⋯⋯⋯⋯⋯⋯⋯⋯⋯⋯⋯⋯⋯⋯⋯　109

第四章

金融创新与监管新思维

两个维度看金融创新与监管⋯⋯⋯⋯⋯⋯⋯⋯⋯⋯⋯ 秦　晓　119

财富管理是普惠概念⋯⋯⋯⋯⋯⋯⋯⋯⋯⋯⋯⋯⋯⋯ 蔡鄂生　121

监管体系应该自下而上⋯⋯⋯⋯⋯⋯⋯⋯⋯⋯ William Purpura　123

中国市场要进一步融入世界⋯⋯⋯⋯⋯⋯⋯ Thomas McMahon　125

通过期货市场重新分配风险⋯⋯⋯⋯⋯⋯⋯⋯⋯⋯ 张晓刚　127

互联网金融乱象不是真正创新·····················宋　敏　130

对　话··133

第五章
财富创新与产业升级

上市公司是产业转型升级的排头兵·····················单祥双　145

进一步推动银行为中小企业服务·······雷启迪（Alain Le Couédic）　147

中国有 400 万亿的财富空间·······················王　军　149

金融资产占居民财富比重会越来越高·················朱海斌　152

打造财富增长"升级版"：从资本裂变到创新裂变·············郭　为　155

多样化是金融市场的免费午餐·······················黄文耀　157

对　话··160

第六章
资本市场波动与治理

卖空机制会降低市场波动·························朱　宁　165

监管者不能过度保护投机·················William Purpura　168

市场大幅波动与投资者的构成有关·················王　庆　170

国企持股应逐渐自由流通·············岩崎俊博（Toshihiro Iwasaki）　173

实体投资收益下降与流动性充裕造成股市动荡···········哈继铭　176

对　话··179

第七章
财富管理现状分析与应对

互联网金融发展带来的新机遇·······················韩学渊　189

资产管理要了解客户需求·················Michael Morley　191

财富管理要做好长期规划·················Thor Furuholmen　193

机构化程度低影响了资本市场发展·················项安达　194

财富管理市场应该进行供给侧改革…………………………何大勇 196

对　话……………………………………………………………… 198

第八章
产业金融与共享经济

共享金融的三条底线…………………………………………姚余栋 207

如何破解科技型中小企业融资困局？………………………赵昌文 211

共享经济的产权理论解读……………………………………熊　焰 215

财富管理市场是最大的共享经济市场………………………李宝忠 218

对　话……………………………………………………………… 222

第九章
中日韩经济互动与协同合作

推进中日韩全方位合作………………………………………张燕生 227

中日韩自贸区建设至关重要…………………………………赵晋平 230

中国要保持对中日韩经贸谈判的积极力度…………………霍建国 233

中日韩三国出口经济贸易模式应发生变化…………………李虎炯 236

对　话……………………………………………………………… 238

第十章
跨界与融合：金融业数字革命

网络金融服务需要把握需求成本与风险……………………朱云来 247

金融将成为跨界融合重点……………………………………王永利 249

互联网金融要服务实体经济…………………………………陈　龙 251

区块链技术对金融界的三大启示……………………………段永朝 254

交易市场可利用科技实现更好的风控管理…………………吕常恺 257

对　话……………………………………………………………… 259

第十一章
邮轮港建设的财富价值和机遇

国际邮轮港是青岛市三个千亿级项目之一……………………郑德雁 273

邮轮经济需要金融支持………………………………………马蔚华 274

邮轮模式带动经济发展………………………………………李 扬 276

发展离岸金融一定要有改革政策支持………………………裴长洪 278

对 话……………………………………………………………… 281

第十二章
财富功能区的构建与探索

六点建议加快财富管理中心建设……………………Charles Bowman 285

中国资本市场要提高透明度……………………………Bob Olivar 287

美国财富管理行业正处于剧烈转型…………………………吴高林 288

打造高效金融区的几点想法…………………………………申小林 290

诚信安全的金融生态环境至关重要…………………………夏正启 293

对 话……………………………………………………………… 295

后 记………………………………………………………………… 302

序

维护金融稳定是各级政府必须承担的责任

郭树清[*]

摘要：中国的财富管理，是一个关系人民大众的事业。一方面我们强调财富管理的精细化，要把客户分层做得越深入越好，一定保证把合适的产品卖给合适的消费者、投资者；另一方面，我们始终不能忘记财富管理在总体上涉及千家万户，关系人民切身利益，是直接为人民群众服务的。

在这美好的初夏时节，我们再次相聚在黄海之滨，共同探讨经济发展和财富管理问题，青岛人民充满热情和期待。首先，请允许我代表中共山东省委、省人民政府对各位嘉宾的到来表示热烈欢迎！

当前，山东和全国一样，正在深入学习习近平总书记系列重要讲话精神，认真贯彻"十三五"规划部署，落实以人民为中心的发展思想，牢固树立创新、协调、绿色、开放、共享五大发展理念，全面深化改革

---

[*] 郭树清，时任山东省委副书记、省长，现任中国银行业监督管理委员会主席。

特别是供给侧结构性改革，出台了一系列具体措施，各项工作正在扎实有序推进。

以人民为中心的发展思想，就是把增进人民福祉、促进人的全面发展作为出发点和落脚点，说到底就是实现共享发展、共同富裕。习近平总书记指出，消除贫困、改善民生、逐步实现共同富裕，是社会主义的本质要求。大家知道，中国人民是世界上最勤劳也最节俭的人民，山东人民尤为如此。2015 年山东居民总储蓄率为 35.8%。我们发展财富管理，目的就是把人民群众的储蓄资金更好地转化为有效投资，优化产业结构，改善供给质量，使人民群众在经济发展过程中，获取更多收入，得到更大实惠。

财富的来源是收入。随着经济社会快速发展，山东城乡居民收入持续增长。2015 年山东国内生产总值（GDP）超过 6.3 万亿元，按当年平均汇率计算人均超过 1 万美元。1995 年以来的 20 年间，城镇居民人均可支配收入年均增长 10.3%，农村居民人均可支配收入年均增长 10.6%。同时期内，按名义价格计算，全省生产总值年均增长 13.6%，职工平均工资年均增长 12.9%，职工工资增长大部分时间低于劳动生产率增长。企业和其他法人机构的收入保持了更快的增长速度，非居民部门的收入规模也相当可观。最近几年情况发生变化，劳动者报酬在初次分配中的比重呈现出逐步回升的趋势。

在居民收入总量不断扩大的同时，城乡之间、区域之间、行业之间、阶层之间的收入差距逐步缩小。长期以来，山东的城镇和农村居民可支配收入比率一直低于全国水平，2015 年是 2.44，青岛市更低一点，是 2.41。山东企业基本做到了同工同酬，事业单位也正在深化收入分配改革，进城务工人员获得的市民化待遇不断提升。城乡居民收入结构持续改善，农村居民来自工资的收入比重不断提高，城市居民来自技术和管理的收入越来越多，城乡居民的财产性收入普遍增加，成为居民收入的重要来源。特别是，随着农村土地承包经营权、宅基地使用权的流转，农民的财产性收入也在不断提高。如果把居民自住自有住房折算租金（在联合国规定的国民经济核算办法中称为"虚拟租金"）考虑进来，财产性收入会占到居民收入的 1/3 左右。

居民财富的分布决定着其财产性收入的结构。根据人民银行济南分行调查估算，2015 年底，山东居民家庭的资产总值约为 21.2 万亿元，负债总值为 2.4 万亿元，净资产价值 18.8 万亿元。在居民家庭资产构成中，银行存款占 17.7%，其他金融资产占 5.5%，包括汽车、贵重物品及一部分生产设备在内的其他资产占 15.6%，比例最高的是房产，占 61.2%。山东住房的自有率很高，目前城镇大约为 80% 左右，农村接近 100%，初步实现了千百年来"居者有其屋"的梦想。之所以应当计算居民自住自有住房的折算租金，是因为居民持有自住房屋会产生实实在在的市场成本，你要动用储蓄、申请贷款，放弃其他投资，你的房屋同样会有折旧、利息、维护费用等等。如果你从他人那里租住同样的房屋，你必须付出等值于市场租金的真金白银。把这块价值流量加进来，收入分配的图景就可能发生某种变化，这样基尼系数也会有所调整。

收入分配格局优化的一个重要标志，是中等收入群体规模的扩大。习近平总书记指出："扩大中等收入群体，关系全面建成小康社会目标的实现，是转方式调结构的必然要求，是维护社会和谐稳定、国家长治久安的必然要求。"我们将进一步深化收入分配制度改革，增加低收入者收入，扩大中等收入者比重，努力缩小城乡、区域、行业收入分配差距，逐步形成橄榄型分配格局。目前，在山东工业企业主营业务中，86% 的成本是直接材料费用，雇员报酬占比仅为 5.02%，其中一线职工工资性费用只占 2%。这个事实说明了几个问题：一是我们的工业结构过重，对能源原材料依赖度极高；二是企业管理总体上还比较粗放，节约物质资源的潜力很大；三是基层员工的薪酬依然偏低；四是相当一部分企业家或者高管人员，习惯于不领或少领工资，而将个人生活费用放到企业成本中报销。最近召开过一次企业家座谈会，9 个人参加，都说他们领工资并缴纳个人所得税，我们很受鼓舞。

对经济社会发展来说，保持较高的储蓄率是有益的。但任何事物都有度的限制，储蓄率过高则会造成资源闲置。通过科学理财提高资金的使用效率，是经济生活中面临的一个比较迫切、比较重大的挑战。财富管理就是要最大限度合理配置财富，降低成本，减少风险，增加回报。从个人家庭层面来说，可以增加更多收入；从国家和社会层面来说，可以创造更多社会财富。

中国的财富管理是一个关系人民大众的事业，这是与外国很不同的特点。在欧美国家，财富管理往往意味着是小众的事情，甚至就是少数富翁的事情。但是中国则不同，即使是低收入群体，也会有一定数量的节余节约资金。因此，一方面，我们强调财富管理的精细化，要把客户分层做得越深入越好，一定要把合适的产品卖给合适的投资者；另一方面，我们始终不能忘记，财富管理在总体上涉及千家万户，关系人民切身利益，是直接为人民群众服务的。大众理财有很大潜力，但同时也很有必要加强对投资者的风险教育。一是要引导居民进行合理有效的组合投资，不要把鸡蛋放在同一个篮子里。好在我们山东是养鸡大省，我们有很多篮子，你有多少鸡蛋我们都有足够多有空间的篮子。二是提醒人们不要搞赌博性、押宝式的投资。英国人说，世界上没有免费的午餐；中国有句老话，天上不会掉馅饼。三是特别要警示大家千万不能靠借债来投资。政府依法保护的是投资者合法权益，而不是保证投资者自己预期的收益。

山东人一向有偏好现金储蓄和银行存款的传统。根据人民银行济南分行的调查测算，2015年底，全省居民银行存款余额达到3.76万亿元，相当于生产总值的59.7%，人均3.8万元。居民当年新增储蓄存款占可支配收入的15.2%。而且，还有数量可观的现金、贵金属无法纳入统计。当然，居民储蓄的分布也不均衡，有的存款多，有的存款少，但银行存款在山东是非常普遍的。截止2016年5月底，全省个人银行账户达到6.58亿个。平均每个山东人有将近7个账户。

购买房产也是个人财富配置的一种方式。孟子说，有恒产者有恒心。绝大多数居民拥有住房，这是富强、民主、文明、和谐社会的一个基础保证。我们鼓励大家拥有自己的住房，同时，也提倡租购并举，因地制宜大力发展租赁市场。有的人认为租房很划算，可以节省更多的资金进行其他投资。如果购房后自己不住也不出租，单纯为了投资或投机，就容易形成炒作，抬高房价，吹大泡沫，提高生产生活成本，挤压实体经济，这样对国家、地方和个人都没有好处。幸运的是，山东半岛城市群作为全国第四大城市群，房价低于全国大中城市平均水平。济南、青岛市域内的房价目前是 8000 多元每平方米，主城区的房价当然会明显高于这个水平。

财富管理是一种劳动者的事业，也是一种创新创业者的事业。发展财富管理必须与供给侧结构性改革结合起来，加强与实体经济对接。财富管理机构及其工作人员更要懂得长期投资、价值投资的道理，更不能追求一夜暴富，梦想一脚踢出个金元宝。相反，要甘于吃苦、深入底层，善于发现有价值的产品、项目、企业、行业，使资金更多向高效率的部门或领域集中，促进劳动生产率和全要素生产率的提升。机构要提高专业化水平，使风险识别能力、风险承受能力与风险投资规模相适应。要对行业产业进行深入研究，做好尽职调查，对企业或项目的历史数据、管理人员背景、市场风险、信用风险、技术风险，做全面深入的分析审核，科学系统地判断投资前景。

当前，山东的经济社会发展正在跨入新的更高水平的发展阶段。目前全省有 4 条高速铁路在建，下半年还会有 2 条高速铁路开工；上千公里的高速公路和上万公里的普通公路新建改造；无数的学校、医院、养老院、敬老院改建扩建；全国最大规模的旅游文化投资正在实施；到 2016 年底，城市宽带用户平均接入速率超过 20 兆以上，自然村基本实现宽带接通，互联网普及率达到 50%；政府支持和资助的城乡居民危旧房改造，全年将达到 120 多万户；几百个电厂和数千个锅炉正在进行超低排放治理，环保产业成为一个巨大的新兴行业；而且，特别重要的还有，2016 年我们将完成 200 多万农户厕所的无害化改造，其中相当一部分采用的是法国农村使用的"三格式"冲水厕所。我坦率地提到这一点，希望德维尔潘总理不要提出知识产权转让费要求。

山东正在大力发展新技术、新企业、新产业、新业态，青岛正在建设创新之城、创业之都、创客之岛，这为财富管理提供了巨大平台。我们已经发起设立了 19 个方向的政府产业投资引导基金，参股设立了 51 只子基金，另外我们还设立了规模更为宏大的政府与社会资本合作基金。同时，我们也鼓励企业或项目通过多种途径增加股本金、发行各种债券，支持区域性股权交易市场发展。这些都为金融业界的朋友们开展业务创造了更为宽广的空间。

不可否认，财富管理还面临诸多风险和挑战。庞氏骗局之类的金融诈骗不断变换花样，屡禁不止。一些投资者被所谓新型金融组织的高收益所吸引，也出现了类似跑路、倒闭、停止兑付等现象。维护金融稳定是各级政府必须承担的责任。各类监管机构要加强监管，及时向投资者揭示风险。要动员每个公民参与，严厉打击非法集资。依照法律，私募投资超过 200 人就属于违法活动。面向少数人的投资理财产品不能打广告，不仅不能上电视、登报纸，就是到居民小区挨家挨户发传单也不行。所谓的"保本高收益"，一听就是诈骗。你若看到，一定要马上报告李超副主席及他的派出机构，当然报告地方金融办和公安派出所也可以。此外，还必须强调，进一步强化诚信意识，推动财富管理在法治轨道上运行。

青岛财富管理试验区肩负着探索中国特色财富管理发展道路的重要使命。获国家批准两年多来，各项工作全面铺开，富有成效，取得了可喜成就，不仅在国内金融业界备受瞩目，而且赢得了香港、新加坡、伦敦、纽约、芝加哥等国际金融中心专业机构和专业人士的普遍认可。2016 年 4 月，青岛首次被纳入全球金融中心排名，名列第 79 位，展现出一座金融新星城市的勃勃生机。山东有 140 多所大学，高等教育毛入学率达到 48%，高中阶段毛入学率达到 97%。每年都培养出数百万素质优良的劳动者和建设者。同时，我们也长期奉行面向全国和企业界的人才开放政策。青岛冬无严寒，夏无酷暑，更重要的是雾霾也很少，非常适合居住，也非常适合创业，特别是非常适合财富管理。事实上，山东东部沿海的烟台、威海、日照等地都是这样。真诚地邀请大家来山东和青岛投资兴业，实现互利共赢。我们将为大家提供最大的便利，创造最为宽松的环境。

大力推进金融改革创新
当好财富管理"探路者"

李　群*

摘要：财富管理作为金融活动中最具活力的部分，在服务供给侧结构性改革中必会大有可为；同时，供给侧结构性改革也将产生新经济、新业态，为金融业发展提供新的空间和动力，助推财富管理行业的跨越发展。

作为本次论坛的东道主，我首先代表青岛市委、市政府，对各位嘉宾的到来表示诚挚的欢迎！对论坛的举办表示热烈的祝贺！

2015年6月我们举办了首届青岛·中国财富论坛，一年后，我们再次聚首，举办"2016青岛·中国财富论坛"，就"全球视野下的财富管理趋势"进行研讨，希冀聚拢行业精英的远见卓识，为我国财富管理行业跨越发展提供更多借鉴和助力。

财富管理作为金融活动中最具活力的部分，在服务供给侧结构性改革中必会大有可为；同时，供给侧结构性改革也将产生新经济、新业态，为金融业发展提供新的空间和动力，助推财富管理行业的跨越发展。可以说，我国财富管理行业的"黄金运势"已到，未来十年的重要"掘金之地"可能就是财富管理行业。

---

* 李群，时任山东省委常委、青岛市委书记，现任山东省委常委、常务副省长。

2014 年，国务院授权中国人民银行等 11 家部委，批复"青岛市财富管理金融综合改革试验区"。两年来，在中央和省委、省政府的大力支持下，在在座各位的鼎力支持下，在郭树清省长的亲自推动下，青岛的财富管理试验区建设蹄急步稳，一座较大容量金融"蓄水池"正在形成。截至 2015 年底，青岛金融机构达 221 家、是"十一五"末的 1.5 倍，金融业增加值达 588 亿元、是"十一五"末的 2.5 倍，占 GDP 比重 6.9%，2015 年金融业提供的地方税收达 127.3 亿元。2016 年 4 月，在伦敦调研公司（Z/Yen Group）公布的全球金融中心指数（GFCI）榜单中，青岛首次入围"全球金融中心"，这对青岛而言意义非凡，说明青岛的财富管理、金融发展已展现出勃勃生机。下一步，我们将继续以财富管理试验区建设为主导，坚持开放、新兴、联动、普惠特色，大力推进金融改革创新，叫响"财富金融青岛"金字招牌，当好中国财富管理的"探路者"。

女士们、先生们，本次论坛高朋满座、贵宾云集。真诚希望各位嘉宾畅所欲言、各抒己见，以大家的远见卓识，助推青岛成为中国财富管理的"探路者"，为探索具有中国特色的财富管理之路作出贡献。同时，我们诚挚地邀请国内外金融机构和人才来青岛发展，与我们一同携手打造财富管理的新高地！

引　论

金融创新对中国经济转型至关重要

多米尼克·德维尔潘[*]

摘要： 在未来的若干年中，金融创新对中国经济的发展至关重要。金融行业在不断创新的同时，也要保证安全和稳定性，投资也应该更加关注安全的资产。我们要在信息透明的前提下分析风险，也需要新的一些融资方式如绿色债券、工程债券，来吸引投资者的参与。

我非常高兴能够参加本届中国财富论坛，关注中国未来的财富管理趋势。本次盛会为我们提供了一个难得的契机，使我们能够在当前国际风险——包括经济放缓以及公共负债增加——的情况下，有机会探讨并解决主要的经济和金融问题。

今天我们之所以能齐聚青岛，探讨如何打造一个可持续发展的金融行业，这并非巧合，而是基于中国经济发展取得了巨大的成就，而青岛就代表了中国向世界开放这样一个趋势。青岛作为海港，在经济上是非常开放的，对国外投资者而言也是一个颇具吸引力的枢纽。山东省的历史源远流长，不仅是一个非常美丽的文化圣地，也是孔子的故乡。在过去的 30 多年间，中国经历了非常快速的经济增长，现在已经成为世界第二大经济体。经济全球化给中国带来机遇的同时，也带来了挑战：一

---

* 多米尼克·德维尔潘，法国前总理。

方面，全球化是一个极大的机遇，让中国可以加入国际市场，发展出口贸易；另一方面，也带来了许多问题，例如全球化让各个经济体之间更加依赖，经济危机爆发后则很容易互相传导。

时至今日，金融业已经成为经济增长的新支柱，但是我们要重点关注的是：第一，要管理好金融创新；第二，要保证监管的稳定性。中国现在已经进入了经济发展的新阶段，在过去 10 年当中，中国经济已经日益国际化。首先，中国已经在多个机构进行了国际化，2001 年成功加入世贸组织；2008 年以来，中国在 G20 峰会框架下扮演了越来越重要的角色；2015 年以来，IMF（国际货币基金组织）已经决定把人民币引入国际支付的体系当中。其次，中国在海外的投资已经成为国际经济增长的重要驱动力。最近几年我们也看到了一些非常成功的案例。比如中法两国在旅游业方面也有非常密切的合作机遇。一些公司在海外的投资让中国获得了更多的经验，比如非洲的农业、矿业投资等。

目前，中国经济增长方式出现了一个重大转变，正如习近平主席所言，中国经济呈现新常态的几个主要特点：速度"从高速增长转为中高速增长"，经济结构"不断优化升级"，动力"从要素驱动转向创新驱动"。简而言之，就是"增速变化、结构优化、动力转换"。一方面，我们看到了这样一种服务创新的经济增长趋势，以及 6%—7%的增长；另一方面，传统行业特别是类似钢铁产业这样的行业，面临着一定的困难和挑战。中国需要寻找新的经济增长驱动力，来刺激实体经济。首先，除了发展消费和服务业，还要不断推动数字经济、旅游或者医疗等长期可持续增长行业的不断崛起；第二，中国的"一带一路"战略具有极大潜力，它可以为欧亚区域沿线国家和地区的基础设施建设带来大量投资。对于公共基础设施，包括像金立群先生担任行长的亚洲基础设施投资银行，也是由中国主导成立的，它为这些基础设施的建设筹集资金，所以中国的确做出了极大的努力，让"一带一路"这样一个愿景变为现实。

金融业应该被放在优先发展的位置，以此来拉动经济增长和发展。

我们需要新的工具和架构来更好发展金融业，将资金引入到最需要、最有效率的地方。中国经济要继续发展，需要专项的资金来支持专项的项目，例如，要有数字化资金支持创意产业发展，绿色资金支持环境发展，文化资金支持文化产业发展。从全球角度看，跨境投资要用来加强国际合作，比如说中美、中欧之间的合作基金，已进入早期融资阶段，但还需更多的资金。又如中非基金，可以配合中国大的发展战略，这不仅仅是资金的流动，还需要有更好的配套服务，帮助实施这样的战略，例如会有更多的网络建设、品牌宣传和公共关系管理。

在未来的若干年中，金融创新对中国经济的发展至关重要。金融行业在不断创新的同时，也要保证安全和稳定性，投资也应该更加关注安全的资产。在过去，西方在金融方面盲目扩张的模式做的并不好，应有更好的分析方法来分析资金的流向，让一些需要的人融资成本尽量降低，让一些高风险的融资成本也要提高，同时我们也要考虑到不同地区的特殊性。我们要在信息透明的前提下分析风险，也需要新的一些融资方式如绿色债券、工程债券，有一定的收益来吸引投资者的参与。我们希望市场能有更多的稳定性，而贵金属特别是黄金可以成为一个重要的支持。

对今天中国的财富管理而言，管理风险、建立信任是很有必要的，金融是要建立在信任和信心基础之上的。对中国来说，在经济转型中把握方向非常重要。李克强总理也表示，中国将在新常态下进行持续改革。金融体系改革的关键就是要减少市场波动，希望监管部门在这方面能做得更好，并且让人民币更加自由化。中国政府在这方面已经展现出了对于改革的能力。在金融业方面，采取了有力措施，在巴塞尔二和巴塞尔三协议的基础上加强监管，减少经济泡沫，更多吸收海外投资。在货币领域，人民币现在变得更加强劲，更加接近自由浮动的汇率机制，这是一个极大的改变。

今天我们齐聚青岛，可以真切地感受到中国金融改革措施的力度。青岛本地有很多颇具潜力的中小型企业，它们有着广阔的发展空间，非常有利于基金投资，譬如高科技电子行业以及农业、造船业等传统行业。青岛因其独特的地理位置和历史，其经济发展与日本、韩国、德国都有着较为密切的关系。不仅如此，目前，山东全省经济有着较高的增长趋势。过去几年山东省 GDP 每年增长超过 9%。金融在山东未来的经济发展中将会越来越重要，青岛财富管理和金融综合改革试验区的建立，可以为金融创新和改革提供新的刺激。

共享金融服务是成功的关键。本次论坛将进一步促进山东省和青岛市加快金融转型。我坚信创新和合作是极其重要的，我们也切实目睹了中国在这方面正向着正确的方向迈进。

发展财富管理必须立足于
实体经济及民生改善

蔡　昉[*]

摘要：在实体经济发展和民生改善的基础上，发展金融业和财富管理业应该说还有广阔的前景。真正为实体经济服务和民生服务的金融发展和财富管理，应该永远不会过度。

在现代经济增长理论和实践中，财富的三大源泉分别是土地、劳动和创新，围绕这三大源泉所进行的改革和体制机制的建设，就是供给侧结构性改革题中应有之义，应该加以大力推进。这也是金融发展和财富管理业发展的一个基本前提。

在世界金融危机之后，国际经济学界有一个倾向，也就是说在很多国家，对金融过度发展的批评形成了一个潮流。我国也有人警示说，过度的金融发展可能会导致泡沫。这种警示是必要的，同时也要看到：第一，中国的金融业、财富管理业仍然处在一个相对发展不足的发展阶段；第二，在实体经济发展的基础上，在民生改善的基础上，发展金融业和财富管理业应该说还有广阔的前景。真正为实体经济服务和民生服务的金融发展和财富管理，应该永远不会过度。

当然了，这里还有一个概念，就是正如刚才郭树清省长说的，不要

＊　蔡昉，中国社会科学院副院长。

把鸡蛋都放在一个篮子里。在某种程度上,世界经济史上出现过很多资源枯竭型经济,我们不应仅仅把这个资源理解为自然资源,资源依赖也不仅仅是指对自然资源的依赖,其实任何单一产业的过度发展,都会造成资源或产业依赖,从而会出现资源枯竭的问题,或产业发展的不可持续。从这个角度而言,风险无疑是存在的,所以我们必须把金融业、财富管理业的发展,建立在实体经济的发展和民生改善的基础上。

我个人不是研究金融问题的,所以我想从金融发展、财富管理与实体经济的关系角度,谈一些研究的心得。

山东省是我国实体经济发展的一个大省,也是一个发达的沿海省份,按照目前人均 GDP 的水平,已经超过了 1 万美元,按照现在的增长速度,大概两到三年之后,就会达到 1.2 万美元。它的含义是什么呢?就是目前世界银行所定义的从中等偏上收入发展阶段迈入高收入发展阶段的门槛。也就是说,我大致分析了一下,按照我们现在经济增长速度的趋势判断,全国到 2022 年可以达到这个 1.2 万美元的门槛。山东很显然在"十三五"完成之前,就可以领先于全国跨过这个门槛了。

同时,我们也可以看到,实体经济越是走向高端,越是在城乡形成中等收入群体占主体的一种橄榄型的社会结构,金融发展和财富管理的需求就越强烈,也就越是会以会当凌绝顶的姿态得到率先的发展。我对山东省的发展经济研究远远不够,所以下面我结合全国的情况谈几点看法。

谈到财富的时候,我们记得马克思引用威廉·配第的一句话,叫做劳动是财富之父,土地是财富之母。这儿,我再加一条,就是按照我们新的发展理念,创新是财富涌流的终极源泉。所以我想从土地和劳动这两种传统的生产要素,以及创新发展这一新的增长源泉三个角度,谈一些我的研究体会。

先谈土地要素。土地在这儿,我讲的其实是农业经济,讲的是农业经营规模。山东是一个农业大省,我们知道,农业现代化走得多远,其实决定"四化"走多远。谈到中国农业发展时,我们可以列举很多很多问题，但其根源在于农业生产方式。而农业生产方式不强的根源，又在于土地规模太小。世界银行曾经有过一个定义，把两公顷以下的农场规模叫做小型土地所有者。那么我们目前的农户平均规模大概是 0.6—0.7公顷，也就是说只相当于世界银行定义的小土地所有者的 1/3 这个水平。不仅如此，我们与世界上很多国家和地区相比，应该是超小规模。比如说日本和印度，都是以小规模土地为特征的。而我们只相当于日本和印度土地经营规模的一半。当然和美国差距就更大了，我们的土地规模只相当于美国农场平均规模的 0.4%。和非洲国家大体平均水平比，我们相当于它的 1/4—1/5，相当于拉美国家的大概 1/10。通过农场规模对比之后，还可以看到，我们的农户土地地块分布在不同的地方，可见这个规模不仅非常小，而且十分细碎。

那么它的含义是什么？我想最重要的是要看到，在劳动力大规模转移出去之后，我们的农业正经历一个机械化的过程，也就是说机器在逐渐替代劳动。在替代劳动的过程中，很快就会到达这样一个阶段，什么阶段呢？非常狭小的经营规模制约投入的回报。也就是说我们遭遇到了资本报酬的递减，这一点在农业中非常突出。我们一直在讲增加农业投入，这其实是一个笼统的说法。归根到底，如何增加投入，增加了之后有没有效益，终究取决于你的投资回报率。

最近，我们做了一点计量研究，估算了一下农业中资本回报率到底是个什么样子。通过一个生产函数估计，我们拿 2007—2013 年的平均水平，与改革开放初期 1978—1984 年的平均水平做一个比较，发现粮食中资本的边际生产力（其实也就是资本的投资回报），粳稻下降了 35%，玉米下降了 34%，小麦下降了 24%。最近以来这个下降趋势更明显了，农业到了这个发展阶段，你不能扩大经营规模，你的资本回报就很难保障。增加投入虽然是好事，但是投入了以后要有效益，否则导致的结果就是农民增加的收入与农业本身无关，与农业经营本身无关。从全国的情况看，农民收入的 2/3 以上是和农业没有关系的，在每年增收的构成中，增量中大概 78.5% 是与农业无关的，只是非农产业的工资性收入。习近平总书记说中国要强，农业必须强。农业强的表现就是建立起一个现代化农业生产方式，而没有规模经营就没有现代化的农业生产方式，这都对金融服务提出了较高的要求。目前在全国人大的立法工作中，正在积极推动农村金融法的制定，我们将会根据这个法的推进结果，依法有据地推动农村金融的改革。

再谈劳动要素。关于劳动这个要素，我想扩展一下，就是说从三个地方面认识。首先是从传统概念的角度，就是普通的劳动者，劳动力的供给。从这方面看，在 2004 年中国即跨越了所谓的刘易斯转折点，出现了劳动力的短缺，特别是普通劳动者的短缺。在过去的这几年里又有了新的发展。比如说 2011 年开始，中国劳动年龄人口进入负增长。如果说劳动年龄人口还不是劳动力的概念的话，那么我们可以来看经济活动人口。我们的预测是经济活动人口从 2018 年开始负增长。也就是从总量上，我们已经无法得到所需要的劳动力供给了，因此主要的还是要靠结构的调整，也就是所谓的劳动力资源重新配置，主要表现为从农业转向非农产业。

我今天看报道，青岛市 2016 年前 5 个月，已经完成了全年 90% 的就业目标。一方面当然说明我们的就业工作做得好，另一方面也说明了劳动力短缺的趋势已经越来越明显了。什么叫劳动力资源的重新配置呢？其实说穿了，就是从它还没有得到充分利用，没有充分就业的状态，转变为更加充分利用，转向在生产率更高的部门就业，比方说农业转向非农产业，从农村转向城市。

我从郭省长的省政府报告中看到，山东省有一个很突出的优势，即城镇化率达到了 59%，常住人口城镇化率高于全国水平。但更引人注目的是户籍人口城镇化率达到了 49%，全国平均水平大概还没有达到 39%，也就是说我们山东省在户籍制度改革或者对农民工基本公共服务的均等化程度上，已经率先取得了突破。对于劳动力供给、保持经济增长而言，户籍制度改革或者说提高户籍人口城镇化率是一个"一石三鸟"的改革措施，可以带来非常及时的改革红利：首先是增加劳动力供给；其次是可以继续推动流动即资源重新配置，提高全要素生产率；最后是从需求侧形成一个新的消费者群体，即潜在的中等收入群体，也是为我们的金融发展、财富管理创造了一个基础条件。

劳动的第二个概念就是人力资本。我们劳动力短缺了，接下来大家就会很自然地预期，数量不足了要用质量来代替。当我们看到当劳动力总量不增长的时候，或者说没有很强的每年新增劳动力群体的时候，我们的人力资本改善速度也会放慢，新增的人力资本总量也会减少，因为我们知道，新增的劳动力具有更高的受教育程度，就是比存量。因此，新增劳动力的减少，你的新增人力成本也减少。我们大概做了一个测算，2011—2020年期间，每年新增的人力资本总量是以每年1%的速度递减，而不是递增。也就是说如果教育和培训没有更大的发展和改革，人力资本是无法支撑经济发展和经济结构转变的。这是第二个概念。

劳动的第三个概念是机器人。过去经济学家认为机器人就是机器或资本，不是真正意义上的劳动。过去的机器人就是机器，就是资本，因为它只是人简单的一个延伸，但是新一代机器人有了一些新的特点。它有更高的智能，它可以把体力、智能甚至认知能力，在某些领域甚至非认知能力都融合到一起，因此我在这里把它作为劳动要素，而不是将其归于资本要素。这是为了特别强调，我们必须高度关注机器人的发展。它改写了我们经济学中一个最基本的假设，就是资本报酬递减，有了机器人或许就没有资本报酬递减，因此，它对人的替代可能会发生的非常快，超乎我们的预料。这是关于劳动要素。

再来看创新这个增长源泉。创新是财富涌流的终极源泉，特别表现为全要素生产率的提高。在李克强总理的政府工作报告中，还有郭树清省长在省政府工作报告当中，都提到了全要素生产率的提高。中国经济面临生产动能的转换，也就是说过去是人口红利收获期，现在进入到一个后人口红利发展期，相应人口红利动能一定会从要素投入驱动，转向全要素生产率驱动。

传统动能的消失，包括这么几个方面：劳动年龄人口、经济活动人口，都已经或即将进入负增长；人力资本改善的速度放缓；投资回报率下降，因为不再有劳动力无限供给的特征，资本报酬递减速度会非常快；再有就是，劳动力转移带来的资源重新配置效率会逐渐减少。可以看到，劳动力转移即现在的农民工增量，主要不是从农业中转移出的劳动力，这部分人都是 40 岁以上的人，他们不再转移。真正转移出来的人是农村初中和高中毕业生，也就是说 16—19 岁的劳动年龄人口，这部分人口总量在 2014 年到达了峰值，从 2015 年开始出现负增长，相应劳动力转移的速度也大大下降。从 2015 年的数字看，农民工的新增速度只有 0.4%，未来劳动力供给不足已成定局，同时作为全要素生产率重要源泉的资源重新配置效率也会衰弱。因此，创新必须成为经济增长的主要来源。

创新包括体制机制的创新，因为体制性的障碍还存在，妨碍生产要素的有效供给和合理配置，妨碍生产率持续提高，因此通过改革，还可以挖掘传统的动能，还可以延长人口红利。另一方面，归根结底，在新的发展条件下，必须转向以全要素生产率为主的新的经济增长动能。作为新的经济增长动能，全要素生产率怎么提高？过去有一个概念，大家认为创新就是用新的技术装备企业，政府也习惯于大手笔给企业补贴，甚至越俎代庖帮助它们选择什么样的新技术、新行业，但是做完以后又发现，有的时候我们鼓励的产业变成了产能过剩的行业，对于转向创新驱动，政府终究觉得无能为力，像推绳子一样，有劲使不上。

事实上，创新应该分为两个层次来认识。一个是企业层次或微观层面。对企业而言，归根结底是按照生产要素相对价格的变化，选择最为适合的技术和最有竞争力的生产方式，这部分叫做企业行为或产业行为，政府不能越俎代庖。再一个层次，是市场的选择行为，或者说市场的选择机制。归根结底要保持一个充分竞争的市场，允许进入，也允许退出。我们从发达国家的经验看到，生产率提高的一半，来自于企业进入和退出，即我们所说的创造性破坏。因此，对政府来说，真正要做的是维护好创造性破坏的机制。总的来说，我们认为改革红利是看得见摸得着的。

　　在现代经济增长理论和实践中，财富的三大源泉分别是土地、劳动和创新，围绕这三大源泉所进行的改革和体制机制的建设，就是供给侧结构性改革题中应有之义，应该加以大力推进。与此同时，这也是金融发展和财富管理业发展的一个基本前提。

发挥公募基金领头羊作用
促进财富管理行业健康发展

李　超*

摘要：当前，我国财富管理行业方兴未艾，面临难得发展机遇：一是居民理财需求持续提升，为公募基金发展奠定了坚实基础。二是提高直接融资比重、发展多层次资本市场为公募基金提供了巨大发展空间。三是社会保障体制改革全面深化将为公募基金发展带来新的动力。

公募基金是我国财富管理行业的领头羊和主力军，下面我主要围绕公募基金健康发展谈一些想法，与大家交流探讨。

从 1998 年第一只规范运作的公募基金产品成立算起，我国公募基金行业已经走过近 20 年的发展历程。这些年来，依托着我国经济社会和资本市场的快速发展，公募基金行业也保持了良好的发展势头。截至 2016 年 5 月底，公募基金管理规模为 8.09 万亿元，基金管理公司及其子公司专户业务规模达到 15.34 万亿元。公募基金的成绩充分体现了我国财富管理领域的快速进步，而且对金融体系和经济社会的发展、变革，也起到了重要的推动作用。

第一，公募基金的发展丰富了财富管理工具。公募基金经过近 20

---

*　李超，中国证券监督管理委员会副主席。

年来的探索成长，投资者队伍逐步壮大。目前，持有公募基金份额的个人投资者约 1.5 亿。据统计，运作 5 年以上的债券基金、混合基金和主动管理的股票型基金，2011 年至 2015 年的年化收益率分别为 7.1%、9.74% 和 10.06%，远高于同期存款利率。公募基金为广大投资者提供了财富保值增值的新方式，普及了大众理财知识，拓展了储蓄转化为投资的渠道，成为千家万户的投资选择。

第二，公募基金的发展培育了一大批专业的财富管理人才。目前，我国共有公募基金管理公司 101 家，从业人员约 1.7 万人。这些从业人员经过多年的培养历练，具有比较扎实的专业知识、相对丰富的管理经验，是公募基金发展的重要保障，也是财富管理行业宝贵的核心资产。

第三，公募基金已成为上市公司完善治理结构的推动力量。公募基金是机构投资者的重要代表，正逐步发挥买方作用，参与上市公司治理的意识不断增强。在促进上市公司规范运作、帮助上市公司实现价值成长的过程中，公募基金获得合理收益，为投资者带来良好回报。

第四，公募基金开辟了跨境财富管理的合规渠道。公募基金是我国较早开展海外投资的行业，为广大投资者进行海外资产配置提供了专业服务和渠道。截至 2016 年 5 月底，我国 QDII 产品共 107 只，规模超过 750 亿元，投资涉及全球主要金融市场。

第五，公募基金的运作实践促进了财富管理行业的法制完善。《证券法》、《证券投资基金法》等法律法规陆续出台实施，在证券投资基金运作管理、销售管理、信息披露管理、从业人员管理、合规管理、风险管理等方面先后出台了一系列部门规章、规范性文件和自律规则，不仅为公募基金行业提供了基本制度规范，也为整个财富管理行业提供了法制借鉴，有力促进了财富管理行业的规范化发展。

公募基金的成长之路并不平坦，发展进程中出现过突破行业底线的现象，目前也依然存在不成熟、不规范的问题。比如：产品同质化比较严重，收益特征、风险特征没有实质区别，自身优势没有体现；投资回报的稳定性尚欠佳；风险管理能力仍待提高，跟风发行产品、抢占市场份额、集中持股等现象还一定程度的存在；投资者适当性标准执行不严等。在创新发展过程中，部分公司还存在业务错位和组织架构错位、风险控制不力等问题。

当前，我国财富管理行业方兴未艾，面临难得发展机遇：一是居民理财需求持续提升，为公募基金发展奠定了坚实基础。二是提高直接融资比重、发展多层次资本市场为公募基金提供了巨大发展空间。三是社会保障体制改革全面深化将为公募基金发展带来新的动力。

面对机遇，公募基金行业需要进一步提升核心竞争力，紧扣投资者多样化财富管理需求，不断优化服务，发挥好公募基金配置资产的专业优势，为理财资金提供多元化、组合性的投资产品。夯实发展基础，注重吸取境内外优秀公司的成功经验，找准自身发展瓶颈，提升研究能力、专业水准和合规风控水平。找准创新发展定位，在坚持资产管理基础上，拓展差异化竞争优势。树立投资者利益至上的理念，牢记"受人之托、代人理财"的根本要义，坚持诚信守约、稳健经营的行业安身立命之本。建立健全科学的投资决策管理体系，主动承担起回报投资者的责任，引领长期投资、价值投资的理念和文化。

青岛是一座美丽的城市，财富管理金融综合改革试验区正日益展现出蓬勃的活力。中国证监会将一如既往地支持青岛财富管理金融综合改革试验区建设。我相信，在社会各界的共同努力下，我国财富管理行业必将为改善人民生活、促进经济社会发展作出更大的贡献。

中国货币政策回旋空间仍大

殷　勇[*]

摘要：全球的主要经济体包括中国的货币政策目前都还面临不少挑战：在潜在增长率下降的环境下，在债务可持续性压力不断加大的情况下，如何做好货币政策；在经济转型的过程当中，如何做好货币政策的数量目标和价格目标之间的权衡；如何做好宏观政策和微观调整之间的平衡；对货币政策、财政政策、金融监管等各种政策的协调要求，在新经济环境下，全球都面临更高的挑战。

中央银行的"土特产"就是货币政策，下面我就货币政策谈三点看法：

第一点，相对于世界上主要的经济体而言，中国货币政策的回旋空间还是比较大的。我们知道，在全球金融危机后，世界上中央银行的货币政策从传统政策工具，越来越向非传统工具转移，最开始把利率从正值降到零，实行所谓的零利率政策，后面又进一步实行了扩展资产负债表的量化宽松政策，在这些政策效果不是很明显的情况下，一些主要的中央银行又实行了负利率政策，目前对负利率的争议还比较大，2016年2月份前后，围绕负利率的负面效应，还引起了全球金融市场比较大

---

* 殷勇，时任中国人民银行行长助理，现任中国人民银行副行长。

的动荡。现在，又有一些人提出了一个更新的货币政策的概念，就是"直升机撒钱"，听起来是一个更不常规的工具，但是也许可能成为未来某一种或者多种形式的货币政策体现，会在一些经济体里面，以不同的方式进行实践或者尝试。这样一些货币政策变化，主要是应对金融危机的挑战，应对经济复苏乏力的事实，也应对通缩紧缩压力比较大的局面。相比而言，中国经济目前还处在一个中高速的增长水平，同时，从历史上看，通货膨胀的水平，目前也还处在一个平均的水平，离中央银行确定的3%的通胀目标在上下浮动，核心通胀还保持在稳定的程度。传统的货币政策工具，包括利率工具、准备金率都有正常调节的空间，中国央行没有进行量化宽松，因此从这一点看，中国货币政策回旋空间还是比较大的，这是我想谈的第一点看法。

第二点，稳健的货币政策是对当前我国货币政策形态的一个准确描述。中国货币政策的表述叫做实行稳健的货币政策，有人问什么是稳健的货币政策呢？第一种观点认为，中国的货币政策实际上是偏紧的，这种观点的角度是看央行的资产负债表，人民银行的资产负债表增速已经连续下滑，从2015年下半年起，人民银行的资产负债表出现了收缩，目前大概按年比3%—5%左右的速率在缩减。这一点，跟全球绝大多数的中央银行尤其是主要经济体的中央银行的扩张形成鲜明对比，所以有人认为，中国央行的货币政策可能是偏紧的，这是一种观点。第二种观点，认为央行的货币政策其实是偏宽松的，比如说中国的基础货币，我们的M2增速一直保持在13%左右的速度，上下波动。今年一季度，货币的增速还比较快，但同期，我们国家的实际GDP和名义GDP增速都出现了比较大程度的下滑，这样基础货币和名义实际GDP的增速之间的差距在扩大。也就是说，在经济增速放缓的情况下，我们的货币投放还保持了一个稳定的速度，因此，有人就认为中国的货币政策实际上是偏宽松的。第三种观点认为，中国的货币政策是比较适中的，其立足点就是实际利率。不管是以一周的回购利率为代表，还是以国债利率从短期到长期为代表，我们目前的实际利率水平，几乎都处在过去十多年来的平均水平，处在一个比较中性的水平，这现象使得有人认为中国的货币政策目前实际是中性的。

我想谈的是，在面对全球经济金融形势不确定的情况下，在经济进入新常态的过程中，我们面临很多的不确定性，包括资本流动变化，包括经济增长速度的变化，包括我们经济结构调整的变化，因此，中央银行的货币政策就要统筹协调好这些不同的方面，而不能只是看其中的某一个指标或者某一个角度，因此，我说稳健性是我们央行追求的货币政策目标，实际上也是对目前中央银行货币政策形态的一个准确描述。

第三，全球的主要经济体货币政策目前都还面临不少挑战，这里面也包括中国在内。我这里列出五个主要的挑战：

第一个挑战，就是在潜在增长率下降的环境下，如何进一步做好货币政策。刚才蔡昉院长也就经济潜在增长做了一个非常好的阐述，从全球来看，也面临这个问题，人口增长速度放缓，或者是劳动力渐减或者老龄化加速，人口对经济长期潜在驱动力在减弱。全球投资长期不振和增速下降，也会导致资本积累对长期经济增长潜力的促进作用在下滑。全球的工业化、全球化以及信息化对全要素生产率的促进，这个边际效应也在递减。在这种情况下，很多人对货币政策给予了更高的期待。但是我们知道，从经典的经济学理论来说，其实货币政策是很难解决这样一些结构性问题的。因此，在这样一种新的环境下，如何继续做好货币政策，面临很大的挑战。

第二个挑战，就是在债务可持续性压力不断加大的情况下，如何做好货币政策。不仅是中国，全球也面临着总体债务不断积累，债务占GDP 的比重不断在提高的局面。债务的可持续性，是我们面临的一个共同问题，在中国我们也关注债务问题，尤其是包括我们的企业债等方面的问题。

我们知道，如果要使债务问题相对减轻，比较理想的情况是一个比较低的利率，这样债务的融资成本会下降。但是它的负面效应就使得大家没有动力去杠杆，去降低这债务。如果利率水平比较高，虽然会使得解决债务问题紧迫性更加突出，但会对实体经济造成比较大的冲击。因此在债务可持续性面临比较突出挑战的情况下，怎么样做好货币政策是我们面临的另一个挑战。

第三个挑战，在经济转型的过程当中，如何做好货币政策的数量目标和价格目标之间的权衡，也是一个挑战。中外都面临这一挑战。比如德维尔潘先生可能记得，在欧元区1999年诞生的时候，欧洲央行有两个目标，一个是货币供应的目标，大概是4.5%左右，第二是利率的目标，在欧元一体化很长的时间里，欧元区货币供应大大超过制定的目标。中国也面临这样的问题，尤其是利率化市场化进一步推进以后，尤其是经济结构不断发生深刻变化之后，我们也面临到底是更多看重货币供应量指标，还是更多看重市场资金价格也就是利率这个指标，还是说我们仍然要两者同时看重，这样一种权衡，也是对货币政策的一个挑战。

第四个挑战，如何做好宏观政策和微观调整之间的平衡。经典的宏观经济学理论倾向于认为货币政策整体是一个宏观政策，但是我们看到在全球金融危机以后，不少国家也用货币政策去进行一些微观的调控或者针对性的调控，或者叫精准性的调控，比如说欧洲推出的TLTRO（定向长期再融资操作）这样一个抵押贷款政策，就是鼓励银行对企业、实体经济放款。比如日本的量化宽松货币政策有一个内容，要购买治理结构良好的公司的股票等等，中国央行也在这方面进行一些精准调控的尝试。但是另一个方面，我们想说的是，实际上在正常的情况下，这样一些微观的调控，往往是交给市场去做的，通过金融中介的作用，通过金融市场的作用做这样的一些调控。比如说企业的信誉状况好不好，是由银行、债务投资者、市场的利差等指标进行调整的。如果过度依赖中央银行的调整，有一个问题就是中央银行是否有这样一个能力，所以做好这样一种宏观、微观的平衡，也是我们面临的挑战。

最后，对货币政策、财政政策、金融监管等各种政策的协调要求，在新经济环境下，全球都面临更高的挑战。我们追求的宏观经济的目标越来越多，包括经济增长、充分就业、国际收支平衡、金融稳定、结构优化等等，但是我们所拥有的宏观政策工具数量是有限的，如何处理好有限工具之间和多个目标之间的关系，要求我们有更好的政策协调，这也是我们面临的一个新的挑战。

　　以上是我的发言，不对的地方，希望大家批评指正。

科技创新——财富创造新动能

马蔚华*

摘要:"科技兴则民族兴,科技强则国家强,科技活则财富活。"在世界新一轮科技革命和产业变革孕育兴起、交互影响的今天,加快科技创新,不仅是我国实现"双中高"的重要支撑,是供给侧结构性改革的重要内容和培育国际竞争新优势的重要依托,也是在新常态下创造积累国民财富的主动力源。

我想围绕"科技创新与财富创造"这一话题,谈谈个人的一些认识和看法,与大家讨论、交流。

一、科技创新是新常态下的财富创造增长新动能

谈到科技创新,我想很多科技工作者和身怀创新激情的企业家最近都心潮澎湃。刚刚结束的全国科技创新大会上,总书记为我们描绘了建设创新型国家的美好蓝图。他指出了科技创新的三大方向,即面向世界科技前沿、面向经济主战场、面向国家重大需求,提出要把科技创新摆在更加重要的位置,实施一批重大科技项目和工程,并明确了未来的奋

---

* 马蔚华,中国企业家俱乐部理事长、招商银行原行长兼首席执行官。

斗目标和路径。

在"十三五"开局之年召开一次建国以来规模最大的科技大会，党中央的用意不言自明：面对世界新一轮科技革命和产业变革的孕育兴起，我们必须旗帜鲜明、步调一致地走上一条新的发展道路，就是创新驱动的发展道路。

中国经济经过改革开放 30 多年的高速增长，创造并积累了令世界瞩目的国民财富。2015 年，中国的 GDP 已达 67 万亿元。但长期高速增长的经济在促进财富快速积累的同时，也让我们付出了很多代价，如收入差距扩大、环境污染日趋严重等问题。更令人担忧的是，财富创造的速度已明显减缓。中国经济的年均增长率从 2003—2007 年间 11.6% 的历史高位，渐次回落至 2008—2011 年间的 9.6% 和 2012—2014 年间的 7.4%，2015 年以来进一步降至 7% 以下，今年一季度是 6.2%。这表明，我们过去依靠资源等要素投入推动经济增长和规模扩张的粗放型发展方式已经难以为继，必须找到财富创造的新动力，这个新动力就是科技创新。

从世界经济发展史看，正是三次科技革命的爆发，促进了生产力的大发展和财富的大创造。美、日、英等发达国家普遍经历过新旧动能转换的艰难过程，当旧动能增长乏力的时候，科技创新新动能的涌现和发展，为发达国家的经济持续增长提供了动力支撑。比如，美国 20 世纪 90 年代之所以能够取得新经济的辉煌，最重要的原因就在于这一时期，美国企业界掀起了一股由高科技部门带动的科技创新浪潮。据美国政府专利局统计，截至 1999 年底，美国共发明专利约 600 万项，其中，自 1991 年以来的新经济时期发明的专利占其中的 20% 以上，尤其是电脑、通信和生物技术领域的创新层出不穷。美国能在这一轮经济复苏中走在前列，也与其在能源、信息、智能制造等领域的发展，以及谷歌、苹果、脸谱、亚马逊、特斯拉等公司的创新能力是分不开的。可见，发达国家早已渡过"用资源、用环境"换取财富增长的阶段，而是"用技术、用创新"赚钱，不仅有效缓解了经济增长中的代价，而且使得经济发展更有后劲、更加可持续。中国经济要持续稳定发展，真正"生财有道"，也必须加快科技创新，让科技创新成为驱动发展的新引擎。

近年来，我国科技创新水平快速进步，但与发达国家相比，还存在不少差距，习近平总书记在全国科技创新大会上把这称作"阿喀琉斯之踵"。就以制造业为例。到目前为止，中国大部分制造企业的发展方式基本上还是传统发展模式的延续，科技含量仍待提升。大多数制造企业仍依靠低成本劳动力和资金的大量投入来推动增长。高投入带来了高消耗和高污染，而且自主创新能力较弱，其产品主要还处于全球产业链的低附加值部分。部分关键核心技术缺失，核心和关键技术对外依存度为50%—60%，而先进国家是30%，新产品开发70%靠外来技术，高铁轴承、工程机械液压系统密封、汽车发动机等重要零部件与关键材料80%以上靠进口。产品质量不高，缺乏世界知名品牌和跨国企业，大多数是替外国品牌做贴牌生产，少有世界水平的本土品牌，进出口企业中拥有自主商标的比重不到20%，全国自主品牌出口占出口总量的比重仅为10%。在世界品牌实验室评出的2015年世界品牌500强中，我国只有29个，远低于美国227个、法国44个、英国42个的水平。工信部苗部长从科技创新的角度将全球制造业分为四级梯队：第一梯队是以美国为主导的全球科技创新中心；第二梯队是高端制造领域，包括欧盟、日本；第三梯队是中低端制造领域，主要是一些新兴国家，包括中国；第四梯队是资源输出国，主要包括OPEC（石油输出国组织）、非洲、拉美等国。苗圩指出，"当前我国制造业发展已经步入爬坡过槛，由大变强的重要关口，实现中高速增长迈向产业价值链的中高端，关键还在于结构调整的进度和成效。在于实现新旧动力的顺利转换，从根本上讲，就是构建一个创新能力强，品质服务优，协作紧密、环境友好的现代产业新体系。"

二、中国科技创新正处于蓄势待发的关键期

尽管中国的科技创新还面临很多沟沟坎坎，但我们还是要看到希望、看到春天。中国的科技创新正处于蓄势待发的关键期，从此次科技大会上，相信很多人和我一样，既看到了压力，更找到了信心。

首先，从国际竞争态势看，加快科技创新步伐已成为我国维持并增强经济竞争力的唯一选择。国际金融危机发生后，全球新一轮科技革命和产业变革正在孕育兴起，越来越多的国家更加重视和强化以科技促进产业转型升级，以创新推动经济社会发展。比如，2008 年金融危机之后，美国就提出"重振制造业"的口号，又在 2009 年及 2011 年相继提出《美国竞争法案》、《美国创新战略》等规划，要求在更高的技术层次上发展先进制造业，保持技术领先优势。又如，德国基于其强大的高端制造业基础，一直以来得以保持欧盟经济的佼佼者地位，近两三年又提出了《德国 2020 高科技战略》、《小微企业创新核心计划（ZIM）》及《德国工业 4.0 战略计划》等规划，旨在进一步提升经济的科技含量。再如，新加坡于 2014 年初公布了"智慧国家 2025"计划，秉持生态宜居和永续发展的建设理念，致力于应用科技创新，将新加坡打造成为世界领先的智能国度，等等。面对日益激烈的国际竞争，加快科技创新，在世界科技发展中占据一席之地，已成为增强中国经济竞争力的"华山一条道"。

其次，从经济发展阶段看，科技创新已成为中国经济发展的内在规律和必然轨迹。中国经济现在处于什么阶段？工业化后期，或曰"后工业化时期"。这个阶段经济发展的主要特征，是产业结构的持续优化，表现在服务业的后来居上和传统工业特别是制造业的高端化，换句话说，是"微笑曲线"从底部走向两端的过程，这实际上就是扶持创新的过程。再深挖背后的经济逻辑，在这个阶段，资金已经开始过剩，而传

统的制造业利润又越来越薄，所以不得不寻求新的投向。中国现在的
M2 余额已经超过 140 万亿，M2 实际上就是我们纸面上的财富。怎么
把这个纸面上的财富变成实际财富呢？以前主要是搞固定资产投资，但
是现在已经开始饱和了，而且成本很高。投资传统实业也不靠谱，因为
在供给过剩、需求不振、成本上升的多头挤压下，利润空间几乎没有。
最好的投资是投到哪里呢？投到技术创新上面，投到转型升级上面。这
样才能把我们过去 30 年积累的财富变成未来的资产，一个有收入流的
资产，现在它是睡在账面上的。在这方面，我觉得中国应该有信心。因
为我们有很好的基础。一方面，教育水平逐年提高。我们现在每年有
700 万大学毕业生、研究生培养出来，这里面只要有 10% 的人参与创新
已经足够了。另一方面，科技投入越来越多。我国科技投入占 GDP 的
比重，在"十二五"初期的时候大概只有 1.7%，现在是 2.1%，而根
据"十三五"规划，到 2020 年要达到 2.5%，这基本上达到了世界发达
国家的水平。更重要的是，在科技投入的大盘子里，来自企业主动的投
入，已超过国家的投入。任正非在全国科技大会上就明确表示，过去
10 年，华为研发投入累计超过 2400 亿元。华为 2015 年研发投入 92 亿
美元进行新技术和新产品的研发，占销售额的 15%，已经超过苹果的
85 亿美元研发投入（占销售额的 3.5%）。未来几年，华为每年研发经
费要提高到 100—200 亿美元。所以，走上创新驱动的发展道路，无论
是宏观的经济发展逻辑还是微观的企业主体的主动选择，都将是一条必
然轨迹。

再次，从政策扶持力度看，我国科技创新的助力十足。近几年来，
国家政策暖风频吹，十八大报告、"十三五"规划纲要、政府工作报告
等文件都提出，要大力发展科技创新，把它作为重中之重，放在核心
位置。《关于深化体制机制改革　加快实施创新驱动发展战略的若干意
见》提出了创新驱动战略，《中国制造 2025》提出了中国制造 2025 行
动纲领，《关于大力推进大众创业万众创新若干政策措施的意见》提出
了"大众创业，万众创新"的支持政策，《国家创新驱动发展战略纲要》

提出了"到 2050 年建成世界科技创新强国"的战略目标。此次科技创新大会，更是彰显了党中央国务院走科技创新强国之路的坚定决心。

最后，从市场发展现状看，创业创新已经风生水起。2015 年尽管经济增速创 25 年以来新低，以传统制造业、房地产为代表的旧经济对经济增长的贡献已经动力不足，但以科技创新型中小企业为代表的新经济正在蓬勃成长。"互联网+"、物联网、云计算、电子商务等新兴产业和业态虽然还处于萌芽状态，但已经充分显示出了增长的活力和潜力；创新对经济增长的贡献不断提升，突出表现在高新技术产业快速发展，中国制造的无人机、智能手机以及高铁都已在国际市场上具备竞争力，从事高科技制造业的企业数量也从 2000 年的不足 1 万家增至近 3 万家；大众创业热情高涨，2015 年全国新登记注册市场主体达到 1293 万户，其中新登记注册企业增长 45.9%。经济增速放缓，新增就业不降反增，显示了改革的巨大威力和市场的无限潜力。种种迹象表明，虽然目前我国传统经济动能出现调整，但是科技创新带来的新动能正在驱动"新经济"发展，中国经济正在经历一场脱胎换骨的"质变"。

三、多管齐下助力科技创新迈出实质性步伐

未来几年是中国加快科技创新的关键历史机遇期，必须多管齐下、多方用力，共同助力科技创新迈出实质性的重大步伐。

首先，要建立起健全的科技金融体系。加快科技创新，金融支持首当其冲，因为科技创新须臾离不开金融的支持。据统计，科技创新活动的基础研究、开发中试、工业生产三个环节所需的资金配比是1：10：100，每一开发阶段所需的资金量都是前一阶段的 10 倍，一旦资金供应不足，创新闭环就会被打破，前期投入也就付诸东流。美国的电子通讯、生物医药等高新技术能够在 20 世纪 90 年代迅猛发展，并引领美国步入新经济时代，主要是得到了资本市场和风险投资的支持；印

度的班加罗尔、台湾的新竹，也是科技与金融完美结合的产物。相反，苏联拥有前沿的技术和顶尖的人才，但在高新技术产业发展方面却乏善可陈，根本原因在于其金融体制僵化，让科技创新缺了资金粮。

构建完善发达的科技金融体系，需要在银行信贷体系、金融产品体系、担保增信体系和中介服务体系等多个方面做系统性的工作。但当务之急，是建立健全风险投资体系。相对于传统的银行贷款，风险投资是更加适合科技创新的金融形式。撒切尔夫人曾说，"欧洲在高新技术方面落后于美国并非由于科技水平，而是由于在风险投资方面落后于美国10年。"为此，首先要大力发展PE、VC、天使投资等创业风险投资。除了方便注册，进一步加大税收减免及租购房便利的力度以外，应鼓励和引导创投机构与孵化平台开展深入合作；由政府支持发起各类创投母基金，引导社会资金进入创投领域；设立全国性的知识产权交易所，探索知识产权证券化，实现知识产权与金融市场的有效嫁接；针对PE、VC等创投机构建立市场化的治理框架与激励机制，以吸引高端人才和各路资金加盟。此外，要推动完善多层次资本市场。探索建立创业板的分层管理机制，推动建立区域性股权交易市场、全国中小企业股份转让系统和创业板之间的转板机制，利用综合协议交易平台发展私募资本市场，支持各类金融机构大力探索非标金融资产二级市场交易。要通过准入规则、交易制度、交易产品等方面的制度创新，增强国内资本市场对企业的吸引力。再次，要鼓励商业银行开展风险信贷业务创新。借鉴美国硅谷银行的经验，鼓励符合条件的银行与PE、VC等风险投资机构实现投贷联动，由风投机构作项目筛查，银行配合贷款支持，并探索银行向风投机构进行直接投资或发放贷款；探索信贷债权转股权，允许银行在向高新技术企业提供贷款融资的同时，获得企业的部分股权或认股期权。

其次，要落实和完善支持创新的政策措施，不断优化创新管理体制机制，这一点是全国科技大会上习近平总书记和李克强总理都强调的。根据我的理解，主要要做好以下四方面工作：一是补好基础研究短板。

实施创新发展战略，必须把重要领域的科技创新摆在更加突出的地位，实施一批关系国家全局和长远的重大科技项目。即使是像华为这样以科技创新闻名的公司，任正非也承认，"华为现在的水平尚停留在工程数学、物理算法等工程科学的创新层面，尚未真正进入基础理论研究。所以感到前途茫茫，找不到方向。"因此国家一定要补好基础研究短板，加大长期稳定支持力度。到 2020 年我国研发投入强度达到 2.5%，应重点投入组建国家重点实验室和综合性国家科学中心等高水平创新平台，同时调动企业和社会力量积极性，增强原始创新能力。二是真正让企业成为创新的主体。加快建立企业主导产业技术研发创新的体制机制，使企业成为技术创新决策、研发投入、科研组织和成果应用的主体，完善市场导向的创新格局。以企业为主导深化产学研结合，让大学和科研机构的公共科技研发资源解放出来，走进企业，促进科技成果的工业化和产业化。强化企业在科技创新中的主体地位，需要政府应进一步转换职能。一方面要精简政府审批事项，提高审批效率，给予企业更多的创新空间；另一方面要补短板，在扶持政策、市场监管方面多下功夫。举个例子，我国研发成功了世界上第一款遗传性耳聋基因检测芯片，但一直被临床拒之门外，原因就是国家现有与医疗卫生相关的政策中，没有针对"医疗创新技术"的扶持性政策和准入制度。这些潜心研发的技术和产品，在最具竞争力的市场窗口期，却被"雪藏"在繁冗的报批文件中，而国外同类产品却攻城略地、抢占市场。建议政府部门在创新技术的落地及应用领域要积极作为，为企业的自主创新全程保驾护航。三是打通科技成果转化通道。完善保障和激励创新的分配机制，提高间接费用和人头费用比例，推进科技成果产权制度改革，提高科研人员成果转化收益分享比例。正如李克强总理所说，"可以探索以年薪制、股权、期权、分红等激励措施，提高科研人员成果转化效益分享比例，让他们凭自己的聪明才智和创新成果合理合法的富起来。"同时，要把创新精神、企业家精神和工匠精神结合起来，解决"最先一公里"和"最后一公里"问题，突破科技成果的产业化瓶颈。四是推进科技管理简政放权。放管结合、优化服务改革，在选人用人、成果处置、薪酬分配等方面，给科研院所和高校开展科研更大自主权。让科研人员少一些羁绊束缚和杂事干扰，多一些时间去自由探索。改进科研活动评价机制，加强知识产权保护，以体制机制改革激发科技创新活力。

第三，要重视扩大科技开放合作，以合作求共赢。科技创新离不开全球视野和国际眼光。2015 年四季度，我接连去了以色列和美国西部考察，有两点感受特别突出：一是当前国际上第四次技术革命蓄势待发，已经到了爆发边缘，一大批新兴领域的科学技术正在或已经取得了突破性进展；二是技术问题基本解决以后，资金和市场成为技术落地、发展新的瓶颈，如美国的精准医疗就是如此。而中国的广阔市场和充裕的资本，对世界任何一项新科技成果都有巨大的吸引力。以色列和美国的科学家们都认同我的观点，即资本是衡量技术水平的重要标准，而技术则是提高资本质量的坚实基础。中国实施创新驱动战略，除了自己要大力创新突破之外，必须瞄准世界顶级的技术和人才，辅以国内外的资本和中国巨大市场，实现技术、资本和人才的聚集和融合，这才是中国未来的 GDP 成长之路。

因此，我们应趁国际科技资源加快流动和重组的东风，在开放合作中提高我国产业技术水平和科技实力。一方面，要积极"引进来"。建议政府出面、出力、出政策，推动尽快建立起世界级的高科技成果转让市场。要进一步简化新技术、新产品、新商业模式准入的审批程序，探索实施"先自主承诺登记，后检查发证监督"的审批模式。要加快资源对接，对优质的、有放大效应的落地技术转让项目，应支持其组团建设产业基地或产业园区，并实行差别化的供地、税收和公共服务绿色通道等政策。同时，应由政府主导、社会参与，规划建设科学仪器、智能制造、精准医疗学等领域的重大科技基础设施，以提高项目承接能力。另一方面，要鼓励"走出去"，出台优惠政策，支持企业到国外投资科技公司或科研机构，特别是鼓励企业到海外市场投资一些初创期、孵化期的重大科技项目，让世界技术开出中国花。

第四，加强创新人才培养。科学技术是人类的伟大创造性活动。中国要在科技创新领域走在世界前列，必须在创新实践中发现人才，在创新活动中培养人才，在创新事业中凝聚人才，培养造就规模宏大、结构合理、素质优良的创新型人才。正如总书记在科技大会上所说，"要尊重科学研究灵感瞬间性、方式随意性、路径不确定性的特点，允许科学家自由畅想、大胆假设、认真求证。要让领衔科技专家有职有权，有更大的技术路线决策权、更大的经费支配权、更大的资源调动权。政府科技管理部门要抓战略、抓规划、抓政策、抓服务，发挥国家战略科技力量建制化优势。"同时，"要把科学普及放在与科技创新同等重要的位置，普及科学知识、弘扬科学精神、传播科学思想、倡导科学方法，在全社会推动形成讲科学、爱科学、学科学、用科学的良好氛围。"

"科技兴则民族兴，科技强则国家强，科技活则财富活。"在世界新一轮科技革命和产业变革孕育兴起、交互影响的今天，加快科技创新，不仅是我国实现"双中高"的重要支撑，是供给侧结构性改革的重要内容和培育国际竞争新优势的重要依托，也是在新常态下创造积累国民财富的主动力源。

社保全国统筹是财税改革的重要方向

许善达[*]

摘要：中央要研究社会保障体系，从分省统筹，改为全国统筹。社保每年支出要两万多亿，如果这两万多亿的支出从地方政府转移到中央政府的话，那中央政府、地方政府的财政关系，支出划分要比现在合理一点，运行起来更加顺畅一点。这同时就伴随着降低社保缴费率。

我简单谈谈对目前财税改革的一些看法。

财税改革下一步要做什么呢？先说说从营业税改增值税。2016年5月1日开始，最后的四个行业就全部改为增值税了。这个改革，实际上两年以前就决定要做了，但是因为减税规模很大，所以大家对财政的困难有很多担心。2014年、2015年这两年，虽然都做了决定，我们要把这个任务完成，但是都没有最后推出去。到了2015年底，对于2016年是不是下决心把这个任务完成呢？当时还是有一些担心，但是过了年，过了这个1月份，李克强总理就做了决策了，2016年要全面完成这个任务。到了3月份的"两会"上，总理就定了时间表，不但是今年要完成，而且5月1日就要投入运行。所以这个决定，等于是把前两年应该做而没有做的，在年初就下决心一定要尽快把它实施。

---

* 许善达，北京联办财经研究院院长、国家税务总局原副局长。

　　为什么我们两年时间都没有做，而且到 2015 年底还没有说下决心一定要做，但是到 2016 年初这么大的决策就做出来了？除了税制改革本身有一种完善的动力之外（1994 年新税制实行以后，有很多不完善的地方，营改增是既定的改革内容），还有一个具体原因，就是经济下行的压力。这个经济下行的压力是非常之大的，在这一压力比较大的情况下，政府要做很多事情，其中就包括"三去一降一补"。这个降里面就有降低企业的成本这项内容。降低企业成本包括很多成本，税费成本也是其中之一。这次营业税减税要减 5000 个亿，实际上是政府决定要在税费成本上减少 5000 个亿，使企业能够有更多的能力来应对经济下行的压力。这个决定已经做了，而且 5 月 1 日开始运行，6 月 1 日开始申报，我估计再有一两个月，或者两三个月吧，可能一开始还有一点摩擦，还有一点困难，但是经过两三个月以后，我们在所谓销售环节，就没有营业税了，就全改成增值税了。这个进步还是比较大的。任何一个改革都不可能是一次性全部完成，下一步要干什么？我觉得有两件事情可能是要优先考虑的：

　　第一个考虑。过去营业税是地方的税，这次营改增以后，要保证地方收入是稳定的，所以中央决定，税制改革还是要保持中央和地方的收入格局大体不变。大体不变也就是大体是五五分成，没有那么精确了，但是基本上一半一半。过去营业税是地方税。改了增值税，又减税，地方收入减少得很多。所以这次做了一个决定，就是所有增值税五五分成，一半给中央，一半给地方，过去是七五、二五，中央 75%，地方 25%，这次规定是五五分成。但是要注意，关于这次五五分成文件，有一个特殊的规定，就是暂定两到三年。这是一个体制的文件，发下来一般都是要实行一段时间的，但是这次文件下发的同时，那文件就规定是暂定。那么这个暂定的含义是什么？为什么还规定了两到三年的期限？就是因为这么改了以后，等于地方税体系里面就没有主体税种了。这个是中央、地方在税制改革以后，中央、地方关系上的一个变动。这个变动不是我们的目标，营改增以后，企业、地方政府收入变化很大，所以在这个时候，只能先保证收入，五五分成，按照什么基数，再返还，这一套细节来保证地方的收入，但是地方征税的权力相对削弱了，这种格局，五五分成，地方只有收入，没有权力，这个格局不是我们改革的目标。所以定了一个暂定。

那么暂定以后，目标是什么？学者中间大部分人都建议，把现在生产和批发环节征收的消费税转移到零售环节，再加上现在已经在零售环节的车辆购置税，交给地方，作为地方税的主体税种。这个意见在学术界，在很多的智库讨论中，绝大多数人都同意这样一个方案。但是为什么这次营改增的时候，不能同时实施呢？就是因为如果把这个环节一转移的话，引起征收管理、信息交换，这是很大的工作量，如果跟营改增同时完成的话，可能会产生很多的问题。所以定了一个先按五五分成，在两到三年之内要完成重新调整。这样就使地方不但有税收的收入，还得有一部分征收的权力，这是一个合乎中央、地方政府关系的前景的东西。

所以我们建议还是能够尽早实施。这个改革把汽车、摩托车、汽油、柴油，有可能有烟什么之类的，反正消费税从生产、批发转到零售，由地方去收，收入归地方。这样一个格局，两到三年之内会完成，所以这个对各个企业的经营是有影响的。这是一个，我觉得是比较优先考虑的。

第二个考虑就是，中央、地方的关系现在是收入各半，但是支出则不同，地方负责85%的支出，中央只负责15%的支出，这个格局也是我们要改革的。地方财政对中央财政依赖度过高。地方财政是需要依赖中央财政的，但是40%的依赖度太高，就是地方政府每花1块钱，要有4毛钱中央给。这个比例太高，所以要压缩这个比例，既然收入不能动，保持格局不变，那你要想降低地方对中央财政的依赖度，只有一条，中央要上收支出责任，现在地方是85%，中央是15%，如果中央拿出10%给地方，那地方支出小了，这也是下一步改革中要调整的。

那么中央要上收什么？要研究社会保障体系，从分省统筹，改为全国统筹。也就是说现在社保是由地方政府承担的责任，中央是给一点补贴的，每年要拿出一点钱来给补贴，但是已经提出一个任务，就是要研究把社会保障体系变成全国统筹，这个支出责任就是中央政府的了。这样的话，就因为咱们社保那个每年支出要两万多亿，如果这两万多亿的支出从地方政府转移到中央政府的话，那中央政府、地方政府的财政关系，支出划分要比现在合理一点，运行起来更加顺畅一点。这同时就伴随着一个降低社保缴费率的问题。

昨天的讨论中已经讲到这个问题，中国的社会保障缴费率在全世界是比较高的，这有一个历史原因，今天不详细讲了，所以中央已经提出来要研究降低社会保障的缴费率。2016 年初李克强总理、国务院已经做了一些决定，已经减了大概有 1000 个亿，我们认为这 1000 个亿是不够的，降低缴费率，降低这么点不行，还得继续降低。如果降低一半，需要 1 万到 1.2 万亿的规模。所以这个也不是一步到位，要慢慢的来。但是我们觉得，中国这么高的缴费率是不能够长期持久的，今天不是专门讲这个原因、历史，但是我觉得这也是下一步财税改革里面一个比较重要的方向。而且这个问题，跟现在去产能有关系，你去产能，有一个很重要的任务，就是要裁减人员、分流人员。分流人员中间有一部分找到新的工作，有一部分要退休，有一部分要下岗。那么退休和下岗的，就需要社会保障体系给他们提供养老的费用、失业的费用。现在的社保体系是支撑不了的，所以一定要优先进行这项改革。

同时，现在说裁员，主要是国企裁员的任务重，所以又跟国企改革相联系。我说的这几项，既是经济下行要减少企业的税费负担来应对经济下行，又是国企改革，又是去产能，这几个工作目标结合在一块儿，我觉得要加快社保全国统筹和降低社保缴费率的研究。我想这个工作的进度，可能不会拖延很长时间了，所以这两件事情，是我觉得现在比较优先要考虑的财税改革下一步的任务。谢谢大家！

人口趋势要求加快金融改革

Randall Scott Kroszner[*]

　　摘要： 财富管理则是长期要做的事情。我们现在要关注中国的储蓄率如何影响世界的利率，以及它在未来 10 年到 20 年当中会有怎样的发展。这对中国、对世界，而且对于财富管理都是非常重要的。

　　人口变化趋势意味着中国的金融改革必须加快步伐，金融改革要开放资本账户，吸引外部储蓄来为中国提供资金。汇率管理体系的透明性、可信度，资本账户的开放、市场的建设等都是非常重要的，法制建设更是必须的。

　　昨天我们更多谈到的是短期趋势，包括美联储和世界各国央行可能要做的事情，但财富管理则是长期要做的事情，而且是长期任务的主题。所以我们现在要关注中国的储蓄率、中国的储蓄率如何影响世界的利率，以及它在未来 10 年到 20 年当中会有怎样的发展。这对中国、对世界，而且对于财富管理都是非常重要的。

　　接下来，我首先将给大家提供一些证据、一些研究成果，这是我跟同事们一起来做的研究，看看实际利率的长期趋势，如何调整通胀及其

---

* Randall Scott Kroszner，芝加哥大学讲席教授、原美联储银行监管委员会主席、布什行政当局经济顾问委员会成员。

背后的驱动力。其次，我们看看这个利率趋势会不会长期保持，有什么样的因素导致利率改变？对于中国、对于世界而言，这代表什么样的意义？这方面，人口学将扮演一个非常重要的角色。

首先，我们来看正在逐渐降低的实际和名义利率。过去30年，世界上主要几个经济体，通过通胀调整的实际利率差不多是4%；到90年代末，一直到经济危机的时候，实际利率降低到2%左右；在危机之后，可以说实际利率就是零了，很多国家现在都是负利率。我们非常惊讶地发现，超过10万亿美元的债务实际上是在负利率情况下做的，所以这是一种非常不一样的情况。我们看一下中国的情况，20世纪80年代到90年代，90年代到2000年，这个趋势还是非常类似的，实际利率是从4%到2%。危机之后，这个利率是比较平稳，保持在2%左右，这个利率很难回到过去的高度。这背后存在着什么样的驱动力呢？

我想这里应该有一个供需关系，即储蓄和投资需求。这一关系是利率变化背后的驱动力。

20世纪80年代末期，中国开始加入世界经济体。中国的储蓄率和外汇储备都很高。因为80年代的时候，中国开始慢慢扩大自己的外汇储备，购买很多美国国债和其他各国证债券。随着中国经济一步一步融入世界经济体，也就造成了储蓄供给曲线的变化，所以这个现象是一个重要的元素。当然，我们还要考虑其他因素。但是起码来自中国的这个因素是影响长期的一个主要因素之一。在危机之后，利率降低到零或是负利率，但这只是危机之后短期的，如果长期来看，你会看到中国加入世界经济，中国的高储蓄率在长期利率的降低方面扮演了重要角色。不仅对中国很重要，而且对全世界也有重大的影响。这些财富管理产品或者储蓄产品，例如西方的养老金、保险、年金产品等等，它们的利率都会降低。在他们最开始卖的时候，这个利率很高，但是他们的利率会慢慢降低，所以对西方和这些金融机构来说，在未来会遭遇挑战。同时，也会影响我们如何为中国选择最好的财富产品，如果这些投资产品的收益率逐渐下降的话，那你是不是还会选择同样的产品呢？这对中国和全世界都是一个问题。

　　下面转向另外一个问题，就是这种现象会不会持续？这种供需方面的平衡，在未来多少年会不会出现变化呢？未来中国还会扮演很重要的角色，不仅对中国，而且对全世界都是这样。

　　显而易见，一个国家如果中年阶层比老年人口大的话，储蓄率就高一些，当人们老了之后，他们会取款，储蓄率就会下降。一个人年轻的时候，之所以储蓄，就是希望在退休的时候把钱取出来养老。我们来考虑一下这是如何影响中国的？

　　在中国，差不多10%的人口在65岁以上，但是2023年这个数字将上升到20%，老年人的比重会越来越大。在大多数国家，这就意味着储蓄率会下降，日本就是一个很好的例子。请大家回顾一下日本的历史，三十、四十年前的日本也就相当于中国今天所处的情景，经济增长非常迅速，是全世界第二大经济体。大家认为日本会一直长期增长下去，当时日本面临社会快速老龄化问题。90年代，65岁以上人口增长速度很快，这时相对于中年群体的储蓄率下降，最开始是15%，然后慢慢就一直降到了0。对发达国家来说，他们当时是25%、50%都是很高的，现在降到0%。所以日本过去二三十年间发生这样的现象，是不是在中国也会发生呢？目前，在家庭储蓄率方面还没有下降的迹象，但是我们现在正处于转折点，所以大家都不是很确定。通过对日本经验的回顾，我们发现它和中国目前的情况还是非常相像的。中国未来储蓄率的下降是很有可能的。有一个可以扭转的因素，就是独生子女政策的放开，独生子女政策的确是中国储蓄率很高的原因之一。因为只有一个孩子，养老的时候，不能够只靠一个孩子，所以储蓄率很高。但是即使现在放开这一政策，影响也会在2030年以后显现。很多中国女性都觉得只生一个孩子就好了，中国妇女的生育率不太可能会有巨大的增长，因此很难扭转储蓄率下降的趋势。在日本也是这样的，虽然日本没有独生子女政策，但是随着日本人口老龄化，妇女的生育率一直处在低水平，一直没有恢复，人口增长也很缓慢。所以即使中国实施二胎政策，短期可以有所变化，但是无法扭转中国这种长期趋势。

人口变化趋势对世界意味着什么呢？我觉得意味着我们的金融改革必须加快步伐，昨天郭省长提到了它的重要性。对于金融改革而言，有一点非常重要，就是要开放资本账户。利率呢，在中国仍然要比世界其他国家高一些，所以如果开放资本账户的话，可以吸引外部储蓄来为中国提供资金。短期来说，是有资金外逃的现象，存在一定压力，我们了解很多人的担忧，他们认为人民币的走向难以预测，这些都造成了资金外逃的压力。

汇率管理体系的透明性、可信度，资本账户的开放、市场的建设等等都是非常重要的。此外法制建设更是必须的，如果想吸引更多外来投资者，必须告诉人们，他们的权益是受到合法保护的，不管是中国人还是外国人，都会在中国市场得到公平的待遇，得到可以期待、可以预见的待遇。这就牵扯另外一点，就是刚才马蔚华先生提到的，就是来建立一个"大众创业，万众创新"的社会，利用创新来倒逼知识产权保护制度。你要创新，还要吸引 PE，要让这些 PE 管理知道，在中国投资创新能够获得收益。这些方面都是紧密结合在一起的。

下面一个要谈的，是多样化储蓄产品。二战之后，美国并不是很有钱，但是它有大批的新兴中产阶级，情况和中国今天类似。当时美国社会也存在着一定程度的老龄化现象，由于可以投资的渠道很少，所以很多人投资于房地产。从中国目前来看，投资房地产是第一步，但财富管理必须要超越房地产，为人们提供更多样化的产品。不仅为这些投资者提供更多的产品，同时也能够来鼓励中国创新阶级、创新群体、创新产业的未来发展。国企改革是很重要的一环，这样能够允许我们投资不同的股票产品，来分享经济发展的成果。其他国家在过去几十年间，都是这个经验，随着股市的上涨，推动经济科技的发展。

有专家在发言中提到了科技金融，我们必须要为新兴的中产阶级提供投资机遇，这一步是非常重要的。很多年前有一本书讲中产阶级如何成为货币阶级，书中提到，美国 20 世纪 50 年代、60 年代一直到 70 年代、80 年代新兴的中产阶级，是如何慢慢利用金融改革成为有钱阶级的。所以我们不应该局限于改革国企，更要服务于中产阶级、服务于企业家、服务于那些小储户，要看到他们推动经济增长的重要性。尤其是当你考虑到靠消费推动经济增长的时候，中国现在就经历着同样的过程。这些多样化的产品，比如说对冲基金、交易所的基金等等，都是超越储蓄的产品，为投资者提供多样选择。

中国加入世界经济体，对世界经济造成了巨大的影响，彻底的改变了全世界供需的平衡，影响了全世界利率的走向，同时也推动了中国的经济增长。但是我认为中国人口的变化趋势，会遵循其他国家，尤其是日本人口变化经验，将导致越来越低的储蓄率。为了更好解决这个问题，中国必须要开放资本市场，鼓励更多的资本来到中国。其中不仅仅要完善法制建设，良好制度的建设，同时还要允许个体投资者有多样化的投资产品，不能仅仅是银行账户，不能仅仅是个人股票，不能仅仅是房地产。随着投资多样化产品的不断丰富，中国会继续发展，不仅造福中国的中产阶级，也将造福世界经济。

打造财富管理中心的关键因素

Charles Bowman[*]

摘要：财富管理中心有一些共同点：财富管理行业需要强有力的监管机制，要符合国际标准以及可以预见的税收政策；要在一个公开多元化和创新的资本运营中，才能不断走向繁荣；一个强有力的财富管理行业需要国际化的人才，财富管理行业的从业人员不仅仅是银行从业人员和投资管理者，同时，也有比如会计师、律师、理事和受托人，还包括 IT 行业的人士等等。

众所周知，中国有巨大的发展潜力，对英国尤其重要。中英之间在很多领域都有合作，两国是贸易和投资的主要合作伙伴。在这其中，金融服务是占有重要一席的。

财富管理对中国来说日益重要。青岛是中国国务院设立的全国财富管理和综合金融改革试验区，随着中国的经济增长，有很多高净值人士出现，因此，对财富管理的需求也有所上升。我们看到，中国投资者不仅投资于本国的资产比如说房产，而且已经习惯于使用本国的高收益产品。资产管理也不仅仅是关注高净值的人士，还包括家庭理财、小业主理财、基金会理财和其他一系列的基金理财。中国投资者受教育程度越

---

* Charles Bowman，伦敦金融城行政司法长官、市议员。

来越高，越来越了解国际规则。人们对于财富管理的要求日趋多样化。财富管理将带来跨市场的资产财富积累，同时也会影响到金融各个领域的发展。私人财富管理，能够为股票和债权市场提供资金，而这两者都是经济增长的驱动力。

英国是欧洲最大的基金管理市场，在全球第二，仅次于美国。我们管理的资产在 1.8 万亿英镑左右，这个行业为英国贡献了 1% 的 GDP。我们的财富管理在全球各地都有，其结构也不尽相同，比如说伦敦和纽约，都具有国际化的金融中心；有些则是一些区域化的财富中心，比如说苏黎士和多伦多。但是这些财富管理中心还是有一些共同点的：

首先，财富管理行业需要强有力的监管机制，要符合国际标准以及可以预见的税收政策。财富管理行业已经出现了很大的变化，自 2008 年金融危机以来，全球监管机制的变化，影响了我们的财富管理模式。这些监管的目的，是为了避免财富管理出现系统性风险。税收规划也是财富管理的重要一部分，一个可预见的、稳定的税收政策是财富管理中心最看中的元素之一。

我们的客户之所以来到伦敦，不仅因为伦敦是全球金融中心，更因为伦敦拥有全球强有力的法制体系，包括强有力的监管机制。在英国，法制对于全球商务和其他领域都是非常重要的。在我们的所有投资者中，84% 都认为公正透明的法制是最重要的。换句话说，法制不仅仅能创造一个公平的社会，同时，它也能有力促进业务的发展。

其次，财富管理行业，如果能够置身于一个公开多元化和创新的资本运营中，它将不断走向繁荣。这些高净值客人，他们意识到自己现在处于全球化社会中，他们希望拥有多样化的投资产品，开放的市场就能够带来新的机构投资者，其中也包括财富管理机构。除了开放市场之外，财富管理中心同时也有专业化的服务和人才，这些私人客户，他们不仅仅想保值，同时也希望能够拥有复杂的投资组合，其中包括养老金等等。

近年来，中国不少高净值人士一直在寻求海外的信托机会，尤其是家庭财富保值。青岛也许可以考虑一下，伦敦信托的模式是否值得借鉴，不仅服务于国内的客户，也服务于国外客户。

第三,一个强有力的财富管理行业需要国际化的人才。财富管理行业的从业人员不仅仅是银行从业人员和投资管理者,同时，也有比如会计师、律师、理事和受托人，还包括 IT 行业的人士等等。伦敦之所以能吸引这么多的客户，就是因为在这里，能找到这些行业的顶尖人才。伦敦在财富管理方面最大的优势，就是客户能够接触到国际化资产。像青岛这样的城市，必须要吸引全球的人才，同时也要注意培养本地人才。在这个领域，我自豪地说，英国和中国已经开始合作了，英国的 CISI（英国特许证券与投资协会）近期将在青岛启动它的机构，不仅仅支持本地的人才培养，同时也发出一个信号，那就是国际人才也会来到青岛。青岛的发展，符合中国国家层面的开放市场的战略。在这里，如果一开始就确定好自己的方位，在未来必将取得成功。

对我来说，虽然在青岛停留的时间不长，但是我已经向大家介绍了我在过去 30 年间积累的经验。这几天我所了解的青岛，是开放的。青岛的这种开放性，应该建立在一个强有力的、进步的、有远大目标的、有活力的、创新的、开放的、激动人心的城市体制上。我们在伦敦的金融行业，愿意与中方、与青岛一起合作，来培训人才。我们之所以这样做，是因为我们伦敦也一直寻求与外界合作，来传播创新思想和经验。青岛是最让人激动的城市之一，可以毫无疑问地说，青岛一定会抓住这次历史性的机遇。

第一章

全球经济与财富发展趋势

金融危机后的全球经济仍处于深度调整中，GDP 陷入低速增长，大宗商品价格走低，贸易流减少，投资增长停滞，汇率和资本流动波动性上升，金融与实体经济活动持续脱节……与之相伴，全球财富分布及投资也将逐步转向"新的聚集地"，包括亚太、东欧、中东及非洲，亚太地区甚至有望超越北美成为私人财富最为集中的地区。财富管理在大环境的不确定中，当通过何种手段来实现本领域的发展？

短期就业数据不会影响美联储加息趋势

哈继铭[*]

　　我在高盛财富管理部门担任中国区副主席以及策略研究。我是搞宏观经济的，最近这几年在做宏观经济的同时，努力把对经济问题和政策的理解与判断融合到资产管理领域，尤其是为中国以及全球的高净值个人客户进行资产管理。其实从全球 2008 年金融风暴以来，经济动荡一直没有间断，可以说是此起彼伏，从美国到欧洲，又到原材料、大宗商品出口国，这七八年时间来，动荡是不间断的，下一阶段如何，我们还有待于观察。另外一个特征是资本市场的波动非常明显，伴随着经济增速的缓慢，复苏乏力，我们看到无论是大宗商品、股市，还是中国自身的资产以及其他一些国家的资产，这些年来的波动是在不断加大的，这是第二个特征。第三个特征是全球都不差钱，其实很多国家可能除了美国例外，目前的货币政策依然是极度宽松的，甚至进入量化宽松之后，进入负利率。美国当然已经率先加息，许多人认为接下来六七月还会进一步加息，当然昨天晚上出来的就业数据不是很理想，但是我觉得一个月的数据可能未必能改变整个趋势。所以可能除了美国之外，其他国家都在量化宽松，根本不差钱，在这样一个背景下，由于老百姓储蓄率很高，当然储蓄率高有很多原因，除了中国人节俭，愿意储蓄这个因素之外，也有一些其他政策方面的原因，比如说计划生育政策之下人们不得

---

* 哈继铭，时任高盛私人财富管理中国区副主席暨首席投资策略师。

不储蓄，但是这个储蓄率不会持续很高，现在看到中国的储蓄率还在45%、46%左右的水平，但是根据国际货币基金组织的预测，我们几年前是超过50%的，未来几年它将会明显下降，随着一个国家老龄化的到来，它的储蓄率下降也是必然的。

这就对财富管理提出了一个更大的要求，原先不存在什么财富管理的概念，在经济发展水平很低的情况时不存在财富管理，但是在经济突飞猛进发展的时候，几乎很多资产都是能够获得足够回报的，尤其在中国房地产领域，所谓财富管理在过去十年、二十年，大家都把它等同理解为买房子。但是将来怎么样，未来我相信很多老人到了七十、八十岁的时候，他是不愿意手里拿着一大把房子的，这都对财富管理提出了更高的要求。

监管层不开放数据是作茧自缚

高西庆[*]

在全球财富管理市场里，最近这一两年发生了两个巨大变化，当然跟全球政治经济发展是有关的。由于这两个变化，使得对冲基金和固定收益的管理人都面临着一场挑战。我称之为"盛宴"。为什么这么说呢？众所周知，对冲基金所关心的事情和普通的资产管理者是不一样的，对冲基金做的比较多的是对风险方面的判断。就全球目前的情况来看，最大两个经济体，不管因为政治原因还是经济原因，不确定性大大增加。这种不确定性的增加，正给了对冲基金管理者们一个很大的机会。所以大家也可以看到，中国对冲基金不好运作，不管从市场成熟度、管理部门对市场的看法，还是可以使用的工具来说，都不好做。但是我们依然可以看到这两年特别明显的变化，许多全世界最大的对冲基金管理人到中国来考察市场，到处找人谈，比原来的频率大大增加。这个行为刚开始我还不理解，你还能到中国市场上做对冲吗？我们没有给你做对冲的产品呀！但是后来来的人越来越多，我仔细琢磨，原来还是有原因的。这是很有意思的现象。

大家知道对冲基金有很多策略，其中一个很重要的是宏观策略。传统我们用的所谓"130—30"等策略，其实对中国市场来说，外国人到

---

* 高西庆，清华大学法学院郑裕彤讲席教授，中国投资有限责任公司原副董事长、总经理。

这儿来是没法做的。可有一个很有意思的现象，就是对于宏观趋势的判断，对冲基金是非常关心的。我们扯远点，因为郭省长是经济学家。罗伯特·席勒当年鼓吹的一些观点，大家觉得不太靠谱；搞资产管理的人觉得他所谓搞对冲，用房地产做对冲，所谓隔代对冲，觉得不可行。然而现在看的出来，这个趋势越来越明显。所以我说它是对冲基金管理人的一场盛宴。在哪里发生已经不太重要，因为中国下一步的趋势和往哪走的可能性，对全世界的市场都带来很大的憧憬。

另一方面，对固定收益这方面，我们知道在市场发生巨大波动的时候，对于一般投资者来说，感觉到风险大的时候大家都会去避险。这时候往固定收益方面走的人会增加，中国有更特殊的情况。刚才郭省长也提到，中国的高储蓄率在山东表现更为明显，哈继铭说中国储蓄率平均46%左右，郭省长说山东省的储蓄率已到了将近60%，这在全世界范围内都是极高的。当然哈继铭说储蓄率随着经济发展会降下来，但对于我们资产管理的人来说，我们不关心，因为它还早着呢！为什么？20世纪90年代中国储蓄率很高，我们老跟外国人解释，由于种种原因，中国人勤劳，爱攒钱，所以使得储蓄率比较高，但是我记得当时是在37%—39%的样子。到90年代中期的时候下来了，36%、35%，终于显出中国年轻一代开始花钱了，结果怎么样？那时候百分之三十几，现在将近百分之五十，不减反增。现在有这么多的人在存钱，不管是通胀、货币贬值的预期，还是对养老机制的担心，反正存款在增加。这使得我们固定收益这边的可能性大大增加，越来越多的人说把钱放在银行麻烦比较大。所以现在固定收益的产品虽然还是比较少，但是跟90年代相比已经多了很多倍，尤其是现在整个国债交易系统里又增加了地方债，公司债、企业债也逐渐增加起来。传统上中国人聚集的地方，固定收益这个市场本来是不大好的。当年我们在香港鼓吹了很长时间，努力想弄起来，结果也没有弄起来。跟欧美市场相比，固定收益市场仍然不那么发达。可是现在，我觉得中国到了这个历史阶段，你会看到越来越多的人往这个方向走。这两点，其实产生了一个新的问题，就是对监管部门的挑战。今天也有监管部门人士到会。监管部门现在也比较纠结。我刚才说的对冲基金，监管部门说反正我们管不了它，既然风险大就关了呗。今后我们如果要想让市场对资源配置起决定性作用，产品会越来越多，监管部门如果继续采取这种态度是不大走得通的，所以情况会越来越严重。

要说解决问题的办法，首先，底数搞清楚，现在极力鼓吹的，就是在大数据时代信息的公开和共享。如果还用分割的方式，各个部门把所有的数据都放在自己那一块，不向社会公布，不向研究部门公布，不向中立的学术部门公布的话，其实是一个作茧自缚的过程。研究部门研究不了，我就不研究了，工资少拿点，研究课题不做了。可是监管部门不研究，没有把各个部门的信息放到一块儿弄清楚到底发生了什么事，就可能要出事。一说市场上产生巨大的雪崩，为什么雪崩？谁都没有弄清楚，说什么的都有。在这种情况下，如果没有弄清，下一步还会出事。所以我们应该仔细想一下这个问题，把数据弄清。现在很多人都说几大监管部门要合并。我说合并之前把数据弄清，知道发生了什么事，什么原因。合并第一重要的是数据，其他人事、机制上的是第二位的问题。我就说这些，谢谢。

预警中小银行理财产品面临的风险

巴曙松[*]

经济运行有周期，这种周期波动会影响到不同的行业，经过完整周期检验的行业，才是逐步走向成熟的行业。资产管理行业也是这样，从前几年资产规模大幅度的扩张，到现在中国资产管理行业达到 80 万亿左右，接下来应该说资产管理行业正在进入一个周期调整阶段。这个调整的动力，一部分来自于实体经济的调整，实体经济里面去库存、去产能、去杠杆也会直接影响到财富管理行业。具体来说，中国接下来去产能的推进是重点，这一轮的产能过剩行业基本上在产业上游，资本密集型居多。这些产业，有相当一部分资金来源是通过各种理财产品或者通过金融机构做通道来做的。所以这一部分实体经济的调整，必然就会反映在资产管理行业，表现为违约率的上升，产品收益率的回落等等。

从一般意义上来看，资产管理行业进入调整周期，我觉得有几个方面的趋势值得关注。

第一，不同的信用利差，不同资产中的风险溢价，会逐步反映在利差上，这是金融市场在经历了长期的低利率、流动性异常宽松、异常宽松的流动性把不同资产的风险溢价拉平之后，必然会出现的一个趋势。

其次，现在，各种银行理财产品的收益率已经有了明显下降，但实

---

* 巴曙松，香港交易及结算所有限公司首席中国经济学家、中国银行业协会首席经济学家。

际上还是高于可持续的利率水平。在调整期，收益率水平可能还会出现下降的趋势。这可以比较一下上市公司平均的回报水平，以及市场上不同风险的利率水平，就可以看出这个趋势。

第三，分不同类别的金融机构观察，不同的金融机构参与财富管理市场的商业模式、产品，以及风险管理能力不一样，所以在调整期面临的压力会有差异。从银行理财产品来说，值得关注的风险，首先就是需要关注中小银行，特别是这些中小银行依赖理财产品筹集资金的比例明显高于大型银行。对于这些中小银行来说，理财产品可以帮助这些中小银行绕过分支机构的约束，绕过存款保证金的约束。即使从上市公开能获得的中小银行数据和负债比例看，有的中小银行已经高达40%、50%了，所以这个调整期会促使中小银行面临比较大的流动性压力。同时，我们从数据上还可以看到，银行理财市场短借长用的期限错配还是很明显的，理财产品的期限基本上一年以内，但是投的资产一般比较长。这样，在调整时期，特别是一些季末、年末的时期，流动性的进展就会表现得十分明显。

前一阶段，中国的 PE、VC 这些资产管理的细分行业，主要的收益来源在于二级市场的退出，目前 IPO 市场的进度，可以对比不同的进度，现在在证监会审核的据说有六百多家（2016 年 6 月份数据），按照目前的进度，一个月如果是十五六家，大概审下来要 40 个月，加上你拿到各种文件、批文，完成整个上市程序，大概要等 4 年。再加上上市之后的锁定期，基本上从投资到 IPO 能够顺利退出也要 5 年。按照这个时间来推理，如果是 VC 从投资到 IPO 退出，大概要 8 年左右。这样再靠原来短平快、在二级市场快速退出的盈利模式，也面临一个十分明显的市场约束，从而也会进入一个调整期。当然，一旦市场逐步稳定下来，上市的节奏可能会适当加快。另外，香港和海外上市，以及新三板的挂牌也分流了 IPO 的压力。

人民币资产长期稳定正收益

姚余栋[*]

我想跟大家汇报交流的主要是，从全球经济视角来看，全球经济存在着一个全球资产配置之谜。

我的分析逻辑是这样的，首先是全球的流动性不足，虽然现在还够，但是未来是不足的。最近 BIS（国际清算银行）的顾问也承认这样一个观点。所以在全球流动性不足这样一个大背景下，全球经济将保持 3% 左右的增长速度，危机之前是 4%，很难再有强劲的增长。低通胀也是长期的，而且大宗商品的低迷也会是比较长期的。

同时，还有一个非常重要的现象，就是占优货币增值，我们指的是国际储备货币，在 ICR（利息备付率）篮子里的，美元、日元、欧元、英镑和 2016 年 10 月 1 日的人民币，大家也注意到现在汇率理论要发生变化。由于国际货币，可能跟实体经济关系不是很大，比如说日元现在面临升值压力，就很难用日本经济的情况来解释。如果占优货币升值，美元指数就会振荡，就很难强势走高，占优货币升值也意味着将来非占优货币包括新兴市场的货币，在未来可能面临这样一个汇率风险是比较大的。第三点，全球来看，家庭资产的崛起，这是以前预想不到的，以前我们总以为是公司金融、公司资产是最多的。还有一个现象，全球逐渐步入超老龄社会，已经有 14 个国家和地区进入超老龄社会，所以全

---

* 姚余栋，时任中国人民银行金融研究所所长，现任大成基金副总经理兼首席经济学家。

球家庭资产崛起，我们估算如果发达国家现在有 200 万亿美元的家庭资产，未来 5 年可能要新增 20 万亿美元。其中，可能有 10 万亿是养老的钱，这个钱是什么钱？有一部分是短钱，可能是对冲基金，可能是短期收益，但也可能是长期收益的。这样的情况，就是家庭资产，我相信可能有一半是养老配置的钱，核心诉求是正收益，就是我不能老了以后钱越来越少了。这个是很重要的，既有短钱，但是一半要长钱，在全球要寻求正收益，这是最基本的。

我们看到，当前的全球经济，由于美联储定的中长期的价格稳定目标是 2%，我认为是定低了点，应该定 2.5% 比较合适，一会儿可能 Randall 会给出更好的解释。但是无论如何定了 2%，这样逼近 2% 也是指日可待的。虽然昨天非农就业非常低，但是最终会走向加息。只不过是加的幅度和时间而已，除非它调整未来 PCE 的目标。我们看到日本经济和欧元区是负利率，所以这样就会存在着全球 200 万存量资产的问题，现在全球主要债券可能面临将来加息的问题，去哪里呢？如果去新兴市场又担心汇率风险。所以全球大量的钱要寻求正收益资产，这是所谓的会存在的全球资产配置之谜。用什么来解决这个方式呢？我们觉得中国经济将给全球提供一个最主要的解决渠道，因为中国经济是 L 型增长，我们冷静地、客观地看到我们中长期是 L 型增长，同时这种情况下，中央在大幅度推动供给侧改革，包括山东省和其他省都在非常努力推进供给侧改革，我也相信供给侧改革会成功，中国保持一个长期的繁荣，我认为是有信心的。同时，人民币汇率形成机制，经过改革，大家看到这个确实是稳定性和灵活性兼备，而且美元指数如果振荡的话，人民币保持一个相对稳定是没有问题的。我们也看到，经过过去 10 年中国的金融改革和开放，我们国内债券市场已经接近 50 万亿人民币，这是以前难以想象的，中国的债券市场能够这么样深厚，而且有很长的路要走。人民银行已经对全球的海外投资者开放了这个市场，而这个市场，我们国债收益率是 10 年期 3%，如果人民币汇率稳定，而且又是开放的，所以在全球来看，到哪里找到刚才说郭省长说的"天上掉馅饼？”我觉得这就是馅饼，不要怀疑它，直接来找。所以怎么解决全球资产配置之谜，很可能是全球具有长期稳定正收益的人民币资产。谢谢。

财富管理与金融发展相辅相成

胡祖六*

很高兴能够来青岛参加这次财富论坛。财富管理这个题目非常重要，但涉及面也非常广。我只讲三个观点。

第一，财富管理与经济增长和国民财富的关系。一个国家繁荣昌盛，人民不断走向富裕，需要经济长期与可持续地快速成长，从而源源不断的产生与创造国民财富。但是，当经济发展进入了一个相对成熟的阶段，中产阶级业已基本形成，国民财富累积达到了一定规模以后，仅仅关注因 GDP 的增长所形成的新增财富还不够，还应当开始高度重视已有财富的管理。这是因为，随着人均 GDP 的上升，未来 GDP 的增长速度将会逐步趋缓，人口结构趋势引起储蓄率趋势性下滑，因此增量财富的"外延型"扩张也会相应放慢。国民总财富的增加，将势必更加依靠已有财富存量的管理业绩，即正的和较高的投资回报率，而得以实现。如果现有财富存量未能善加管理，未能实现保值增值，那么即使 GDP 仍能奇迹般高速增长，中国国民总财富的增加亦将非常缓慢。在最坏的情形下，财富甚至减值蒸发，可能发生新增收入不能弥补财富的亏损消耗，导致当年收入上升了，总体财富却缩水了，人民福利水平停滞不前甚至下降的不堪局面。

因此，在今天中国的发展阶段，即进入高中等收入国家行列后，一

---

* 胡祖六，春华资本集团董事长。

方面我们要通过经济转型，技术创新，提高生产率，维持 GDP 尽可能快速的成长；另一方面，我们必须高度重视和关注管理已有存量财富。毕竟，已有财富存量是中国人民自改革开放以来，一代半人辛勤劳动与创业的成果，来之不易，当以倍加珍惜。所以，财富管理越来越重要。

那么，中国怎么样才能够管理好现有的财富、培育卓越的财富管理能力、做到能够"以财生财"和"以才生财"呢？这里的"以财生财"中的两个"财"字都是指财富的财，而"以才生财"中的第一个"才"是指才智、才能、才华。只有把"财"和"才"完美结合起来，我们才能不断创造、积累、扩大财富，提高中国人民的财富水平。

今天，全球财富管理最发达的国家主要是美国、英国和瑞士。这些国家因为其卓越的财富管理能力，不仅能够管理好本国的财富，获得很高的回报率，而且吸引了全球资金的流入。过去 30 年，跨境资本流动一个显著的趋势就是世界各地——东亚、中东、美洲、非洲、俄罗斯等财富都流向这几个财富管理行业最发达的地区，为当地创造了高质量的就业与税收，进一步推动与壮大了资产管理产业与金融市场。相比之下，德国和日本虽然是制造业强国，但由于种种原因，德国和日本在财富管理行业方面发展相对滞后，或者说跟他们的工业化地位和收入水平是不相称的。不出所料，今天全球最好的财富管理公司，最好的对冲基金，最好的私募股权投资基金，几乎被美国所包揽，英国和瑞士也有一些。但有几家在德国、在日本？这个问题应该引起我们中国政府、企业界、投资界的思考。

就像固定投资拉动经济增长一样，在经济起飞早期，固定投资每个单位能够产生较高的边际效应，但是继续靠固定投资，效益就会下降。现在国内外经济学界非常关注中国储蓄率问题，为什么中国储蓄率如此之高？其原因很多，诸如人口结构、收入的增长、社会保障缺失等等。但是我认为，从理论和实证上考察，预期回报率是影响储蓄率的一个因素。储蓄率高，就是回报率太低，老百姓为了养老、医疗、教育，或者购房，不得不把过多的当期可支配收入份额拿来储蓄，才能满足这种预防性的需求。如果说，预期投资回报率足够高的话，均衡储蓄率自然会大大降低。

第二，财富管理是现代金融体系越来越重要的核心功能之一。事实上，我们谈建设财富管理中心、发展财富管理产业，或者提高财富管理的水平，是不能够孤立来谈的，财富管理是跟整个金融体系的发展程度密切相关的。中国的整体金融体系，从绝对资产规模来衡量，无论是银行业的资产，还是股市的市值、债券市场的市值，都是已经很大了，在全球都是已经位居前列了。不能说第一吧，美国还是第一，但是至少是第二位。比如说中国股票市场的市值为全球第二，仅次于美国。中国债券市场市值是全球第三位，仅次于美国和日本。但问题是，从市场的稳定性、透明性、流动性，市场的效率，金融产品的丰富程度、金融机构的经营能力，投资者的风险文化等等来考量，中国的金融体系还有很大的缺陷与不足。所以我们要提高中国的财富管理能力，发展我们的财富管理产业，一定要与深化金融改革与发展——包括理顺监管的理念，完善监管的框架，开放市场，公平竞争，培养引进专业人才，投资者教育等等——紧密结合起来。只有中国金融体系整体改革到位，中国才有可能真正培育世界级的发达财富管理产业。

第三，财富管理必须注意主权财富与民间财富管理二者之间的平衡。应该说，按国际先进水平衡量，专业化的私人财富管理相对于中国整体的财富管理产业规模，占比过低，而中国主权财富占比是相对比较高。中国的三大主权财富机构——外管局、全国社保基金和中国投资公司，他们每一家的 AUM（资产管理规模）在全球都是比较大的，可以跟美国、欧洲规模最大的、实力最强的专业财富管理和投资机构相比。其中国家外管局旗下所管理的 3 万多亿美元外汇储备，超过了挪威、阿联酋、科威特等地的主权财富基金，是世界上最大的主权财富基金。但是，中国民间独立的财富与资产管理机构，却相形见绌，规模小得可怜。比如说中国的公募基金行业中，中国华夏基金算是最大的，但只能与美国一个小型的基金公司规模相比。事实上，经过 20 多年的发展，整个中国基金行业的总资产可能仅仅只与美国一家中型公募基金公司所管理的资产规模旗鼓相当。这样，我们面临一个问题，为什么在世界第二大经济体，国民财富这么多的集中在主权财富里面？为什么市场化专业化独立运作的财富与资产管理行业在中国发展如此缓慢？我相信，在正常态（或称之为新常态）的市场经济条件下，一个国家的绝大部分财富应当是民间拥有，被分散化、专业化地独立管理，而不应该是集中在政府所控制和掌管的主权财富机构。

主权财富机构因为各种原因，既然已经形成，那么它们在推动整个国家财富管理行业发展的过程中，责无旁贷地应该也能够发挥很大的作用。我举一个例子，新加坡是一个弹丸岛国，历史上也因为各种原因，设有主权财富基金——淡马锡（Temasek）和新加坡政府投资公司（GIC）。但是，新加坡政府没有满足于拥有这两家业已享有国际声誉的主权财富机构。过去 20 余年来，新加坡政府利用这两家主权财富机构的优势，采取外部委托管理等各种办法吸引全球最好的人才和各种专业投资机构，到新加坡安家落户。新加坡今天之所以能够挑战香港，成为所谓"东方瑞士"，亚太地区一个举足轻重的财富管理中心，这与他们非常聪明有效的利用主权财富机构来吸引民间独立的专业机构到新加坡去，有非常大的关系。

相比之下，中国的主权财富管理机构，虽有外部委托管理业务，但是除了全国社保基金外，几乎都给了总部在美国或欧洲的国际资产管理机构。如果中国政府和金融监管机构真正希望发展中国自身的财富管理产业，是时候考虑如何通过主权财富，以外管局、社保基金和中投公司等主权财富机构作为重要催化剂，推动中国专业投资机构成长，壮大中国专业机构和专业人员队伍。

中国经过 30 余年的高速发展，已经在家庭、企业和国家层面积累了相当可观的财富。现在怎么样更加科学有效地管理中国的国民财富，以图获得更高的投资回报率，已经成为一项非常尖锐的挑战，当然同时也是一个历史性的机遇。我希望我国好好学习美国、英国还有瑞士的经验，并吸取德国、日本在工业化和金融发展中的一些教训，下功夫打造中国国际一流的财富管理行业，培养本土卓越的财富管理能力，避免"富不过三代"这一历史的魔咒，确保更多更快地增加国民财富，实现邓小平真正让所有中国人富起来的美好愿景。

世界经济对财富管理行业的影响

Randall Scott Kroszner[*]

刚才有发言人提到财富管理对经济增长是非常重要的。储蓄率过高的时候，投资就会少，经济就会放缓，因此我们需要通过财富管理来增加人民的收入，提高国家的经济繁荣。所以中国经济发展到今天，一定要考虑财富管理问题。

我首先想谈一谈美国短期内的情况。然后再谈谈此前发言人已经提到过的资产配置问题。同时我还要谈一谈国际情况——有时我把它叫做巨人之间的冲突。比如说美联储现在想加息，然后其他主要经济体的央行则期望采取更为宽松的货币政策。

首先，就像哈继铭先生刚才提到的，美国的就业数据昨晚出来了，不是特别好，虽然失业率下降了，但是新增长的工作数量比较低，有一些宏观数据仍然是不太好。我们需要意识到的是，美国经济是不可能一直保持之前创造工作岗位的速度。经济危机以来，美国创造了1000万个工作岗位，最近差不多每个月有20万到25万个工作岗位，就业量的增速在降低，但是这并不意味着美国经济增长出现了什么变化。我们过去两年间看到的问题，就是我们在创造就业方面还不错，但是生产率方面增长比较低，投资率方面增长比较低，收益方面做得也不是特别好。

---

* Randall Scott Kroszner，芝加哥大学讲席教授、原美联储银行监管委员会主席、布什行政当局经济顾问委员会成员。

我们最近可能从就业率慢慢降低，但 GDP 却在以 2%左右的速度在增长，生产率增长可能会更高一些。这样的话，就给我们更多投资的机遇，而且当生产率提高的时候，工人收入也就会有所增加。所以尽管我们的就业率增速可能会放缓，但实际经济增长的动力已经从就业率提升慢慢转向投资增长和劳动生产率的提升。

这个转型一旦开始，就意味着美联储仍然希望加息。当然，加息不会出现在 6 月，因为目前这个就业数据不是特别理想，还有英国脱欧带来的不确定性问题，但从整个发展趋势而言，我认为是要加息的。其他如日本央行、欧洲央行等，现在都采取了负利率，使用了不同程度的 QE（量化宽松）。当然了，这就会产生货币战争，有些国家可能会让货币贬值以提高出口，这些问题在 G20 和 G7 集团峰会中都谈到了。了解这些对财富管理非常重要，因为我们必须要把财富管理放到国际视野中去考虑。所以财富管理不仅是中国的问题，同时也是全世界的议题。重要经济体央行的政策会影响到世界，譬如货币政策、汇率的变化等。所以，我们必须了解即将面临什么样的挑战和风险，这样才能够进行对冲。

下面我来谈谈各个国家的 QE 是个什么情况。在美国，早期的那几轮 QE1、QE2 的时候——从金融危机一直到 2010 年中期，主要问题是对付通货紧缩。美国现在没有面临日本和欧洲那样的通货紧缩，因为美联储推出了 QE，而且向市场做出了有力的承诺来对付通货紧缩。日本一直存在通货紧缩问题，他们当时央行承诺却模棱两可，人们搞不清政策方向，所以给市场预期造成了很多的不确定性，因此日本的通货紧缩问题一直没有解决。欧洲的央行在 2012 年就允许资产负债表降低到 1 万亿欧元，已经导入通货紧缩情况，现在要加强做 QE，加强政府的负债率，通过这些方法，欧洲也希望能够摆脱通货紧缩的状态。

资产分配和资产管理的时候都要考虑以上这些因素。美国量化宽松政策的经验，对于股票市场来说是积极的，对于债券市场来说也是积极的，因为利率持续下跌，所以债券持有人可以获得更多的收益。例如欧洲利率下降，欧洲的央行现在更多来购买企业债，而不是买主权债，这也是他们资产分配的一个情况，并且也是加强欧洲安全性的一种做法。

简单说一下所谓的"直升机撒钱"的情况。这是很多年前有些央行希望能够抗击通货紧缩的一种办法，使用融资来购买实际的资产。所以它会有一些实际的购买，让金钱进入到人们的手中。这种融资是由央行来有意做的，所以我们称之为"直升机撒钱"，这也确实可以改变经济的情况，把通货紧缩变成通货膨胀，日本现在就是用赤字做融资的方式。欧洲可能也会做，但是欧洲央行会有更多的限制实施做这样一个货币融资的方式，这方面会有法律的限制。这个做法也是非传统性的，是央行有意用这种方式来抗击通货紧缩，但这种方式可能会加强通货膨胀。我们希望它能对经济起到积极的作用，但是不要过火。一旦我们使用货币融资的方式，它可能会带来很高的通胀。拉丁美洲20世纪80年代曾经经历过，一直延续到90年代早期，他们那个时候货币融资确实也是带来了通货膨胀，而且非常严重。所以这方面要做好平衡是有挑战性的。

货币融资这种方式容易使人们对于未来利率和汇率有很高的预期，相关部门要做好控制和预期，要有可测量的方法，不要对利率或汇率有较大的影响。如果人们对未来预期有很大的变化，如货币贬值或者是利率调整，货币融资可能会造成更大的影响。这并不仅仅是关于经济方面，也有关政治方面，所以要抑制过高的预期。天下没有免费的午餐，用这种方式刺激经济，肯定要有一定代价。很多专家希望有这样的免费午餐，他们会说我们用货币融资的方式，可以帮助人们有更多的支出，而且这种财政支出并不是免费的，它会带来通胀，会带来利率的上升，也会带来一些资本市场和债券市场向下的压力。所以当前应该比较审慎地考虑到这个问题，投资人说没有免费的午餐，这是非常重要的，在国际、国内都是如此，谢谢大家。

俄罗斯、中亚转型与国际油价波动

Chris Weafer[*]

  中国西北部的国家和地区对于中国非常重要，许多能源的进口，包括工业原材料的进口，都要经过这里，而且它正日益成为中国"一带一路"战略当中很重要的一个交通渠道。一带一路战略中提到的互联互通，包括中亚，包括俄罗斯，一直要连接到非洲、中东这种陆上和海上的建设，所以这个区域对于中国未来长期建设非常重要。金融危机复苏的过程中，这个区域可能会成为一个非常好的出口市场。这个区域当中有 2.6 亿人口，其经济很大程度上受到了俄罗斯经济衰退、油价下跌和大宗商品价格下跌等因素的影响，2012 年这个区域的 GDP 大约是 3 万亿美元，现在只有一半。世界银行认为，该地区增长潜力差不多是 6 万亿美元，这是在德国和日本之间的水平。所以该地区经济增长潜力很大，但如何实现潜力是个问题。

  在过去几年中，这个区域一直受到油价下跌的影响，面临着一些经济放缓上的压力，越来越需要在各方面做出改革。比方说对于俄罗斯来说，它的经济增长是 2010 年为 4%，2012 年只有 1.3%，即便当时油价还在 110 美元的水平。我相信，今天的俄罗斯应该寻求新的经济模式和增长，并不是坐在这里等油价增长。俄罗斯希望有新的产业模式，一种在全球化进程中适合自身发展的新产业模式。俄罗斯央行，没有再继续

---

 * Chris Weafer，俄罗斯联邦储蓄银行前首席策略师。

支持反对派，开始汇率的自由流动，这对于经济起到了保护，否则的话可能会有更加严重的经济危机。央行逐步向着自由流动来移动，在2015年早期，他们开始出现了一定的金融方面的复苏，而且我们预计的赤字已经是在一个可以控制的情况下，而且是在油价有大幅度下跌的情况下。

另外一些国家，像哈萨克斯坦和阿塞拜疆，改变了过去的过度保护，2015年开始了汇率的自由浮动，哈萨克斯坦和阿塞拜疆有一个很大的问题，因为他们继续做这种跟美元挂钩的货币体制，85%的银行贷款是以美元的形式，所以我们可以看到他们会出现一些问题。俄罗斯和中亚国家都希望货币成为未来经济复苏计划的中心，并将其视为新的增长模式的一部分，以取代以往以石油为基础的增长模式。

油和能源对于整个区域来说都是非常重要的。中国和美国是目前世界两大能源进口国，一天可能进口700万桶，俄罗斯和沙特是世界上最大的石油出口国，差不多一天也会出口700万桶，所以基本是维持平衡的状态。中国50%的天然气进口来自于土库曼斯坦的管线，会穿过哈萨克斯坦，未来会穿过巴基斯坦和塔吉克斯坦。普京总统访华的时候，两国也签订了关于天然气的协议。

所以能源价格对中国也非常重要，我们分析能源价格未来的预期，首先一定先去分析油价下跌的原因是什么？就是因为美国页岩油开采量在大幅度上升，达到一天500万桶，俄罗斯现在也是增加了差不多100万桶的产量，这样600万桶，基本上等于中国和其他亚洲国家增长的需求。美元的升值跟油价有着反向的关系，可以看到美元对于现在这个情况，又对油价是雪上加霜。

目前有些短期因素使得油价有反弹。如：伊朗需要更多的投资才能恢复生产潜力；利比亚持续的武装对抗，也减少了差不多一天100万桶的产量；加拿大的大火也会影响到加拿大主要产油区，影响一天差不多100万桶的产量；尼日利亚地区也有武装冲突的情况，也会减少油的产出。但这些产量下降只是暂时的，所以油价会有一些复苏。很快可能会发现美国有一些油井又开始生产油，可能很快加拿大的大火就要被扑灭，所以我们当前的油价是在 50 美元，这可能是在中期来说达到的最高水平，油价越高，供应方面会有更多的反应。好消息是需求侧会增加一天 120 万桶的需求，很多来自中国和亚洲的经济体会加大进口。

我认为，在近期推动油价增长的可能是美国的页岩油价格问题，然后还要看尼日利亚、加拿大的危机会不会解决。另外如果是在 50 美元的话，伊朗会吸引更多的投资增产，进一步降低油价。但是中期来看，差不多可能现在也就是最高水平了，可能还会继续下跌。

我最后总结一下，我现在关注的区域也就是中亚、俄罗斯和伊朗，他们相对稳定，没有出现加剧的危机，但都面临重大的转型问题，这些问题都需要我们加以认识。谢谢。

对　话

哈继铭：我先提一个问题给高教授，您刚才说这个对冲基金在中国应该是大有可为的。我想对冲基金需要一个做空工具，中国目前的情况下，如何使对冲基金对中国感兴趣？

高西庆：市场发展都有一个循序渐进的过程。中国证券市场发展到今天，其实做空工具的出现，应该是其中应有之义，实际上过去这几年中国的监管机构已经做了一些工作，已经建立了一些这方面产品的雏形。但是市场 2015 年出现这么大的问题，有些人就觉得糟糕，就给关掉了。其实我想这是暂时的，市场发展必然会产生问题，即使在做空工具出现之后，当时很多人批评市场，说中国单边市场，只能往一个方向做，所以才造成这么大的问题，一旦有了可以做空的工具，就使得对于市场风险判断，不同的消费者可以从两方面做，这样可以从监管机构，国家经济部门当中分离开来。当然，中国监管部门自己能力要提高，自己要做这个事。又回到老话，监管部门不能老把主要精力放在寻租、设租、审批上，没有精力去做这样的工作。我想这样的话，不管什么新产品，现有的产品也会对他们造成巨大的挑战。

哈继铭：谢谢。看看台下还有什么问题？

提问：我这个问题问胡祖六先生，刚才您谈了新加坡财富管理市场的一些经验，您能不能谈一下香港，我们如何和香港这个市场紧密协作，发挥中国最好的财富管理水平？谢谢。

胡祖六：谢谢。我讲到财富管理是跟整个金融体系的发展水平、金融市场的深度、流动性、产品的多样性和丰富性紧密相关的。有关财富管理的很多具体技术性的东西，比如资本资产定价理论、贝拉克—舒尔斯—墨顿期权公式、债券收益率曲线等等，我们可以在商学院课堂上讲授很多学时。但从实际应用的角度，一个有效的财富管理模式，一定会以多元化资产配置为基础，根据投资者的总财富水平，风险偏好和投资期限等，在股票、债券、商品期货、外汇、非公开股权、商业地产等各类资产类别中，做一个合适的资产组合。

因为中国整体金融市场的发展仍然不够成熟，投资工具的种类与数量仍然有限，香港作为全球最重要、最大的国际金融中心之一，毫无疑问能够给中国内地的财富管理提供一个非常好的舞台和通道，特别是在投资工具的选取方面。近年来，我们实现了"沪港通"，马上即将开启"深港通"，再加上已有的 QDII 等机制，为中国境内机构和个人从财富管理在资产配置方面提供了一个比较有效的机制和通道。香港内地两地市场更多的连接，能够为中国的财富管理多元化配置创造比较好的条件。

第二，香港的私人财富管理，无论是大型银行旗下的私人财富管理（PWM）业务，还是独立的私人银行，已经相当发达，在商业模式、客户服务、运营管理等等方面，都积累了丰富的经验，值得内地财富管理机构学习与借鉴。比如，中国内地金融机构如中国银行、工商银行、平安银行等的私人银行或财富管理平台，可以多与香港的财富管理机构进行合作交流，包括人员培训方面的合作。

最后一点，从金融的整体改革、监管和国际化方面，香港也能够给内地提供很多有益的启示。青岛有雄心壮志想把青岛做成亚太地区财富管理中心，当然，首先要有很好的机构、很好的人才、很好的产品，也要有很宽松、合理的监管环境，比较好的税收制度，这些条件都要到位。毫无疑问这种外部政策的环境、监管的环境，在香港都是到位的。所以香港本身就值得内地在下一轮金融改革、金融发展与开放方面，进行仿效和学习。我就讲这三点吧，总而言之，中国财富管理前景广阔，中国金融发展的前途光明。中国在"一国两制"之下有香港这么一个风水宝地国际金融中心，是中国发展财富管理的一大优势。

哈继铭：巴曙松教授在港交所工作，他在这个问题也很有发言权。

巴曙松：我补充一点，香港和内地的合作，有不少空间，例如，在内地市场波动较大的背景下，在利率汇率波动越来越市场化的条件下，香港有条件发展成为中国离岸的资本市场风险管理中心，我觉得也是一个可行的道路。就是说讨论一系列国际性指数加入的时候，这些国际性机构非常关心这些风险管理从哪里进行，如果香港发展成为风险管理的中心，被内地看起来是高风险的产品，在国内发展的时候，可能担心会形成市场冲击的话，在香港市场发展，同样可以起到一个吸引长期资金进入内地市场的作用。比如说股指期货市场，对比两地的发展，香港的风险承受能力相对比较高，所以在发展定价方面是有空间的。除了股指期货之外，我们观察一些风险管理产品，往往是做得期限比较长的产品，例如3年、5年的，实际对金融机构的操作来说，往往是短期利率波动比较大，所以最需要的是短期性的风险管理工具，但是现在内地金融市场上的短期产品就相对较少，可以把这些看起来风险程度高的产品放到香港市场上来开发，我觉得是有空间的。

其次，现有的，刚才胡祖六先生讲的沪港通机制，其实还有拓展空间，拓展到深圳，拓展到债券领域，拓展到新股。我们是不是可以利用沪港通这个机制，把国际上很多优秀的上市公司吸引到香港市场，使得中国的消费者群体与投资者群体不再分割，也使得香港成为中国投资者进行国际资产配置的平台。

第三，大宗商品这个领域。现在比如说大家讨论"一带一路"，但实际上我们看原先这些国家经济体与中国的合作项目，其中很多项目其实跟资源价格波动相关，所以资源价格的大幅波动，直接影响这些项目本身的回报水平。所以在大宗商品领域，怎么建立一个定价的产品中心，我觉得也是有需求的。

最后一点，有一些金融制度安排、法律制度安排，在香港市场相比较国内来说，障碍相对小。比如说现在看到讨论比较多的家庭信托，香港的信托法修订之后，发展的空间很大。中国内地现行的财产登记制度、税收制度，调整起来有难度，可以看到，香港一些大型的金融机构开始把家族信托安排作为私行业务发展的重点，这样一些创新性的制度安排在香港市场，在国内目前发展还有障碍的情况下，可以起到一个替代作用。

提问：我想问胡祖六先生一个比较专业的问题，我想请教您，如何看待当下中国国内市场的资产荒问题，我们的课题是"全球视野下的财富管理趋势"，实际上中国的这些富豪进行全球资产配置非常难，只能通过高盛这样的机构进行全球资产配置，中国的老百姓在熊市之下，怎么可能进行资产配置？谢谢。

胡祖六：你提的问题很好，很难三言两语讲清楚。中国的市场规模很大，股市、债市体系也足够大，但问题是产品的丰富性、多样性与流动性不够，所以投资者——无论是机构还是个人，无论是富豪还是普通老百姓——都在资产配置上遇到了瓶颈，难以实现真正多元化的资产配置。所以一个当务之急、根本之急，就是要加快金融发展和改革，推动金融创新，丰富金融产品，给中国的投资者提供更丰富更灵活多样的资产选择，这点非常重要。

第二，即使国内金融市场已经发展到非常大的程度，中国的投资机构与个人还是有在全球资产多元化配置的需要。比如说刚才我们讲到油价、天然气价格的波动，这不是中国完全能够左右的，所以我们应该在全球范围之内进行适当资产配置。再比如说中国的投资者有很强的意愿投资高科技产业，而美国拥有许多世界上领先的高科技公司，比如谷歌、脸书、亚马逊、苹果等，但是中国投资者难有机会购买苹果这样的高科技股票或者债券。所以我认为，放开资本管制，加快资本账户的开放，让中国的老百姓、中国的金融机构能有更多的自由进行海外投资，实现全球多元化资产配置，非常必要。令人担心的是，因为担心资本外逃，资本管制似乎更严格了。我认为，资本外逃现象是法治建设与透明度不够所引起的，中国的老百姓，特别是富豪，缺少安全感，所以千方百计以各种途径把资本转移到海外。如果我们中国的老百姓尤其是成功人士和富豪们对中国的经济与金融体系失去信心，那将会是金融不稳定，甚至是经济不稳定的一个潜在因素。所以我们应该反省，不能只是

"堵"、"管"、"控"，而是应该认真思考如何才能恢复、稳定、提升投资者对中国金融体系与法治的信心。

哈继铭：其实市场是很智慧、很聪明的。尽管有一些制度上的限制，市场总能找出一些办法来尽可能完成自己投资的目标，所以有时候有些监管可能是非常必要的，但也有一些可能是约束了市场本身的发展。举一个例子，现在有些投资者担心人民币汇率波动，过去人民币一直升值，现在波动性增强，有时也会贬值的。但是，如果做空人民币的话，成本也是比较高的，比如在香港市场上利率应该是比较高的。人民币的利率明显高于过去，现在香港的人民币存款也从原来 1 万亿左右降下来了，所以自然而然人民币汇率会比较高，所以做空成本会比较大。有的投资者也非常智慧，他可以想其他的办法，比如说他可以用黄金作为标的，在境内做多黄金，在境外做空黄金。这样黄金价格波动对他来说没有什么影响的，但一旦人民币贬值，他在境外平仓也没有损失，但在境内，他原来 6500 亿盎司的黄金就不止 6500 了。所以我就说市场是非常智慧的，我们可能应当作为市场的参与者，可以看到现在中国的老百姓尤其是富人，对于资产的安全，不仅是在未来，升值、增值多少，他对于资产的安全现在已经开始高度关注。

Randall Scott Kroszner：胡先生刚才说到，对于监管做好的重要性，并不是监管过多或者不做监管，我们要做好平衡。消费者现在把钱放到机构当中，要理解投资的目的，所以透明性和信息披露是非常重要的，也要确保人们有合适的责任，让他们在给出建议的时候，要承担责任，这一点非常重要。但是，也要考虑到，在美国战后阶段，一个重要的阶段，我们叫做信用的本地化，很多人并不是非常有钱，因为美国在二战之后并不是非常富裕，也开始在美国房屋中投资，在股市等其他领域做一些投资。他们是通过一系列的方式来做的，关注这种小的投资人，所以并不一定非常有钱才能参与到这样的市场中，只要有合适的工具、合适的信息披露和合适的监管就可以。所以美国有很多的资产管理人，他们很喜欢这样一些工具，这里面有上百万的小投资人参与其中。

所以我想这是非常好的方式，是一种所有感的文化，因为人们不仅仅有房屋。可以增加储蓄和投资，在美国战后作出很大的贡献，所以问题是并不仅仅是有钱人在投资，就是普通人要保证这些机构也是为他们做好保证的。

提问：我想问 Weafer 先生一个问题，在您刚才的发言中，提到这个区域的 GDP 是差不多 1.5 万亿，这个区域也有潜力达到 6 万亿，我想问您一下，这样一个潜力的实现有什么样的驱动力呢？中国现在做"一带一路"的规划，其他的一些嘉宾，我也想问问各位，您对于中国加入"一带一路"的发展前景是怎样看的呢？

Chris Weafer：当然，你也可以说到像中亚和俄罗斯都是差不多的。像俄罗斯的经济可以说自从 2000 年作为一个分割点，俄罗斯从 2000 年开始，普京上台，油价上升，产油量上升，所以这里面会发现很多不同的事件结合到一起，带来现在的一个情况，这是独一无二的，不能够重复的。差不多有 3000 万美元的油气收益，给俄罗斯带来更稳固的基础，所以在俄罗斯和中亚区域当中最主要就是石油带来了经济繁荣。俄罗斯传统跟中国不一样。俄罗斯人每挣 1 块钱，都把这个钱花掉，他们不存钱的，所以他们跟中国是非常极端的两个情况，他们有非常低的储蓄率，全都消费。

我们现在来看一下，我们未来潜力如何释放呢？我们要考虑到旧有的一个模式，就是坐等石油收益，这个模式已经不好用了。实际上在油价下跌之前就已经不好用了，现在更重要的一个因素就是考虑到国家，尤其是俄罗斯，还有其他的一些国家，应该有着更广泛的一个经济增长范围。要考虑到这些机构来减少管理的介入，油气系统要有更多的自信，要允许本地的一些投资，我们这里面的一个问题，是一个比较缓慢的过程，这个复苏，俄罗斯和中亚的增长，是非常阶段性的，不会是 V 型的反弹。到 2024 年，普京的下一届任期后，这个时候更安全，而且更有基础。这里面很快再提一点，我们说到过去这种必须放缓的增长，因为俄罗斯不仅消费，还把很多金钱输入到国外，没有任何的限制，今天也没有任何的资产管理系统，在过去 15 年过程中，俄罗斯差不多出口了 1.2 万亿美元的资产进入到瑞士银行或者伦敦的地产，反正都没有在本国，所以这是俄罗斯政府现在主要的问题，我们现在要有一个整体的改革储蓄和养老金的计划，让人们把钱留在国内，不是说把过去的钱拿回来，只是保证把现在的钱留在国内，这也是一个挑战，我们也关注下一期政府大选。2018 年政府大选之后一个短暂的转变阶段，现在已经进入实际的情况，并不是过去石油的狂欢，要看到未来的经济增长，会维持这样的情况。

对于"一带一路"，也快速说一下吧，现在在中亚进展得非常快，包括俄罗斯、塔吉克斯坦还有土库曼斯坦等等，都很快地愿意加入其中，最近我想也是第一条铁路，这个也会从波斯湾、伊朗启动。俄罗斯有点慢，因为有一些背后的投资拖后腿，但是我们也可以看到，沿着西伯利亚铁路，火车可以从北京一直开到圣彼得堡，5 天到 6 天的时间，这是很大的机遇，中国可以利用这个铁路运输，加强能源的安全，加强消费者的基础。

哈继铭：我们这个环节超额完成了原定的计划，现在已经是午餐时间，至少我们这几个人有免费的午餐。谢谢大家的参与，今天大家的问题非常踊跃。非常感谢嘉宾给我们带来非常精彩的分享。这个环节到此结束，谢谢。

第二章

经济新动能与财富增长之道

随着经济增长下行压力的加大，以供给侧改革为核心，积极财政政策、货币供给适度宽松、一带一路等宏观产业策略纷纷落地，以助推经济增长新动能。而在经济增长乏力的另一面，伴随着前期多年的经济高速增长，中国超高净值家族的数量急速增长，大众富裕阶层财富管理需求旺盛。于是，如何避免资金在金融圈内空转，实现资金向资本的有效转化，并与经济发展形成良性循环，成为财富管理行业的核心话题。

经济增长新动力

白重恩[*]

　　我认为财富要增加，经济也要增长，而且经济增长的效率也要高。所以我从经济增长的动力和效率的角度来给大家分享研究的结果。

　　先来看一下过去经济增长的情况，我们把过去的经济增长分为两个阶段，大家可以看到这两个阶段很明显：一个是 2007 年之前，一个是 2008 年之后。2007 年之前有 10% 的增长，主要来自三个方面：人力资本增速、资本产出比增速、全要素生产率增速。第一就是劳动力，看人力资本的增速，不仅要看人数，也要看劳动力的受教育水平，1978 年到 2007 年之间，平均人力资本的增速是 2.8%。2007 年之前这段时间，效率的改善起了非常重要的作用。投资确实是增长的比较快，但是投资增长和 GDP 增长是同步的，单位 GDP 增长的贡献不是那么很大。最重要的资本是来自全要素生产率的改善，10 个百分点有 6.68 个百分点来自于这个部分。

表 1　GDP 增速与人力资本、资本产出比、全要素生产率增速的关系

	GDP 增速	人力资本增速	资本产出比增速	全要素生产率增速
1978—2007	10.03	2.81	0.57 (0.57)	6.68 (3.34)
2008—2015	8.56	1.43	4.53 (4.53)	2.48 (1.24)

* 白重恩，清华大学经管学院弗里曼经济学讲席教授、中国人民银行货币政策委员会委员。

　　2008 年之后这个情况大不相同了，GDP 增速降低了，而且增长的来源发生了很大的变化：人力资本增速减慢了，最大的变化来自于后面两项：一个是效率改善的速度效率大大减慢。全要素生产率增速在 2008 年前平均每年增长 3.34 个百分点，2008 年之后只有 1.24 个百分点，这是最大的变化。在效率有这么大幅度下降的前提下，我们还保持非常不错的增长速度，很重要的原因就是单位 GDP 所用的资本每年以 4.53% 的速度在增加，这是增长的来源。我们都知道，我们不可能永远提高资本的使用，单位 GDP 所用资本越来越多，生产出的 GDP 能用来消费的部分就越来越少，增长的目标之一还是促进消费，所以我们不可能靠资本的进一步深化来获得增长，必须通过全要素生产率的改善来寻求增长。

　　全要素生产率增速为什么 2008 年后有这么大下降？研究结果中我们觉得有一个是中国特有的，就是全要素成产率的增长和投资率有非常密切的关系。这个红线是两年前的投资率，蓝色柱体是有多大比例的省份的全要素生产率在下降。现在投资高的时候，两年后全要素生产率下降的省份会比较多；现在投资率比较低，两年以后全要素生产率增长的省份会比较多。所以全要素生产率的增长和改善与投资率有密切的关系。

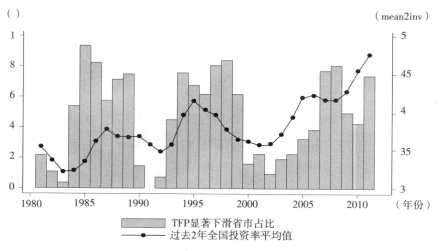

图 1　投资率上升导致 TFP 下降

那么这个是不是能够解释 2008 年以后全要素生产率增长速度相对慢很多呢？再来看 2008 年之前和之后的差别，这个图看起来比较复杂，代表的是企业的资本生产率，左边是小企业，右边是大企业，相对小的企业资本生产率比较高，大的企业比较低。有这么大的差别，代表我们经济还有一些效率不是很完善的地方，问这个趋势是不是在改善还是在恶化？我们来看这些大企业和小企业，它的资本生产率改善的速度有什么不同？图 2 是 2007 年之前情况，小企业资本生产率比较高，资本改善的速度比较低，这是一个正确的方向。就是说本来做得很好了，想做得更好很难；而右边的大企业，资本生产率比较低，增长要快一点，就起到一个平衡的作用，就会改善效率。所以在 2007 年之前，我们基本上至少资本配置的效率没有在恶化，甚至有一些改善。

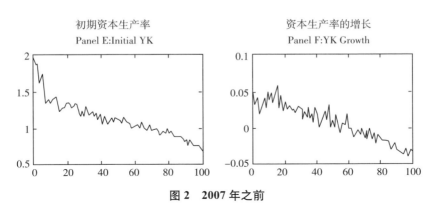

图 2　2007 年之前

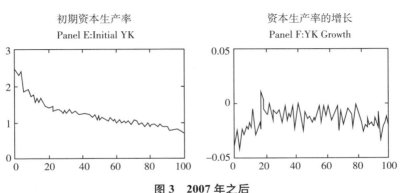

图 3　2007 年之后

　　但是在 2007 年之后就不同了，越好的企业、生产率越高的企业，效率改善速度越快；生产率越低的企业，效率改善速度是负的，资本配置的效率是在大大降低。所以很多人解释，2008 年之后经济质量不好，很多人是说来自外部的冲击，图 3 告诉我们，不是来自外部的冲击，而是来自我们自己的资本资源的配置效率在降低，我觉得这是特别需要关注的一个现象。如果我们看总体的投资回报率，可以感到一个比较稳定的下降趋势。尤其是这几年已经下降到一个比较低的水平了。这是剔除了价格因素和税以后的一个净的投资回报率。总体来说，资本回报率在下降。这个自然对财富的积累是不利的，财富积累不仅仅是需要储蓄率高，还需要储蓄更高的回报。

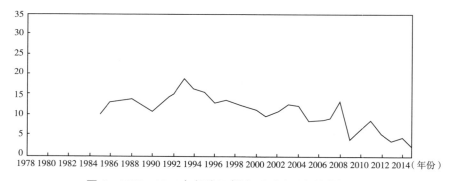

图 4　1978—2014 年投资回报率（剔除税与价格因素）

　　那么经济增长的新动力有哪些？因为时间的关系，我简单讲几个方面：

　　第一要更好把握长期和短期的平衡。我们之所以前面投资率变得这么高，影响了效率的改善，就是为了保增长，有大量的政府引导的投资，这些投资会带来效率的恶化。所以如果不愿意短期承担一些成本，长期效率就会带来影响。这是短期和长期的平衡。

　　第二就是各级政府的激励和约束需要改善。如果说地方政府或者各级政府，其实不仅仅是各级政府，没有激励帮助企业克服困难，经济是很难发展的。因为在中国，政府在资源配置中起到了很大作用，尤其在制度方面，对于企业的准入等有很多的限制。如果政府不愿意做市，不愿意帮企业，就没有办法让企业享受比较低的成本，这些成本包括制度成本。同时也要对地方政府有所约束。如果我们的地方政府太容易获得资金，就必然投资那些效率并不是很高的项目。因为要追求增长。所以我们需要更好的执行预算法，来避免效率低下的一些投资。

第三方面就是国企。今天上午也有很多专家讲到，我们必须要化解过剩产能，才能够改善我们的效率。但是在化解过剩产能的过程中，很多都跟国企体制有关，比如说国企员工的安置，就比民企更加困难一点。当做兼并收购的时候，如果国企和民企之间有这种交易，如何让这些做交易的人没有后顾之忧？这些都是需要进一步去努力的。混合所有制的改革，应该帮助我们来解决一部分这样的问题，但是推动的速度我觉得还需要再进一步加强。

第四是产权的保护。今年前四个月，大家如果关心数据的话，一个最令人担心的数据就是民营企业的投资增速大幅度下降。到底是什么原因呢？经过调研发现，民企企业家的投资对产权保护不是那么放心，是民企投入比较弱的一个原因。

第五是城镇化。如果城镇化方向不是很明确，政府希望引导人到哪儿去，而不是根据市场的力量把人引到什么地方去，那我们的城镇化必然有很多的问题。所以应该让市场在城镇化的过程中起更大的作用，让城镇化真正地变成改善生产力的一个重要机制。还有就是降低劳动力流动的成本，如果我们允许农民能够盘活他在农村的资产，一方面他会更加愿意进城，也更有能力进城。另外也可以使得农业的生产规模能够有所扩大。今天上午，蔡院长特别讲到农业的生产规模要比其他国家都要小得多。我们要鼓励这种农业生产规模通过市场机制来扩大。

最后一点就是化解和防范金融风险。对信用违约要依法处理，通过处置不良资产、兼并重组来化解坏账，处理地方债，加强全方位金融监管，处理好汇率和资本流动。时间原因我就不细讲了。谢谢。

财富管理应坚持行稳致远

许罗德[*]

当前我们国家财富管理所处的阶段和呈现的状态，就好比处于青春期的年轻人。青春期的年轻人发育特别快，充满活力，朝气蓬勃，但是也容易冲动，容易躁动，甚至盲动。现在财富管理所处的阶段和青春期年轻人的特点高度相似。一个人如果在青春期出了问题，他的人生可能不会圆满。中国的财富管理处在和人的青春期一样的阶段，如果把握不好，未来可能不会实现很好的发展。

近年来，由于供给的推动、需求的拉动、政策的驱动，财富管理发展非常快。如果用大资管的口径，2015 年金融资产达 93 万亿元，是 GDP 的 1.4 倍，近三年每年增长 51%。现在的财富管理呈现出几个特点：一是机构多元化，银行、证券、保险、基金等机构，线上线下方方面面都在做财富管理；二是产品越来越丰富，银行系的产品一年至少有两万个；三是客户的普惠化，财富的管理不仅仅是针对中产阶级以上的群体，客户是普惠化的。

但目前的财富管理由于方方面面的原因，像青春期的孩子出现了一些状况。一方面机构增长过快，一些业务发展很激进，反映出一些机构自我风险管理能力差，业务底线思维不够。另一方面，一些产品杠杆过高，造成资金空转，没有到实体经济里面，有些业务的边界比较模糊，

---

* 许罗德，中国银行副行长。

容易形成监管套利。

财富管理应该有的基本理念中，最重要的是行稳致远。当下我们的财富管理走行稳致远的路，要跟上供给侧结构性改革的节奏，把资金引向有效供给的领域，对先进制造业、创新性企业、先进服务业进行有效对接。供给侧结构性改革追求有效供给，理财资金和这种有效供给要结合起来，这是要把握的基本思路。同时，财富管理还要满足跨境金融的需要，现在我国的企业和个人"走出去"，客户配置境外资产的需求越来越大。特别是在人民币国际化的大背景下，要提高配置人民币跨境资产的能力。我们国家金融市场发展得越来越好，在金融市场里面有很多资金的需求，但是金融市场最终也要为实体经济服务，无论是直接的还是间接的，这个理念绝对不能动摇。

人们的财富管理需求永远是无止境的，投资者希望投资的效益越高越好，投资机构希望规模越大越好。如果出现失控，两方面叠加的话，就不仅仅是空转的问题了。所以财富管理一定要稳健，一定要和当下经济发展的阶段紧密结合起来，不能超过这个阶段，更不能和这个阶段相悖。要有守住风险底线的能力，财富管理机构应该有风险控制能力，行业应该有自律机制，监管部门应该有有效监管的手段，通过这些，实现财富管理的风险管理。

商业银行在财富管理中应该发挥基石的作用，其优势在于：一是专业经营的优势，无论是宏观分析，信贷服务，包括金融市场的各种交易等方面都有它特有的优势，是行业的领跑者；二是风险控制的能力，银行就是经营风险，风险控制能力非常强，能够在资产管理方面发挥它的优势；三是综合服务的优势，现在银行是一个综合性的平台，有多元化经营的优势。

当前商业银行在做重要的转型，由做信贷的机构转型成信贷和资产管理并重的机构。推进转型的原因，就是因为现在财富管理的需求非常强烈。这种需求主要源于两个方面：一是现在人们的财富意识在增强。原来的居民财富放在银行作为储蓄，现在认为财富不仅是储蓄，还要追求投资，应该有更高的回报。二是财富投向非常多，我们给财富投资提供了很多的渠道，包括资本市场，还可以对接企业。这种驱动是财富管理快速增长极其重要的原因。现在财富意识在觉醒，财富投资的市场给产品带来了更多的渠道、市场和需求。在这两个方面的综合作用下产生了这种高速发展的效应。

目前中国的财富管理发展到一个非常关键的阶段。我们要坚持行稳致远的理念，不急功近利，不拔苗助长，不断提高我国财富管理的水平。

对　话

王波明[*]：现在，我们进入本节的讨论。刚才中国银行的许行长和白教授做了一个主旨演讲，这一节的讨论，还是谈经济增长与财富增长之间的关系。我第一个想问的问题非常简单，先从大宏观概念说起，中国改革开放 30 多年以来，我记得中国在改革开放开始的时候，1978年、1979 年，那时候中国人均收入在世界上好像排在 100 名左右。到了今天中国从 GDP 的角度，刚才白教授讲了，从 GDP 角度已经到了第二名。回过头看看人均收入好像没有像 GDP 那样高歌猛进，好像在八九十名左右。第一个问题从蔡院长开始，您觉得是什么原因导致人均收入增长速度赶不上 GDP 增长速度？

蔡昉：我记得改革开放之初即 1978 年的时候，中国人均 GDP 大约只有 150 美元，在世界上排位绝对在后，甚至低于许多非洲国家。改革开放时期，我们的人均 GDP 以 8% 以上的速度增长，到现在是 80 位左右，也还没有超过世界平均水平（当然，按照购买力评价已经超过世界平均水平了）。我们毕竟从 100 多位提升到了 80 几位，这是一个巨大的提升，毕竟中国人口这么多。另一方面，全世界的人均 GDP 都是在提高的，各个地区也是提高的。我们的表现尤其突出，在这个排位上向前跨越这么多，说明我们是在世界平均水平之上提升了位置。

王波明：下面我想引出许局，我要特别说两句，大家知道有个中央税和地方税，许局曾经在体改司负责中国税率体制改革，今天的税制体系很多都出自于许局之手。财富增长的问题很多是跟税有关系。所以我把这个问题抛给你，许局，你觉得财富增长和税的水平是什么关系？

许善达：人均 GDP 和咱们现在的税收不是一回事。人均 GDP 按照

---

* 王波明，联办集团首席执行官、《财经》杂志总编辑。

总量一除，总量是分配的，人均 GDP 也好国民收入也好是分配的。咱们国家在分配上有政府、企业、居民三个主体。应该说改革开放以来刚才讲到有很多进步，但是我们国家有一个指标一直是在下降的，就是居民的收入比重一直在下降，居民消费的比重也在下降，所以这个我们已经提出来要逆转，要改变这个趋势，希望把居民消费占的比率提高，但是这个过程比较长。

这里面有一个分歧意见，三个主体的分配到底是一个什么样的比例。就是我们国家政府拿得多不多，企业拿得多不多，居民拿得多不多，主要争论的还是政府拿得多不多。这个矛盾争论是最大的，学术界有不同的看法。

这样里面说到宏观税负，这个宏观税负有人认为是很正常，非常合适；还有人认为太低，中国宏观税负太低，还要提高。当然，还有一种看法是宏观税负已经很高了，应该降低。这三种意见用的口径不一样，有人说这样算，有人说那样算，反正学术界没有共识的口径，因此对这个问题的看法争论不休。

我也参加过这个争论，不管学术界怎么说，也不管认为宏观税负是重是轻还是什么？反正现在决策层已经做了减税的决定。营改增官方宣布减 5000 亿，社保要减 1000 亿，2016 年已经决定减 6000 亿，社保 2015 年底提出任务让有关方面来研究，研究社保从分省统筹改成全国统筹，同时降低缴费率。现在有的省的社保缴费率比中央规定的降了 6 个百分点，如果全国的缴费率从 40% 降到 20% 的话，还要减一万多亿。

我想不要在学术上按照口径争论，先把领导决策的事情付诸实施。如果社保经过一段时间减到 1 万多亿，我认为居民收入水平一定会比现在有一个大的提高。

王波明：1 万多亿是哪一个口径？咱们现在营改增跟企业是什么关系。1 万亿是通过什么渠道减下来，有没有跟个人所得税有关系？

许善达：营改增减企业税收，也是增加居民收入。很多个体户减税等于居民收入增加了。包括企业的税减轻了，可以给工人增加工资，都有提高的效果。关于社保，我们的社保消费是由两部分组成：一部分是企业交的，一部分是居民交的。现在降低社保缴费率，两个部分都要减少。所以居民交的部分减少了则直接进入居民收入，企业交的部分如果减少了，相应也提高职工工资，也可以间接增加居民收入。这 1 万多亿都要减下来的话，其中有相当部分可以增长老百姓的收入。我觉得这个效果一定会出现的。

王波明：希望许局说的能够实现。如果 1 万亿能够减下来，许行长的银行肯定会有一大块更多的钱理财。白教授，我刚才看你的关于经济增长的分析，你指出在 2007 年以后，投资回报率以及各个生产要素都呈现出下降的趋势。请你谈谈，是什么原因导致这种趋势出现的？

白重恩：我认为投资率过高以外，重要的是谁投资，如果把投资结构分成居民收入、居民建筑安装房地产、非建筑安装，就是桥梁、道路、铁路等等，居民收入从 38% 增加到 50%，这几年有这么大的改变，是结构的改变，是我们效率下降的重要原因。非居民建筑是政府主导的，有的要保增长，要赶快把投资做下去，不免会做一些过急过快甚至效率不高的原因，最主要的是投资结构，谁在投资，投资结构是影响投资效率的重要因素。

王波明：你能不能把话说得明白一点？你说谁投资效率高？

白重恩：市场中的企业买设备买得少了，政府修路造桥太多了，有些公路港口铁路是有效的，也有些效率极低的。

王波明：作为未来中国经济增长，肯定从进出口、投资方面有所体现，投资因为储蓄率高，高投资还要看喜欢不喜欢，伴随中国经济状态持续往前走。我们通过什么方式把效率、回报提高呢？

白重恩：其实我们投资需求还是很大的，生产产品的质量不能尽如人意，还需要进口很多产品，通过投资让产业升级，让国际竞争力更强，更好满足消费者的需要，这些投资需要企业来做。为什么我们看前面四个月企业的投资少了，为什么？我听到有的人去做调研，有几个原因：一个原因是觉得不保险，会不会哪天有什么事投资全没了。

王波明：不安全感。

白重恩：这个是非常重要的因素，国有企业和民营企业他们的定位没有清楚，民营企业跟国有企业抢饭吃能抢得过吗？所以不敢投资了。还有成本高，我们用了太多的资源做基础建设，有很多资源浪费了，使得企业获得资源更难，企业获得资源和劳动力成本增加了。我们看实际利率从 2010 年到 2015 年上半年一直是增加的，2015 年第三季度到现在才开始有所下降。总的企业成本在增加，使得企业不愿意投资。

王波明：现在到许行长，我从今天上午听到现在讨论，经济出现什么状况？经济一个台阶一个台阶往下走，现在可能在 6.5% 左右，不知道是不是潜在的增长率。倒过来从各个金融机构来讲，特别咱们在青岛开这个财富论坛。财富管理，就是资管这个行业在蓬勃发展，许行长你能不能跟大家分享，为什么会造成这种状况？

许罗德：确实像王总讲的，商业银行在做重要的转型，商业银行作为信贷机构变成信贷和资产管理并重，做了这样一个转型，为什么做这种转型？就是我们资产管理的需求非常强烈。这种需求是两个方面的原因：第一个是居民财富意识的增加和觉醒，原来居民财富放在银行作为储蓄。现在他认为财富不仅仅是储蓄，还要追求投资，应该有更高的回报。这几年的经济增长带动了财富管理的增长。

第二个是财富投向非常多，我们给财富投资提供了很多的渠道。包括资本市场，市场回报，可以跟它对接企业，这种驱动、拉动是我们财富管理快速增长极其重要的原因。我们近几年以每年 50% 的速度增长，比 GDP 高多了。为什么？现在一个是财富的意识在觉醒，财富投资的市场给产品带来了更多的市场渠道和需求。这两个方面综合作用以后产生了这种高速发展的效应。

王波明：大家也可以准备一下，到时候会留出一段时间，供大家提问。下一轮问题主要围绕对未来的展望。第一个想问蔡院长，老龄化的问题，您在这方面可能是中国最权威的专家了。老龄化的问题前几年我们看着在往里进，但那都是预测方面的问题。现在到了 2016 年以后，感觉好像已经进去了，而且可能弄不好还会加速。因为这种老龄化问题对咱们的储蓄，对经济发展，甚至对许行长那边的财富管理都会产生多方面的因素。蔡院长请您就目前老龄化的问题和大家谈一谈。

蔡昉：应该说在 2000 年第五次人口普查的时候，中国 65 岁以上人口比重超过了 7%，60 岁人口比重大约 10%。按照联合国的定义已经属于老龄化社会范畴，这已经 16 年过去了。我们喊了这么多年的老龄化，过去是正常的速度，真正加快是 2010 年之后，今后还会继续加快，我一下也说不出准确的数字来，大概 2020 年的时候我们在世界上的老龄化程度将越来越高，2030 年之后我们几乎是世界上年龄最老的国家之一了，这是一个变化的趋势。所以老龄化应该是我们应对的头号挑战。

今天是财富论坛，老龄化有两个重要的影响：第一个是对消费的影响。按照正常的趋势和逻辑，老龄化意味着人口结构变成"生之者寡，食之者众"了，老龄化程度越来越高，中国老年人过去收入比较低，退休后消费水平也不高，养老保障水平目前着眼于扩大覆盖面，而不是提高水平。这种情况就造成我们的非典型化老龄化社会，也就是说设想老龄化社会的消费是一个金字塔型，但是我们人口结构已经是一个倒金字塔型了，这两者是不对称的。

老龄化社会对储蓄也有影响，人口年轻的时候总体储蓄率可以提高，因为"生之者众"。有一个理论是第二次人口红利，社会知道了老龄化，会产生一种未雨绸缪的储蓄倾向，这就是所谓的第二次人口红利，这种高储蓄来自于特定的条件：第一个条件就是养老保障制度必须是积累型的，如果养老保障体制是家庭养老或者现收现付即指望我的孩子养我，指望现在工作的人养我，就不是积累型的养老保障制度；第二个是要有资本的养老，具有积累性质的养老保障制度才能形成资本，这样才能变成储蓄，变成投资，才有财富管理的需求。

我们现在不具备这样的条件。我们至少要做二件事：第一保持经济增长速度，实体经济发展是一切经济活动的基础。基础设施投资来自于派生的需求，实体经济发展乏力，基础设施超前是没有意义的，必须发展实体经济，要靠改革来获得改革红利。第二社会保障制度，特别是养老保障制度应该考虑长期的可持续性，要从目前的现收现付制变成积累型的制度。为此，财富管理市场都应该加快发育。

刚才主持人提到了一个疑问，为什么我们经济增长降下来了，财富的管理增长还很快？我有一个理解就是说当经济增长降下来的时候，是潜在增长率的下降。这个时候如果没着眼于提高经济的潜在增长率，而是着眼于刺激，你会发现刺激投出的货币到不了实体经济，而基础设施能到一些，也不能完全到位，因为基础设施也没有真实需求。这样就外溢出去了，在金融体系内核财富管理的行当内自我循环，比较危险的是形成资产泡沫。日本 20 世纪 80 年代末经历了这个过程，最后资产泡沫破了，经济增长陷入"停滞的 30 年"。对此，我们应该有足够的警惕。

王波明：我最后会把问题留给许行长，因为你的产品有高收益率，但是实体经济根本产生不出来那个收益率，等于是体内循环了，金融你买我，我买你，最后泡沫出一个收益率。您对这个问题怎么看？

许罗德：您说的这个现象是客观存在的。我们国家的财富管理很重要的把握就是和供给的改革紧密结合，供给改革是要有效供给。理财收进来的资金和这种有效供给结合起来，这是一个基本要把握的思路。

我们国家的金融市场是越来越发展，在金融市场里面有很多资金的需求，但是金融市场最终也要为实体经济服务，无论是直接的还是间接的，我们这个理念上绝对不能动摇。

但是因为我们人在财富管理方面的需求永远是无止境的，作为投资者希望投资的效益越高越好，投资机构希望规模越大越好。如果这个失控，这两个叠加的话，就不仅仅是空转的问题。所以我们的财富管理一定要稳健，一定要和当下经济发展的阶段紧密结合起来，不能超过这个阶段，不能和这个阶段相悖。

王波明：今后怎么提高经济效率，保持一个合理的经济增长，让财富同比例的享受经济增长所带来的东西。你们对此问题做最后的结论性的展望。

白重恩：我们这几年在这方面有所改善，劳动收入占国民收入的比重在增加，居民收入的比重也在增加，不过增加速度比较慢，这个过程是一个渐进的过程。

王波明：也就是说有两个，通过什么样的机制，让居民在国民收入中的比例提高上来，必须说两个办法？

白重恩：就是职工的社会保障这一块，职工社会保险的缴费率高了，是历史原因造成的。国有企业大量的职工推向社会，由社保来负担，所以这些职工的贡献到企业里，企业里拿了很少一点来交社保，造成社保负担很重，所以社保缴费率很高。这些职工对企业做了很多贡献，让企业把这部分缴费贡献出来，如果做到这个，居民的收入可以有显著的增高。

许善达：他说的我不重复了，我觉得有两个：中国的二元社会，农村承包权的流转还是要加快，只有农村生产规模的扩大，农业生产效率提高，农业生产效率提高以后作为农村土地承包权的收益也会增加，对于农民来说土地承包权利的流转就是养老保险，这部分是靠流转扩大农业生产规模、提高效率来增加养老福利的。另外，刚才白教授说的我同意，对于城镇居民收入高的人，应该鼓励发展商业性的保险。现在的商业性保险是好多制度还不能完全支撑非常良好运行的商业保险。作为商业保险来讲，税收制度包括个人所得税中应该有一个新的内容，使购买商业保险的这部分收入应该是免税的，在以后支取的时候再收。这种不是免掉了，而是延迟收税，从政府来讲当前是少一点，作为一种制度，实际上是不少的。养老保险这样解决我觉得是有好处的。

王波明：没有办法，时间已经到了，如果大家听了觉得有收获了，请给嘉宾热烈掌声。

第三章

货币政策分化与全球资产配置

2008 年的全球金融危机，向人们预警世界是一个彼此关联的整体，需要各国的深度协作与沟通。一国出于本国利益而推出的货币、财政政策有可能引发不利于全局的外溢效应，进而埋下新的经济金融隐患。而随着美元加息周期的启动，货币政策分化有加深的趋势，汇率市场的波动及资本跨境流变将随之加剧。动荡之中，如何通过全球资产配置来把握风险与收益的平衡？

全球一体化面临三大挑战

祁　斌[*]

　　这是个非常宏大和非常复杂的话题，涉及两个主题词，一个是货币政策分化，一个是全球资产配置。这两个主题词是相互关联的，因为有一个非常重要的背景，那就是今天的世界相关度在进一步增加。尤其是2008年的金融危机，在这个危机中，各个国家的经济和市场表现出高度的相关性，也有研究表明从2008年以后世界关联度比2008年以前是增强的。我们做过一个回归分析，发现2008年世界各大市场的股指的相关系数非常高。

　　这一点从我们自己的市场也看得非常清楚。在我们的市场开放前，我们是被动接受境外市场的影响，当然这个影响也不是很大。QFII和沪港通之后，中国市场和世界的联系更加紧密了，和其他经济体之间的相关性增加一样，这是通过三个路径实现的。第一个是通过信心的传导、信息的传导和预期的传导，尤其是在今天的互联网时代。第二个是通过实体经济或贸易进行传导。第三个是资金流的传导，就是跨境投资。这三个因素使得世界的关联度变得非常高。

　　这一点在2015年底美联储加息过程中看得非常明显。美联储在加息的时候，当时判断美国经济是比较强劲。但美国加息以后，有大量

＊　祁斌，时任中国证券监督管理委员会国际合作部主任，现任中国投资有限责任公司副总经理。

资金从新兴市场流出，使得新兴市场经济受到重挫，这又反馈到美国市场，美国经济和市场又受到很大影响，而这随后又反过来冲击到新兴市场的走势，形成了 Ripple Effect（涟漪效应或连锁反应），看得非常明显。

在这个背景下，对全球提出三个挑战：第一个是监管的挑战。因为在全球一体化的背景下，资金的跨国界流动是非常便捷的，尽管一些国家有一些资本流动的限制。但与此同时，监管是各自为政的，让不同的监管主体坐下来互相妥协是一件非常困难的事情，因为大家的监管标准是不一样的，而且都有监管主权在里面。在这方面，我们看到 FSB、IOSCO 等都在做艰苦的努力。

第二个是货币政策的挑战。一个国家的货币政策，尤其是大国，比如美国，在制定货币政策的时候不仅要考虑自己的经济情况，还需要考虑新兴经济体的情况和其货币政策对这些经济体的影响，要全球一盘棋，做动态的模拟和推演。事实上，如果不这样做的话，其货币政策的影响会外溢或冲击到这些经济体，而因为世界的一体化，这些冲击反过来冲击美国经济，对其自身的影响也是很大的。

第三个是全球资产配置的挑战。在这么一个背景下，无论是个人投资，还是私人银行投资，还是大型机构投资者的投资，都需要在不同的资产类别中，在不同的市场上，进行全球的投资和配置，以降低风险，提高收益。

以总需求为主的货币政策已到尽头

曹远征[*]

我们知道，世界经济已经进入新常态，如何把握新常态、认识新常态，需要我们把握大逻辑的发展。我想基于世界经济长周期、中国经济变化两者交互作用的大判断，谈谈货币政策配置的变化。

全球货币在分化之中，美元有加息性，欧元和日元都是浮云。这种分化在全球中的不同流动像无头苍蝇一样。金融危机过去已经第八年了，经济政策没有向好，和我们过去是不一样的。经济增长乏力，经济增长低迷，各国当局用低利率应付这种状态。这预示着我们过去以总需求为主的货币政策走到尽头。全球改革进入低迷，中国进行了供给侧的改革。货币政策分化导致的结果是全球总利率不够，低利率成为一种常态，在低利率状态下如何进行管理配置成为一个新课题。就中国来说，我们在发展阶段出了新的变化，如果跟过去相比，山东人均 GDP 超过 1 万美元，从全国大面上看，2022 年大概中国人均 GDP 会超过 1.2 万美元，进入高收入社会。进入高收入社会很重要的一个标志是居民收入增长，增长过程中自然会产生理财的要求。我们在银行中工作，看到这几年理财产品销售量远远大于存款增长速度。

十八届三中全会提出很重要的问题，未来改革任务建立市场基准，这个基准既是资源配置的基准，也是今后宏观调控的基准，是国债收益

曹远征，中国人民大学教授、博士生导师，中国银行前首席经济学家。

率曲线。利率市场化，我们注意到在过去 20 多年是利率市场化，放得开、形得成、管得了。如果从"放得开"来看，存贷比全部放开；形得成，我们还在路上；管得了，长期收支是往下走的，短期收支是平的，中间是鼓起来，像蚂蚁一样。今后的发展方向一定要串通市场，一定是首尾相接才能出现这种情况。个人理财产品在信贷市场和资本市场中间，搁在中间就变成影子银行了。如果资产可以转让的话，可能从信贷市场到资本市场，从这个方面说，从一天到 30 天算，是相衔接的，其中固定收益市场的发展是关键，这是中国的薄弱环节。

第三个是相互关系。会前讨论谈到相互关系，就是汇率。我们注意到这么一个情况，就人民币本币来说，不具备贬值的基础。一个货币升值或贬值取决于劳动率的提高。我们知道中国经济正处于转型期，劳动生产率有变换的趋势，但是劳动生产率毕竟在提高之中，换言之，人民币升值倾向不是很强烈，劳动生产率不具备贬值的基础。中国 CPR 是低增长，意味着购买力不会发生变化，你会看到在目前的情况下，人民币发生了贬值，相对价值变化了。2015 年开始全球货币都相对美元贬值，这样可能是美元升值过快，可能人民币也在升值，但是没有比美元升值速度快，于是相对于美元逐渐贬值。今年美元不再加息，人民币就稳住了。

这说明，在全球这样一个新常态情况下，货币政策协调变得非常重要。在 20 国峰会上，我们说要反对货币贬值，要做协调安排。协调安排是稳定全球金融形势，稳定全球增长环境，这就变得非常重要。一个货币政策不仅是本国的，其有外效应，外效应应该进行协调，有一个共同的政策来应对现在的状态。换言之，我们还处于金融阴影中，协调非常重要，而不应该是单枪匹马、各自为政的状态。这是我的建议，谢谢。

成功配置资产的四个维度

汪潮涌[*]

 我第一次来青岛是 1993 年，当时我在摩根斯丹利当中国区老总，陪着百威啤酒董事长来到青岛啤酒考察，他们准备收购青岛啤酒，最后青岛啤酒不卖，买了 20%。当然今天百威啤酒在世界富豪排行榜名列第三位，被巴西一个富豪雷曼收购了，是巴菲特的好朋友。他们两个人联手收购了全球的饮料、食品等，打造一个巨大的财富帝国。那时候我对青岛的印象就比较深了。

 10 年前又来过一次，那时候是看我的船队。10 年前我组织了美洲杯帆船赛第一支中国帆船队，当时我想把美洲杯落在青岛。在当时青岛夏市长的领导下，打造中国乃至世界的帆船之都。我每次来青岛都想着能在青岛赚大钱，把船队放在青岛，有时间请大家去出海，把全世界的财富人士都引导这里来能够出海。当时我们来青岛都被震撼了，青岛啤酒、海尔、海信、华东，都是中国知名的大企业，是财富集聚地，所以我们在这里谈财富管理是非常有意义的。

 曹老师是宏观经济专家，我对宏观经济的理解无外乎是货币政策作为银行最重要的目标，达到什么样的目标？四个目标：控制通胀，保障就业，促进经济发展，促进国际收支平衡。

 什么手段呢？公开市场操作，存款准备和配置率，这三个手段不

---

* 汪潮涌，信中利资本集团董事长兼总裁。

错。如何下一步用好财政政策，政府对财富产品的管理，转移支付和货币政策的配合，还有税收的减免。这两件事做好，中国的经济，中国财富行业成长不会有大问题。

我在这个行业干了 29 年，我们做财富管理，在全球做配置的话，无外乎考虑四件事情：第一，选择什么产品；第二，选择什么地区和国家；第三，选择什么行业；第四，选择什么企业。这四个层次战略也有限度，每个时期有不同的选择。比如说选择产品，我们偏向的产品是长期股权，流动性差一点，但是回报非常好。最成功的例子，上午有个嘉宾讲过，耶鲁 20 世纪有很多流动性不好的领域，其中包括房地产、林业、矿业和土地。第三个私人股权或者私募股权，PE 这块耶鲁从来没有低于 30%。而且过去 20 年里，PE、私人股权平均回报没有低于30%，所以资产总额回报才会 13.6%，傲视整个资产行业。所以在私募股权这块选择什么样的国家、行业、企业很重要。

上午很多嘉宾讲到，欧洲负利率，日本负利率、负增长，可是我们这个行业里边，过去几年出了两个明星级的回报超过百亿美金的项目，一个在澳洲，一个在日本。欧洲 PEC 最大的投资机构，投资 FE 获利超过 200 亿美元。马云投资阿里巴巴获利 300 亿美金。孙正义决定卖掉 4 个点的阿里巴巴股票，套现近 100 亿美金，他还有 28%，这是在日本负利率的情况下出现了很高的投资回报。所以我觉得选择国家很重要，因为他选择了中国。巴菲特有一句话名言，叫"卵巢彩票"，他之所以会成为财富第二，因为他中了"卵巢彩票"，因为他的妈妈把他生在了美国。资产配置的方法是选国家再选行业。日本选择了行业，选互联网，选全世界产生第二大、第二多互联网的国家——中国，所以他获得了巨大的回报。到目前为止，我还是认为做 PE 这个行业，选择什么样的行业是最重要的。无论在美国在欧洲还是在中国，目前我们所看到这些高成长的行业，无外乎都是在新时代的互联网、大数据、云计算、无人机、3D 打印、生物医学、新能源、新材料等等。这些行业你能抓住领先企业和创业团队，比你选择这些宏观经济政策，担心这些货币政策的影响要重要得多。我觉得在做我们这一行，应该特别强调在长期股权投资的战略之下，选择行业，选择国家，选择企业。上午我们几位嘉宾，包括郭省长讲到"鸡蛋不能放在同一个篮子里面"，我非常同意。我加一句话，鸡蛋不放在同一个篮子里面固然重要，但是给每一个篮子放一只母鸡更重要，只有母鸡愿意在篮子里孵化出小鸡才有意义。同时做资产配置，要及时积极主动的投资管理。巴菲特的搭档查理·芒格也说过"我们做投资一手要拿盾，一手要拿剑"，这是做资产配置的理念，既要分散到不同的篮子里，同时要给篮子里的鸡蛋足够的母鸡，让它孵出小鸡。

国际金融风险从机遇期转为暴露期

管　涛[*]

　　我想讲三个问题。第一个问题，关于美联储的货币政策。大家都对"三元悖论"耳熟能详，即在资本自由流动的情况下，浮动汇率才能确保货币政策的独立性。但是，最近几年开始流行所谓的"二元悖论"，即在资本自由流动的情况下，即使汇率自由浮动，货币政策也不可能完全独立，也就是说国内利率政策也不可能随心所欲。我们看到美联储最近在加快推进货币政策的正常化，造成主要经济体的货币政策分化。但由于货币政策有回溢效应，美联储需要考虑外部回溢的影响。今年美联储的加息一再减缓，就跟海外金融动荡有关。所以说，美联储加息是不是能够按照美国人的节奏安排，这个要观察。将来美国货币政策调整是自发的考虑外部影响，还是放到国际平台上进行经济政策协调是一个值得讨论的话题。

　　第二个问题，关于国际金融风险。现在国际金融风险离我们近了还是远了。2015年4月，国际货币金融组织发布了一个金融风险报告，报告称与2008年全球金融海啸发生前相比，目前的国际金融风险是上升的，而不是下降的。第二个判断是这个风险在转移，从发达国家向新兴市场转移，从银行体系向非银行企业，从偿付风险向流动性风险转移。这些年长期的低利率和负利率刺激造成了一些损害，造成了金融和

---

* 管涛，中国金融四十人论坛高级研究员、国家外汇管理局国际收支司原司长。

实体经济的背离关系。随着经济和金融的背离在全球范围内进一步扩大而不是收敛，国际金融风险从积聚期转为暴露期。

第三个问题，关于资产配置。个人觉得应该坚持四条原则：首先，要降低预期。经济增长放缓是一个世界性的现象，现在有一个说法"世界经济新平庸"，美国前财长萨默斯讲"经济长期停滞"。如果你要有超乎现实的收益预期，就可能会掉入庞氏骗局。你要预期一个高于市场平均回报水平的话，就要承担额外的风险。其次，要稳中求进。内部外部的不确定、不稳定因素很多，很多事情不是不能准确预见的，要进行情景分析，根据不同的情景做不同的预案。最近市场上有传言说因为A股加入MSCI指数的预期，"沪港通"北上资金增加了，同时有传说外资在境外通过股指期货做空A股，他们是名义上做多，实际上做空。但我个人认为，这其实是境外投资者投资理念成熟的表现，而不能简单理解为有意地做空。外资通常是未料胜先料败，所以在现货多头后，会用一些衍生品工具去对冲多头的敞口，锁定风险。我们配置资产的时候要学习这种经验。再次，要远离泡沫。刚才曹远征教授也提到搞了八年的量化宽松以后，大量低利率造成资产泡沫无处不在。我们要回避估值过高的资产，否则你会成为接盘者。你可能对海外的市场不理解、不了解，不能简单依据汇率预期，盲目在海外进行布局，否则有可能会交一些学费。最后，要寻找机会。个人认为我们要抓住中国经济转型升级的机会，布局一些有新动能、新机遇的领域，谋取比较高的、稍微理想的回报。另外来讲，布局那些不仅有财政货币刺激还有结构调整的经济体。如果只有货币刺激，没有经济外部转型，是要回避投资的地区。

世界市场的关联性越来越强

Alexis Calla[*]

　　我简单来谈谈面对各种挑战，我们是怎么为客户服务的？市场的分化如何影响到我们为客户做资产管理？

　　首先说一下发达国家的情况。美国在金融危机之后，第一个开始去杠杆化。他们在解决供应方面的问题，但面临的挑战是要保证去杠杆的成本不要太大，因为这样可能降低增长并带来通胀；我们欧洲也是做了一些去杠杆化，但和美国做得不太一样，因为与美国的供应和需求是不一样的，欧洲需要继续鼓励投资来带动更多的需求，所以跟美国的情况是不一样的；日本则面临着包括外部和内部的需求问题。总而言之，在美国经济会增长但面临风险，欧洲目前通胀风险不大但增长乏力，日本的通胀问题不是很严重，但增长是个大问题。

　　在这种情况下，怎么来实现经济发展并合理投资呢？现在各国央行已经出现了一些分化。我们每一个经济体、每一个国家都会考虑到环境的不同来推出政策，所以我们看到了一些区域性的分化。这样会有什么影响？一方面央行可能面临一些分化，这个跟分歧是不一样的，各国会有融合。另外，今天早上我们也提到了财政政策和投资策略可能会改变，各个国家也会在其他方面加强融合，有很多方面要考虑到的。在另外一方面，要考虑市场的关联性，当今世界市场的关联性越来越强。比

---

*　Alexis Calla，渣打银行全球投资委员会主席。

如和油价的关联性，很多投资方向跟着油价变动，又比如 10 年前市场很少考虑中国的货币和全球其他市场的货币的联系，而今天要天天看，因为相关性越来越强了。这种关联性是很有意思的，市场每天都在变化，有的时候一方面降低，另一方面是增加，所以这些都是需要考虑的复杂因素。如果你想要自己的配置多元化的话，必须多方面考虑才可以。

中国面临的挑战是如何在全世界进行资产配置，比如说固定收入、债券等等。如果出现市场危机的时候，还有不错的机会来买别人的资产。如果市场下滑了，有的人寻求信贷，信贷可能会是一个有意思的产品，因为它持久并稳定，也有人也在寻求有分红的股权。总体来说，这是一个非常复杂的市场，还是存在机遇的，但是风险也是一直存在的。最后我想说也是一个很重要的事情，那就是我们要将这些复杂性传递给我们的投资者，告诉他们这些新的挑战和机遇，尽量保证我们的投资者在未来投资的时候，对经济趋势增长的了解和我们了解的是一样多。这些都是我们要面对的问题。

国际资产配置必须考虑货币风险

Michael D. Huttman[*]

　　我们关注于国际投资的主题，尤其是关注大规模的国家基金，养老金基金，给他们提供一些咨询。我们经常会被问到关于货币问题。我是在瑞士日内瓦长大的，从我很小的时候，我们都跨国界到法国去买东西；然后我们放假的时候去意大利、去德国。因为经常跨国，因此货币问题在我们国家来说，对我们欧洲人来说，是一个很自然的问题。在投资管理中，在国际资产配置下，货币是资产分配非常重要的主题，是一个大家不太重视的风险。但在国际 PE 投资、地产投资的时候，一定要考虑到货币风险。

　　货币风险是比较高的，为什么？因为货币在本质上和其他资产是不同的。我们考虑一下，如果我们买了世界上的债券或股票，它们不可能同时上升或者下降；但是如果你买到世界上所有的货币，其中一半会上升，一半会下降，这是在任何时候都会有的情况，这是汇率，这是我们两个市场的一个交换。这是一种非常不一样的资产类型，这个是有些好处的。首先，货币在全球进行投资的时候，是不会跟信贷资产连接起来的。在这种情况下，对一些机构进行投资，货币是单独作为一种情况考虑的。我们要把货币管理在全球资产中作为单独的产品进行管理。

　　当前，全球的经济、全球的政策都处于一个转变期。这样一个转变

---

* Michael D. Huttman，千禧全球投资公司创始人兼董事长。

从 2008 年金融危机开始，变为所谓新常态。在座的嘉宾已经说到了货币政策的分歧，真的有分歧吗？我们看到低利率、负利率，美国会提高利率，他们有什么分歧呢？是人们对利率预期有所分歧。我们仍然处在一个危机后的时代，风险仍然是存在的。我们避免了这样一种西方资本主义泡沫式的金融体系，零利率在全球广泛实施，美国则是增加而不是减少，在美国，学生的贷款是否是下一个大的泡沫？而在中国，有一些公司债务要进行更好的管理。这些都是当前的风险，但是不会变成分歧或者高度分歧的问题。

我们的预期又怎么样？对于资产回报的预期当前是主要由流动性驱动的，我们的货币政策，像大家说"直升机撒钱"，还是非传统的资产分配方式，瑞士想给每一个人都分配 3 万美金。现在的问题就是以流动性来驱动的回报，而不是以基本面驱动的回报，基本面是由市场决定的，我们正常化货币政策之后会有的。一旦你有这样的环境，那么美国的利率可能 6 月份不会上升，那么在年末的时候可能会有所上升。我们会从"非常低"到"较低"的利率，并会对经济产生作用。当我们资本是自由的流动，而且非常廉价的时候，不会改变公司思考的方式，对不确定的预期则肯定会。高利率的一个风险可能会让美元对其他的货币升值。所以对于货币分配的改变，是由流动性和 QE 所影响的。

现在说一下主要经济体，会有一些不同的想法。美联储、日本央行等会有传统货币和非传统货币政策的分歧，这不是值得惊讶的。美国和欧元区也有很大分歧。另外考虑到跟中国相关的一个问题，这样一种分化和大宗商品经济的关系。当前有一个很大的贸易转变，就是石油和其他大宗商品的价格变化，影响非常大。美元对于一些基于大宗商品的经济体像对澳大利亚会有影响。新的大宗商品的均衡是非常重要的。中国正在转变，正在做平衡，从投资转为消费。贸易中使用货币贬值是一个非常痛苦的事情，使用外汇是更有效的。

另外一个主题就是通胀。在欧洲，我们传统上认为是很担心通胀的。美国这方面是更加激进的，欧洲也加入了像美国一样的刺激性政策。新的低通胀、低资产回报的情况，也是我们经济危机的后果。这对资产分配、对投资有什么影响呢？我们现在进入这样一个阶段，对于预期的收益更低，却有更高的风险，我想这会延续很长的时间，我们不会回到正常的通胀情况。所以我想机遇是在货币方面，我们刚才也说，这里是有预期的，尤其像美元。大多数货币是比较廉价的，像瑞士法郎、澳大利亚元、新西兰货币，还有波兰、墨西哥、南非等，他们相对于欧元和美元是廉价的，人民币针对美元相对来说是比较昂贵，有美国这样一个周期和预期的问题。

最后跟大家说一说资产分配。如果你希望有波动性低、收益高的回报，我想资产的全球分布是必要的，我们要投资于一个很广泛的、多货币的资产组合。我们更关注收入而不是资本利得。这里面风险比较高，包括地缘风险、通胀上升、移民的问题。英国退欧的影响还是比较高的。我们是时候考虑这种多货币的管理方式了，并应该关注于对冲的风险，黄金长期以来都受到喜爱，可以做一些黄金的分配来做一些对冲，谢谢。

对　话

祁斌：根据会议安排，下面是提问环节。我先给每一位嘉宾提一个问题，我首先请教曹老师，您讲到货币政策分化，一个国家的货币政策，尤其是大国的货币政策，不仅要考虑自己的经济发展情况，您主要是指美国吧？第一个问题，就是说美国在考虑下一步的加息政策时候，它要有多大的权重考虑新兴市场的统计，你觉得应该是 20%、30% 还是 40%，是怎么样的一个权重，可能很难量化，想听听您的思考。第二个问题，您提到一个很重要的观点是全球货币政策，您还提到一个协调机制，这个非常重要，但是协调机制不是大家开个会就行了。您觉得这个机制有没有可能，您大致有什么样的思考和建议？

曹远征：谢谢，其实我们看到的这个美元在国际储备中占百之六十几，美元是一个国际化的货币，美国的货币政策对全球有影响。美联储不仅是美国的中央银行，还是全世界的中央银行，所以美联储应该考虑到全球经济政策。美国人也意识到这个问题的严重性，2015 年加息以后，全球经济向美国移动。

第二，你刚刚说是不是要协调，这是一个协调机制的尝试。金融危机爆发以后，我们突然发现国际治理存在很多问题，而且原有金融在国际治理出现很多空白，比如说我们发现它对金融危机相对无效，我们应该建立一种新的治理机制和治理体系，这就是说需要全球贡献。其实 20 国峰会就是在这样一个背景下提出来，全世界 20 个重要的国家组成这个峰会，有很多分论坛，本身就在协调机制之中。我们希望这个协调能机制化，能固定化，而且它的政策能传导至各国的货币政策之中，使它更加有效。我想这是建立新的国际经济秩序的必要步骤和过程，我们看到正在朝这个方向努力。

祁斌：谢谢曹老师，第二个问题是问 Alexis Calla，他是给高净值客户提供投资建议的。不知道你有没有中国客户？如果有的话，你准备给他们提什么建议。当然，您如果觉得是您的商业秘密，可以不分享，您看可以分享多少。

Alexis Calla：谢谢。我们确实是有这样的中国客户。我想这要考虑人们想要达到的目标是什么？可能是简单的保值，也可能是控制风险。现在面临一个真正的问题是我们如何来控制这些风险，很多人在投资他们的公司，同时他们意识到可能需要更加的多元化，这样才能寻求更多的机遇，所以我们应该怎么做呢？

汪先生刚才提到了 PE，如果大家认为哪个地方 PE 是有价值的，那么是不错的，如果有多样化的机遇，我们的确会向这些投资者建议考虑这些资产的。他刚才举了耶鲁的例子，耶鲁非常特殊，他们有自己的需求，所以你必须根据耶鲁对风险低的忍耐度来调整长期战略。刚才也提到了货币成为一个重要的决定元素，很多风险首先是通过货币发出的。所以当你面临这么多不确定性因素的时候，你就要考虑它是不是代表了一种长期的趋势。我认为重点还在于如何来将风险最低化，当你决定去海外投资的时候，有很多的企业，有很多的机构，比如说这些保险公司等，他们对这些都是有需求的。如果你去那里投资的时候可以抓住这个机遇。有时候短期投资会符合你的需求，很多人会找这种类型来海外投资。

你要考虑美联储要做什么，但是他们不一定非要加息的，他们是发出这个信号，让市场相信这个利率可能会在某个阶段上升，他们很多情况下做的很多动作就是为了影响市场预期。日本可能会采取更先进的方法，要把他们的货币政策和财政政策融合在一起。刚才也谈了很多的国家来进行经济平衡。我们面临挑战，也是有很多的机会。有的时候收益比较低，那么可以通过一些组合，通过一些多样化来增加收益。这样的话，你也可以尝试一些小的国家和地区，这都是我们和投资者所说的。还要重复刚才说的话，一定要多样化，一定要把资产分布开来。如何能够将这些机会和不同的风险很好取得平衡，很好的协调，有的时候收益低，不代表它的机会就不存在。的确是收益会低一点点，但是风险也会低一点点。

祁斌：汪总，你从事的私募股权投资是非常有吸引力的行业，因为我们知道不同的资产类别中各个金融市场的效率是不一样的，效率越高的市场潜在的回报越高。这样的市场投资是非常高，尤其是高科技产品，以前认为是高科技产品现在都不算什么了，像无人机等等。我想让你给我们讲讲心得，您是怎么把握的。现在哪些行业比较有希望？我想听听您的预测和判断。

汪潮涌：从全球统计数值上看，PE、私募股权是回报最高的类别，从历史上看是 18 左右，当然在一些局部地区和行业或者是 LBO 相关并购的产品还会比这个高。私人股权的配置肯定是很重要的。

讲到资产配置，我还是非常看重中国市场的。在全球过去 30 多年中，中国贡献全球经济增长 40%，中国随便一个行业，比如汽车行业贡献了全球增长的 60%，手机行业贡献 40%。所以，在中国有一个这么大的经济体，这么长的持续增长过程中，是全球最难得的、最好的投资市场。用巴菲特的话说"坡度够长，雪够多，所以可以滚到大的雪球"。大宗商品市场在 5 年到 10 年以前是收益最好的。我们的无风险利率，刚性兑付，我们的信托产品回报是全球最高的。我们的风投行业也是全球回报最高的几个案例，阿里巴巴、软银、南非 MH 贡献了几千亿的回报。PE 为全球贡献了为数不多的百亿美金级的案例，还有几个银团投中国工商银行等，包括之前的平安，都是贡献百亿级的回报，在中国 PE 也是最好的。所以外汇在过去 5 年，人民币升值回报也是非常可观的。

所以我觉得大家做全球资产配置的时候，首先要看住自己的本土市场，回到本土市场。巴菲特说："你自己的国家是非常重要的投资地"。我们之所以这几年做资产回报不错，就是因为我们坚守、紧跟中国经济增长的大潮，这个大潮还会继续上升，尤其是资产管理、财富管理可能是未来 30 年左右的朝阳行业。作为我们公司本身，我们定位的是九大领域，"三高、三大、三新"。"三高"即高科技、高端制造、高品质服务和消费；"三大"即大文化、大环保、大健康；"三新"即新能源、新材料、新模式。文化行业里面，10 年前我们投资华谊兄弟，中国的票房不到 10 亿，2015 年 440 亿，2016 年 600 亿，一个行业增长四五十倍，在世界都没有。未来我们会放眼全球，中国企业走出去，到海外配置资产，一个原因是海外的市场、海外的资源、海外的渠道、收购海外的科技、高科技，硅谷的创新。我们的海外配置不是被动的，我们整个中国的海外配置都不应该是被动的，是把国际市场、国际产品、国际技术和中国市场供给侧改革和我们巨大的需求结合起来。半导体在美国是成熟的行业，甚至是夕阳行业，在往下走。中国每年要花巨额美金进口配件，中国未来的智能手机、智能电视，物联网将会对芯片还会有巨大的需求。所以在中国做投资，做资产配置机会遍地都是。

祁斌：管司长，我想请教一个问题，您分析金融风险做了重要的判断，金融风险离我们越来越近了，也给了几个理由。我想问您做了这些判断，您有什么好的建议如何化解潜在的风险？

管涛：对中国的建议，就是做好自己的事，要推进转型升级，特别是现在强调的结构性改革，如果只有刺激，没有结构的改革，没有转型升级，光靠刺激，就像权威人士讲的，"树枝怎么可能长到天上去"。第二个加快市场培育，中国有市场，但是市场机制不是很健全，如果通过改革发展把红利释放出来，我们还是有很多机会的。包括面临短期的问题，比如高发展的问题、贬值预期的问题，都是从发展去解决。

祁斌：脱实向虚，今天金融和实业分离的问题怎么解决？

管涛：其根本也还是国内金融体系不健全，不能让投融资有效转换。大量的资金沉淀在银行体系，老百姓的投资渠道有限、投资回报有限，企业的融资难、融资贵问题则迟迟难以解决。这里面存在很多错配，需要通过金融市场培育，解决资产配置转化问题，包括财富管理行业的发展。

祁斌：最后请教一下 Michael D. Huttman，您这么多年在货币间进行投资配置，中国的个人投资者都开始做全球的投资，您能不能给出大致的配置比例。最重要的货币资产，比如说美元、人民币、欧元、日元，大致有没有一个基本的建议？

Michael D. Huttman：货币方面的配置要分为两个主要不同的领域。一个就是货币在短期、中期，它的影响可能马上就要发生，可能会造成系统性的风险。短期的行动会造成短期货币的波动。另外一方面是长期货币评估。这些长期的货币趋势你要考虑一系列的因素，比如说购买力平价、贸易，再把其和生产率、单一货币增长联系在一起。回到您的问题，在短期情况下，要考虑利率的话，那还要看重美元，尤其是发达国家的货币。

现在欧洲正在发生危机。比如说英国脱欧，英国这么大的国家，脱欧是一个巨大的危机，带来的危机是欧盟其他国家会觉得如果英国离开了，他们也会离开欧盟，这个风险是短期的风险，对欧盟来说是短期的负面因素。在长期来说，欧洲有一些因素也不是特别好，尤其是人口，就业和失业率也是很重要的元素，总体解决方案是德国开放国境，欢迎难民来填补德国经济中的结构问题。

中国正在经历一个转变，对我们而言具有非常强有力的长期的好处。首先我们要以一个以出口为主的经济体转变成以消费为主。这是发展中国家当前没有考虑的转变。从长期来说，这个可以等同于强有力的货币。从短期来讲，像其他嘉宾提到的一样，需要有一些改革和适应性。现在货币的问题是大家希望有一个比较低的汇率以支持出口。这个会有一个阶段性的效果。短期美元会升值，长期来说人民币会跟进。

祁斌：还有几分钟的时间，大家有什么问题请教几位专家的？

提问：你好，我想问一下汪先生，您对国内资产配置和大宗商品这块怎么看？

汪潮涌：大宗商品不是我们投资的重点，我在这方面没有太多的权威意见。总体来看大宗商品是一个底库，它已经下行了很长的时间，随着中国的转型升级，尤其是结构性的调整可能会对某些大宗商品产生价格提升的作用。2016 年初在钢铁行业出现了价格反弹，全球的原油价格也出现了反弹，还有一些在与新材料相关的有色金属领域，也出现了投资机会。我想未来应该会出现跟大宗商品相关的机会，至于你说做现货还是期货是另外一种对产品的把握。

提问：我想提一个问题，就是政策分化与资产配置的内在关系是什么？但我不知道谁来回答。

曹远征：全球货币政策走向不一致，美元有加息的趋势，欧元是负利率，来回流窜会导致很多变化。我们特别关心的是如果这种情况依然持续，全球的资金做了各种各样的配置会变成无头苍蝇，变得没有方向感，会造成更大的风险。

祁斌：今天这么多嘉宾来到青岛，请每个人用一分钟的时间，对省长和青岛的领导们、对财富中心的发展提一点建议？

曹远征：我刚才在发言中提到了，我提三点：第一个是中国经济新常态，这种情形下技术进步是最重要的，能不能通过金融创新推动技术创新，这需要体制的创新，我想这也是我们青岛试验区的题中应有之义和核心命题。

第二，如果是创新的话，一定是草根金融连在一起，一定跟小微企业的发展连在一起。我今天跟你们蓝海股权交易中心的总经理讨论过，能否打通最后一公里是重要的问题，有很多大金融会做。真正能不能用滴管的方式滴在根上，这是创新的难点和重点之处。

第三，青岛作为对外开放的重要城市，第一批 14 个沿海开放城市就有青岛。这么多年在对外交往方面有长足的进步，在这方面要考虑一下，特别是日韩自贸区的安排，韩国是最近的，能不能在东北亚地区进行考虑，这样会更有特色。

汪潮涌：青岛做重要财富管理中心，我们有有利的条件，得天独厚的条件，有"小瑞士"之称，有临海、有青岛企业的文化，对周围财富阶层的吸引力是存在的。

但是我们短板也很多：第一，我们没有大型金融机构总部，我们没有交易所，我们没有金融证券产品交易所。第二，我们没有一批在这里扎根的专业人士。从 PE 和创投角度看，也有短板，比如说我们这里没有一流的大学，就是类似于斯坦福辐射到湾区，斯坦福大学能够支撑他们，这是我们的短板。我们周边蓝谷的建设还不成规模，税收政策，配套政策，政府引导基金，现在还不成规模。我们中国现在目前股市处于瓶颈期，对退出通道的瓶颈也是障碍，不光是青岛，这都限制青岛成为一个真正国际级的财富管理中心，仅有硬件和气候是不够的。谢谢。

Alexis Calla：我想如果我们把财富管理作为一个行业来看，必须要考虑人的因素，包括借贷人和投资人。如何更好使用投资人的金钱，让他们获得合适的机遇。我们说到监管环境，要有很好的透明性。我想打造一个相对公平的环境，所有人有同等的机遇，可以让这些人得到同样的机会，这个是非常重要的。

我们现在有了很多进步，青岛也确实在考虑教育的问题，对我们来说，要从过去寻求经验，找到合适的方法。如何把这些人培训成合适的投资人、借贷人，如何培训这些人在行业里工作，如何打造这个教育体系是非常重要的。我认为青岛是在一个正确的道路上前进，会取得成功的。

管涛：青岛财富中心建设要坚持服务实体经济，和"一带一路"、和中韩自贸区结合起来。2016 年初的时候我去了一趟韩国，中国和韩国签订了自贸协议以后，尤其和山东合作的这个道路要疏通。

Michael D. Huttman：首先，我们在青岛受到了很好的欢迎和招待，我们感觉到这里是有真正的合作意愿的。第二，技术要到位。第三，监管要有支持性。我想青岛现在已经做到了正确的政策组合，而且也确实有更高热情。

祁斌：感谢嘉宾的精彩观点，谢谢大家。

第四章

金融创新与监管新思维

金融危机后启动的全球金融监管改革风暴，给财富管理提出了新的挑战，银行自营业务分拆、合规成本提升、利润下滑等，金融业开始为消费者保护支付巨额成本。中国的金融监管也因其与当前金融跨界发展的不适应性而即将开启新一轮的改革。而作为跨界发展重要平台之一的财富管理业务，在此间将面临怎样的机遇与挑战。

两个维度看金融创新与监管

秦　晓*

我们今天讨论的主题是“金融创新与监管的新思维”，各位嘉宾进入讨论之前，我先和大家分享一下我对这个题目的认识，也为各位嘉宾的演讲做个简单的铺垫。我想创新与监管一头指的是市场，一头指的是政府。我们可以从两个维度上看这个问题：

第一个维度是金融深化或者叫从金融抑制到金融自由化。这是20世纪60年代麦金农（Mckinnon）教授最早提出来的。发展中国家的金融深化是一个逐步放松管制的过程，管制表现在金融价格（汇率、利率）、市场准入、机构设置和金融产品等方面。金融的深化或自由化会因管制不当而产生风险，因此，走出“抑制”的进程要避免风险，保持平衡、有序，即处理把握好金融创新与金融监管的关系。

第二个维度是现实问题的维度。全球金融风暴后，各经济体基于“宏观审慎”监管的理念，修补和重构监管体系。在金融危机发生之前，主流观点认为宏观经济政策和微观审慎监管的组合已经足够维持金融稳定。微观审慎监管的隐含假设是独立性，认为只要单个金融企业是安全的，在满足资本充足率的前提下整个系统就是安全的。但是，随着市场开放、金融创新的不断深化，各国金融体系和金融体系跨业的相互连接性越来越强，风险外溢（risk spillover）也变得更加容易。2008年金融

---

* 秦晓，香港金融发展局成员，招商局集团、招商银行原董事长。

危机的爆发，说明仅仅依赖微观审慎监管来维护系统安全是远远不够
的。因此在危机后，各主要经济体均在各自的金融监管框架中强调了以
关联性为前提的宏观审慎监管。

财富管理是普惠概念

蔡鄂生[*]

第一个想跟大家说的，请大家思考一下前一阶段习主席在哲学社会科学工作座谈会上的讲话，创新，我们的理论怎么创新，认识世界的方法上怎么能够有中国特色，怎么能够传承。

第二，今天上午，郭省长在讲话中指出，有一条财富管理在西方是小众，但在中国是大众。根据郭省长这句话讲，财富管理在中国是普惠的概念，不是财富管理拉大差距，而是通过财富管理拉小差距，这是我们要解决的问题。现在老觉得财富管理可以一夜暴富，这样差距就大了，就失去平衡了。

第三，我们主持人原来待的单位——中信，是我们改革开放值得研究的很有意思的组织。它一直是在市场化道路上或者叫中国特色社会主义市场化道路上，我觉得是一个代表。它搞了一个信托，下面又搞了一个信托，到 21 世纪又改成中信集团，也不叫信托投资。

最后讲讲监管，我们目前的监管，实际上作为监管者来讲，我充其量是一个战区指挥员，而不是战略家。战略家要解决什么问题呢？解决规律问题。我们怎么能够找到规律，然后打好每一个战役呢？但是现在有时候我们这个本来是战区的指挥，结果却跑到战术上了。当时在银监会有人说，你们银监会就是各家银行的董事长，这不就麻烦了吗？本来

---

* 蔡鄂生，中国银行业监督管理委员会原副主席。

该人家做的事，我们替他做了，就没有进展。所以市场有市场的规律。包括这回习近平总书记在黑龙江考察时，他指出企业是创新的主体，企业是主体，市场是导向，政府是平台，我觉得要把这几个弄好了，我们就有希望了。

监管体系应该自下而上

William Purpura[*]

　　今天这个时候对我而言具有特殊意义。将近40年前,我进入大宗商品期货市场,并在这个领域里面工作了40年。我经历过很多有关创新和监管行为,跟我们今天的讨论有一定的相关。

　　理财行业——不管股票市场还是期货市场,都依赖于强有力的市场发展,也依赖于审慎的监管。我只谈期货市场,因为我主要在期货市场工作。期货市场的完善和发展需要每一个参与者的共同努力,监管者务必要认清这一点。期货市场主要功能是为了发现价格和管理风险,同时也可以作为投资的载体。所以从监管角度来说,期货市场的监管者必须要全面,不能偏向哪一方面的功能。中国期货市场在过去10年间呈现了爆炸式的增长。我除了一直参与在纽约和芝加哥期货市场的运作之外,在中国期货市场也参与了很多,所以我们非常了解自己公司所面临的困难和挑战,一直希望能够协调我们在每一个市场之间的投资,不管是美国市场还是中国期货市场。

　　我们刚才提到了宏观的调控和监管,特别是宏观审慎的调控。在美国金融危机之后,监管层加强了管理,其中很多是针对金融危机的监管,但是也产生了不良的影响,如有一些根本没有引起金融危机的公司也受到了影响。现在我们有一个术语叫做"金融实体",之前从来没有

---

* 　William Purpura,纽约商品交易所理事会主席。

这个词，有一些能源公司也被视为金融实体，他们必须受《银行法》的监管，但是他们和银行没有任何关系。这样的能源公司本来是应该来管理你自己的业务，扩大自己的业务，但现在公司要花很大的精力来进行合规，为此他们分散了很大的精力，给这些公司造成了很大的负担。我个人相信从下而上的监管体系，监管是应该从底层开始的，比如说交易所，如果交易所无法管理一些事情，如果出现一些系统性的风险，我们再往上管理。离市场越近就越了解，在高堂之上反而不太容易了解市场的风险，因为要考虑其他因素。所以我们在美国也有这种问题，也有一些交易所的整合，这些监管者不了解其中一些市场的特殊风险和情况。

来到青岛之后，我和张市长、郭省长都进行了会谈。他们提出准备在青岛建立一个类似的交易所。我认为一个自下而上的模式是最好的方式，首先考虑我们需要市场做什么，需要什么样的交易所，然后再和监管者合作来架构。这样的话，就不会受到那些其他额外因素的干扰。

另外一个我想说的，德维尔潘前总理在演讲中提过黄金的事情，黄金现在正在向中国或者亚洲集中，我们应该将黄金视为财富管理的一部分。尤其是在青岛设立财富管理中心的时候，应该认真考虑一下黄金的问题。我这一生基本都在交易黄金，我非常了解黄金的重要性，其监管者应该和央行、证监会紧密合作。

中国市场要进一步融入世界

Thomas McMahon[*]

  我一直从事大宗商品、能源、金属等交易，在过去 20 年间经常来中国，并和中国的同事有广泛的合作。此前经常去烟台考察能源方面的大宗商品交易，但是到青岛来却是第一次。今天我们讨论的是一些更加深入的问题。在西方交易市场来看，大宗商品是一个独立的类别。中国的大宗商品交易量是世界最大的，但中国和世界期货市场还需要进一步加强联系。

  商品市场也面临着监管问题，市场从业者必须对巴塞尔三这些监管措施进行深入了解。有些监管措施的英文缩写可能有人不太清楚具体指什么，如果你想参加市场交易，对这些名词就必须非常清楚，并了解它们的监管内容。中国要仔细研究并遵循这些监管条款，这是个很大的挑战。我插点题外话，我个人非常喜欢研究大宗商品的历史，中国在这方面历史悠久，若干年前在西安有一次地质勘探发现了很多竹简，上面有世界上第一批期货的记录。所以我们要改变观念，不要一直以为期货是现代的发明，当时竹简上记录的期货交易和我们今天的交易没有什么本质不同。我们今天做的并没有彻底改变期货的交易本质，只是把它更加深入。

  1976 年之后美国的大宗商品交易才开始繁荣起来，在 1976 年之前

---

* Thomas McMahon，新加坡商品交易所前 CEO。

一直都是农业部管理，后来才由CFTC（美国商品期货委员会）管理，因为大宗商品交易不再仅仅限于农业商品。也许美国在现代期货交易方面比中国提前了20年，但路径是一样的，只是各自的发展阶段不一样。现在亚洲的期货交易市场和之前美国看到的是一样的，包括日本、新加坡等，中国也不例外，但新兴市场可以吸收成熟市场的一些经验。

中国目前应该进一步完善期货合约。今天美国期货市场上的交易合约，都是慢慢制定出来的。我在1983年参与制定了纽约WPI原油合约基准，1991年参与了天然气期货合约。今天回过头看这些合约基准的制定，并不是一蹴而就的，都是靠市场的参与者一步一步建立起来的，因为符合市场的需要和规律，所以市场也接受这些标准。

中国面临的挑战不仅是从监管方面，也要从技术方面考虑如何跨国境进行交易。早期的期货交易市场是各国独立进行的，当时交易市场每天进行四五个小时交易，下午三到四点就下班了，金属交易市场甚至两点半就下班了。今天的市场交易是24小时，所有市场是互相联系互相依赖的，这和当年有很大不同。中国想继续发展期货市场或大宗商品市场必须考虑如何从技术上解决这个问题，这样才能够更好融入国际市场。

通过期货市场重新分配风险

张晓刚[*]

　　我主要从事金融期货市场方面的工作，下面结合自身体会谈一谈对金融期货市场服务于财富管理行业发展的几点认识。

　　从全局性的战略角度来看，发展金融期货市场有助于国家推进供给侧结构性改革，促进金融业健康发展。我国供给侧结构性改革提出"三去一降一补"的重要任务，具体包括去产能、去杠杆、去库存、降成本、补短板等等。金融期货具有提高市场效率和运行质量的功能，从宏观的风险配置角度来看，金融期货市场通过将风险进行重新分配和转移，让最有能力和意愿的资金承担风险，可以起到优化风险管理机制、降低社会融资成本的积极作用。而从微观的企业层面来说，不论是经营风险还是生产要素价格的波动，也可以通过相关的衍生产品进行管理，进而降低其融资成本。国际数据的统计显示，世界上绝大部分企业都会通过品类繁多的衍生品来规避风险的。

　　大家知道，我们国家在过去经历了高速增长阶段，金融资产的规模也得到了快速增长，信托、保险、证券等行业的资产规模达到几十万亿，机构和个人投资者持有的资产也达到非常大的量级。随着金融市场体量的持续扩大，其市场化改革也在不断推进。在这样的背景下，金融资产的价格波动对财富管理行业提出了新的挑战，通过提供必要的风险

* 张晓刚，中国金融期货交易所副总经理。

管理工具，将帮助相关主体更好地进行财富管理，从而为我们的客户提供良好的服务。

接下来，我想把过去 6 年来，包括股指期货和国债期货市场在内的金融期货市场，在服务资产管理行业和服务投资者方面的情况给大家做一下汇报。金融期货市场起步以来，机构投资者参与的深度和广度不断提高。一是参与金融期货市场的机构参与者种类趋于多元化。目前，参与股指期货交易的主要有证券公司、QFII、信托公司、保险等，而在国债期货市场上，证券公司、私募基金等也已参与了相关交易，目前与监管部门积极协调引导保险等参与国债期货市场的工作也在积极推进。二是各类机构投资者参与金融期货市场交易的数量和规模稳步增长。股指期货的日均法人参与数在 2011 年只有约 200 个，2015 年已超过 700 个。国债期货作为 2013 年推出的新品种，2015 年的法人活跃账户数也比前一年增长了 5.5 倍。以前面提到的几类特殊法人机构为例，2013 年，证券自营类的持仓量在法人投资者中的比例为 70%，而随着资管等其他类型机构参与程度的提高，这一比例到 2015 年下降为 57%，金融期货助力财富管理行业发展的作用进一步得到体现。三是机构投资者参与金融期货市场的交易策略不断丰富。财富管理行业利用金融期货工具完善交易策略，对满足客户多样化的投资需求意义重大。比如利用国债期货可以为固定收益产品提供对冲保值，而股指期货则是投资股票市场时一种便利的管理工具，在股票现货市场流动性紧张、机构面临较大调仓压力的情况下，股指期货可以起到提供和保持投资组合流动性的积极作用。在 2015 年股市波动比较大的情况下，部分公司就通过股指期货来减轻自身的压力。

金融期货市场积极服务财富管理行业发展，在其作为基础工具推动财富管理产品创新实践的方面也得到了鲜明的体现。股指期货和国债期货的相继推出，拓展了资产管理机构开发多样化投资产品的空间。股指期货方面，一些挂钩指数期货的产品，比如中性策略产品这几年增长都非常快；而国债期货市场尽管运行时间只有 3 年，但也吸引了数百家资产管理机构参与，仅在 2015 年就发行了约 500 只相关产品，较之前增长了 10 倍。

展望未来，我们将继续以功能为导向，加强监管，稳健规范发展金融期货市场，为财富管理行业保驾护航。诸多实例表明，金融期货确实是风险管理的良好工具。但我们也必须认识到，杠杆性工具本身也是双刃剑，把握不好容易引发风险，作为市场的组织者，做好风险管理和市场一线监管责无旁贷。一是要积极借鉴国际市场成功的实践经验。PFMI（金融市场基础设施原则）对完善金融期货市场基础框架提供了重要的参考，在市场波动加大时提高期货保证金水平等全球通常做法也对未来有效防范和应对市场风险的措施制定具有启示意义。二是在引入新型产品时高度重视和考虑我国的实际国情。我国的投资者结构中散户占比高，市场羊群效应容易显现，在借鉴国际市场产品创新经验时，要准确把握我国市场的特点与规律，不照抄照搬，真正做到以我为主、为我所用，避免过度投机等消极影响。三是进一步完善投资者适当性制度。期货市场是高风险的专业化市场，坚持有一定的门槛，可以有效防止中小散户盲目参与，保护客户合法权益和维护市场稳定。从市场发展初期以来，我们在这一方面已经做了许多工作，宋教授提到互联网金融的发展对适当性和实名制带来一定的挑战，下一步我们在这方面还要进一步完善。

此外，我们还将不断加强机构客户的培育工作。目前，机构投资者对市场中性等策略运用较好，未来，对于资产管理机构，在理念和配套建设上还需要进一步完善。例如，从 2015 年开始，股指期货出现了比较深度的贴水，指数基金等机构通过股指期货替代现货就能实现超额收益。

互联网金融乱象不是真正创新

宋　敏[*]

　　我要讲的主题是互联网金融的创新与监管。首先，讲互联网金融，跟我们今天财富管理的主题是一致的。蔡主席谈到我们的财富管理是为大众服务的，而西方是为小众服务的。财富管理应让我们的财务收入和分配更加合理和均衡，而不是走向越来越不均衡。传统的金融体系在财富管理的服务方面可能很难做到这一点。传统的金融体系还是以大银行为主，我们的证券市场，虽然有大量中小投资者在里头，但实际上很多中小投资者在里头没有创造财富，而是被消灭掉了。可能互联网金融这时候会给我们提供一个手段。

　　但互联网金融风险是很大的，这几年互联网金融行业出现了很多乱象，比如3000多家P2P中接近40%都有问题，许多所谓互联网金融企业通过网络非法集资进行欺诈。这些是乱象不是金融创新。这些金融诈骗在互联网出现之前是存在的，现在无非是因为互联网的出现扩大了影响，这不是真正的互联网金融创新。

　　什么是真正的互联网金融创新呢？一定是用互联网手段来分析大数据，通过分析这些数据，提炼有用的信息，通过信息分析，对风险进行更好的度量和管理，从而产生信用。因为我们现在有很多中小财富家庭，实际是有信用的。但是目前的金融体系没有在他们身上花时间，现

---

* 宋敏，香港大学中国金融研究中心主任，北京大学经济学院教授。

在通过互联网挖掘出来了，金融互联网产生了大量的数据，隐含了很多信用信息。互联网金融创新一定要用这种的手段，包括大数据、云计算等进行信用分析，为广大中小用户提供信用。目前很多所谓互联网金融企业没有用这些技术，而是简单地把诈骗手段移到互联网的平台上，所以扩大了这个问题。这是第一点。

第二点，互联网金融的监管，这是新的课题。确实和传统的金融不一样，非常需要新型的监管，不能放之任之。为什么互联网金融监管很重要呢。第一，互联网技术是跨越时空限制的，本质上是有系统性的问题，原来民间融资欺诈是区域性的、局域性的，通过互联网被放大了。如果民间融资很多是熟人间来做，信息相对完善，但通过互联网扩大时空之后，这样信息是不对称的，很多信息不是真实的信息，可能是虚假的信息，这样的情况下对投资者进行保护是很重要的，这是互联网监管很重要的考虑。第二，互联网是新生事物，它的存在是有价值的。必须有良性的监管和规范，不能听之任之。由于有很多混乱的信息，劣币驱逐良币，40%的 P2P 已经出现了问题，如果这样放着不管，问题一定会越来越多，所以我们现在要加强监管。

第三点就是怎么样进行监管？这是一个新生的事物，按照传统的金融监管方式可能是有点力不从心的。传统的银监会是看银行的报表，到银行去查账目等等。互联网时代这种手段跟不上，因为互联网可以一下子很快发展市场，就像大家看到的阿里巴巴的快速发展。互联网金融的监管要更多依托互联网技术，也就是大数据与云计算等，实时做到信息的追踪，资金流向的追踪，而不是等一个季度、两个季度去看一看，那样已经来不及了。

第二个想法是政府利用已经存在的市场，进行所谓第三方的监督机构。实际上互联网金融行业发展到今天，也有很多公司会收集互联网金融进行评估，比如说我们网贷之家、360 金融等等，我们互联网金融者要和他们合作，通过他们帮助我们更好地监管这个行业。而不是自己面向几千家的互联网行业，这是监管的有效手段。

　　第三个是行业自律，其实行业里好的互联网金融企业是希望被监管的，这样才能把他们的优势显现出来。最近在央行的推动下我们有一个互联网协会，是一些互联网金融机构成立的互联网行业自律组织。现在看互联网监管还是不够，首先信息要公开，从这个协会里披露出信息，是技术化的手段，而不是传统的手段。行业自律、监管都需要一些新的技术手段。

对　话

秦晓：第一阶段 5 位嘉宾都谈了他们的看法，无论是从业的还是监管部门的，都从各自角度阐述了金融创新和金融监管的相互关系。下面和嘉宾互动，我不一一提问题了，他们可能有自己希望谈的问题。我先列几个题目，供嘉宾选择参考。

第一个是谈到宏观货币政策或者是汇率政策，有一个所谓"三元悖论"的概念。就是一个国家的中央银行，在资本账户开放，汇率稳定和独立货币政策当中只能选取两个。在业内、学界有不同的看法，这个问题会影响未来资本的开放，也会影响汇率、利率的变化，我们会朝一个什么方向走呢？

第二个是未来的监管模式。我们现在的"一行三会"，这个监管模式曾经发挥过很好的作用，但如何将"宏观审慎"和"行为监管"纳入重构的监管体系？如何从机构监管转向功能和机构监管？这里既有英国式的，还有美国式的，如何借鉴？有的嘉宾可能有身份局限，要回避这个问题也可以。

第三个是银行的不良贷款，数额也说不清楚，是不是在改善，还是会进一步发展？这个对我们未来的经济会产生很大的影响，也变成一个全球关注的问题。还有企业的债务，这个问题怎么处置，是不是回到过去成立资产管理公司，从银行把企业的不良债权剥离开来。

第四个是互联网金融，宋教授讲到了。

第五个是量化宽松货币政策（QE）的效果，美国已经采纳，还有日本、欧洲。中国不是量化宽松，中国是相对宽松的货币政策，这些大家担心会造成通货膨胀，但日本搞了这么多年，也没有见它通货膨胀，股市、房产也没有怎么攀升，怎么看货币政策的潜在风险和代价？我出了这几个题目。这回我们倒过来，先请宋院长来讲，选一个，或者自己找一个题目。

宋敏：我讲量化宽松，我觉得这个很有意思，跟以前也相关。量化宽松政策是一个货币政策的创新，到底有没有用？它的长远的正面和负面的作用。首先量化宽松在日本早就开始了，大规模是从美国开始，然后欧洲、日本。我个人的评价，量化宽松政策对解决短期的流动性问题还是非常有用的，当时2008年的金融危机，实际上刚开始是通过所谓的银行间市场或者最后讲的货币市场开始出现的，因为对这个大家失去信任了，所以互相都不贷款。原来大的企业是通过这样的市场去进行短期融资，就是流动性的供给。

当时我们看到这个市场短期利率飙升，实际大家都不信任，都不互相借钱，所以一下子流动性枯竭了，也就是说这个金融部门没有信用了，自己互相不信任。这个时候怎么办？只有央行出面，央行政府还是有信用，央行提供这样一个信用，短期内就把流动性的速度提了上去，让这些企业能够有流动性资金，付工资、付利息可以进行下去。所以量化宽松货币政策，在美国早期在流动性救济方面还是非常有效的。所以我们看到一个V型的美国经济的复苏，这是在危机的时候。当时我知道大家都非常紧张的，都觉得不是一个V型一定是L型或者一直往下走的过程。但是这样一个政策，在持续了很久，被欧洲和日本不断采纳的时候，我觉得它起的这个效果，可能就没有那么大了，因为它毕竟是一个货币政策。我们知道，货币政策可能很难用来解决一些结构性问题的。在美国，相对效率高一点点的原因，其实还是因为美国的宏观经济，它的结构性问题相比欧洲和日本是少一点的。欧洲和日本的问题，其实不是一个流动性的问题，更不是一个金融性的问题，更多的是所谓实体经济的结构性问题，像欧洲失业率等等问题，特别是欧元整合。我认为它快了，把很多国家的货币政策整合在一起，很多货币的灵活性很多国家就没有了，这是它的问题。日本有它几十年的所谓问题，老龄化问题，不太开放的问题，这些东西都是结构性问题，我觉得纯粹用货币的方法，QE的方法解决，还是很难。

秦晓：日本是滞胀还是通缩？

宋敏：日本还是通缩，我们讲它的经济老是起不来，但不是课本上理解的那个。我了解安倍当时讲的，其实是讲"三支箭"，一个是量化宽松，一个是要增税，一个是货币改革。但是第一支箭射出来，其他的迟迟射不出来。

秦晓：您讲功能上对流动性是有改善的，也是一个新的概念，虽然日本用得比较早，但是当时没有叫 QE，大家不知道，可能以后教科书上也要增加 QE 的概念了，原来没有这个概念。晓刚你来接着说吧。

张晓刚：前面我们提到了金融期货对财富管理起到的支持作用，但是金融期货要充分发挥功能，一方面需要有关各方认识到衍生品的作用，另一方面也要防止过度投机。在市场运行中，要做到依法监管、从严监管、全面监管。对于加强监管这一块，交易所作为一线监管机构，还需要在完善规则、加强市场监控、加强执法、打击市场操纵等方面不断加强。同时，因为我们上市的品种很多是跨市场的，既有期货市场，又跟现货市场存在很多关联。因此，在过去，我们也建立了跨市场监管协作机制，包括一些定期和不定期的沟通机制，开通盘中绿色通道。

最后一点，关于投资者教育和保护投资者的合法权益方面。由于金融期货相对来说比较专业，在过去我们也做了很多的市场培训和教育，包括跟一些高校合作，搞一些知识竞赛，让年轻人能更多地了解产品情况。同时，我们也感觉到，未来仍然需要不断加强对市场的研究，特别是从 2015 年市场波动之后，大家对于股指期货功能的认识也产生了一些争议。这些争议很多，但可能并不是基于真实情况研究得出的结论，因此我们下一步在这一方面还要进一步加强。总体来讲，通过这样一种不断的教育、宣传、培训，让社会公众对金融期货等有更好的认识，可以为财富管理营造良好的发展环境。

秦晓：谢谢。你想不想就我刚才提的一些主题谈谈你的看法？

Thomas McMahon：其实每个我都想谈，但是时间不够。我在新加坡工作的时候，新加坡当时和美国 QE 没有太大关系，同时新加坡经济并没有受到很大影响，他们的确是有一点 V 型的发展，但是第一轮和第二轮的 QE，有数百亿美元流入新加坡市场。为什么呢？因为他们当时没有好的地方来投资，所以都跑到新加坡去了。当 QE 完了之后，QE2 又来了，还有新兴市场崩溃，也都造成资金涌入新加坡。我认为 QE 对美国来说，还是有益的。当然也有人对 QE 持批评态度。很多情况下，短期的时候，大家是头痛医头，脚痛医脚，日本当时是不想解决坏账问题，所以导致滞胀、通缩，直到现在还没有解决。而且货币问题还会反映在交易市场上。因为市场是经常在变化的，资产并不是经常单向流动的，有的时候我们认为市场往上走，结果市场是往下走的。不管股票、金融工具，还是大宗商品，都是这个样子。市场一直会在变化，需求一直会在变化，从弱到强，再到弱再到强，所以你必须要仔细看清才行。

Willam Purpura：接着刚才 Thomas McMahon 和张先生说的，我想谈谈教育方面的问题。我们在中国看到的股市情况，2015 年 3 月，差不多出现了 400 万个新的股票账户，我们当时对这些投资者的教育程度进行了分析。其中 67% 的投资者低于高中文化程度，有 6% 不识字，所以如果有这么大规模的教育程度不高的用户涌入市场的话，很容易就能够想象到，他们就一直想买买买，他们没有能力来分析市场。

我想这里面一部分的原因，就是经纪人，是他们给这些教育程度不高的人开具了账户。我们监管部门就要考虑到要用什么样的方式来支持市场，我想还是要回到对投资者的教育问题，教育是我们资产管理当中非常重要的一部分。我想我们这些机构必须有责任帮助这些人认识市场风险，管理好他们的资产和财富。

蔡鄂生：这个话题我建议搞一个全天的有系统性的讨论，从货币政策目标是什么，然后到现在的管理体制和目标是不是接近，即便跟目标接近了，还要考虑到你的实体现状资产质量，然后又回到了政策选择，你选择什么样的政策。其实这些题目都是我们现实遇到的问题，我们现在在监管体制和市场关系上，到底存在什么样的问题？刚才讲了，这些发言一个说是市场的发展，不要从上到下，或者要从下到上，包括刚才宋院长讲的，你互联网金融之间的空隙怎么办？这都是问题啊。还有刚才也有人讲了，我只管我这一亩三分地，我不管其他。现在金融这个系统，刚才有的专家也讲了，你对于市场的观察，一定要看银行资金怎么去跟市场结合，所以这就是一个系统。所以说所谓监管体制的改革，就现在的体制来讲是"一行三会"，是一个系统，而不是改一行，或者改三会，这样我觉得都不可能。况且今天上午省长也讲到，地方政府也要担负金融稳定的责任，因为郭省长是金融系统出来的，他知道金融对整个社会的影响。

所以我们现在对于模式的选择，其实最简单，就是适合于现在国情的模式，就是好模式。别人的只能作为参考。我们中国古话叫"分而合、合而分"。前几天去韩国，韩国也是金融监管院，也是合来合去，现在金融监管院上面又加了一个金融委员会。美国的更热闹了，美国从来没有把这些小哥们都拢在一块儿，它相互之间的配合、系统管理，虽然也有缺失，但是系统管理还是有关联性，你中有我，我中有你。现在我们的问题是老想把界限划清楚，实际现在作为系统来讲，你把界限划清楚了，到了这个东西跑到我这儿才管，这不是一个工厂里某一个工段的流程管理，实际还是整个企业的管理。我讲就是乱绕，绕了半天，反正不把我绕进去就行了，谢谢大家。

秦晓：谢谢蔡主席，下面把时间交给听众。

提问：蔡主席刚才说适合中国国情的监管就是好模式，那具体来说，您认为现阶段什么样的模式适合中国的国情？

蔡鄂生：中国监管体制的发展，什么叫适合？没有一种体制是恒定的，一定要根据不同的历史阶段和发展来确定它的监管。我们刚刚经济改革开放的时候，最早一家银行的时候，中央银行、中国人民银行，就是央行和商行，按市场经济来讲是合一的。但是在社会主义体制下，它就用不着分开。改革开放以后，市场经济了，首先从这个央行分，先按专业性分出一些机构，然后发现这些机构出来以后，有问题了，就要有央行了。央行完了以后，市场发展了，证券出来了，然后保险。它这个监管体制一定是要根据市场发展的现状，你不能太超前，也不能太滞后。但是一定不要认为监管模式处理好了，有一个很理想的监管模式，市场就一定是规范的，我觉得这个理念一定要改变。比如说我用自己的体会来讲，说管这个信托公司，其实我根本不是专家，我对信托产品根本不知道。中国要发展，信托公司要生存，你不可能简单对个人财富去，你只能搞平台贷款，或者发展，是从这个角度慢慢过渡来的。你首先要让它生存，只有生存下去了，你才能发展。如果说你既让它存在，又不让它好好活着，它不捣乱它干什么呀？谢谢。

秦晓：还有哪位有问题？这位女士。

提问：我是投资公司协会的杨秋梅，我想问一下宋教授互联网金融方面的问题。刚才蔡主席也说到金融监管的问题，其实互联网金融也存在各个部门之间怎么协调的问题。互联网金融协会成立了，但是感觉上部门之间不可能成为一个联合的互联网金融的监管，有这么一个协会，但是你也说到有许多其他后续跟进的问题。我刚从美国证监会回来，和6家中国资产管理公司去的，对方花很长的时间和我们讨论，说你们中国的互联网金融实际上是走在了我们的前面。所以我想说的是，其实包括美国，是在看着中国目前怎么做。我们目前这种全球的状况，互联网金融以及监管，可不可以说美国人有一些经验教训，我们的经济体和他们相关。

宋敏：这个问题挺难回答的，关于监管方面，我同意刚才蔡主席讲的，要符合中国发展的状况，也不是说一个固定的形式，就一定是正确的。因为形式不断在变化，我觉得可能内容更重要。谈到监管，我想补充一下个人的看法，监管现在更重要的是坚持正确的监管理念，而不是形式上的分分合合。监管的理念，应该首先是专业的监管，不能说过多的这种行政的干预，我觉得中国的国情肯定不能做成完全的独立，但是应该相对的独立，这两点应该首先坚持。在此基础上，再谈论下面的分分合合。

目前的监管框架下，如果我们坚持所谓的功能监管，好多问题也可以解决，并不是说银监会就管银行，保监会就是管保险公司，实际上保险公司现在也做很多的投资，也牵扯到证监会应该管的事情，如果在更高层次决定，你一旦牵扯到证券的，受证监会的监管，银行一旦做了保险业务，就要受保监会的监管，如果真做到这样，也可以做得很好。

但是互联网金融的确很复杂，完全是一个新型的金融生态，我们走在美国前面，确实是，我们的实践走在他们的前面，但我们的理论其实没有跟上。但是我觉得，在这样一个新的金融生态出来以后，我们也应该探讨新的监管方式。互联网金融本质是混业金融，只要信息有的话，什么都可以做，保险、证券等等，所以我觉得反而这是一个机会。通过对互联网金融监管的探讨，我们可不可以探讨一个混业监管的有效方式？可不可以在这样一个现有的监管框架下，专门成立一个互联网金融监管机构？在这里面是打破"一行三会"行政上的分割，我觉得可能是一个突破，如果能够做到这个，真正促进互联网金融的健康发展，真正能够引领全球的话，那我们是真正对全球金融监管思想的一个贡献。当然，这个路还是很艰难的。谢谢。

秦晓：我再补充一点，刚才宋教授讲到监管部门的功能，我们是管银行、证券公司、保险公司还是管它们有关的业务？从机构导向的监管，转向机构和功能导向的监管是一个重要的理念。还有一个理念就是宏观审慎，比如英国新改革后的模式，是被业内认为最理想的，当然这个理想不可能完全解决实际问题，国情也不一样，但是肯定从新的理念出发是最合理的。以央行为核心的金融监管应具备这样几个功能，一个是宏观和微观审慎监管，然后有一个相对独立的行为监管部门。这个模式不一定要照搬，但是应吸收它的理念。下面还有什么问题？

提问：各位嘉宾好，我是来自凤凰财经的记者，我想问各位的就是，其实最近我们知道银监会在查银行表外抽签的自查。其他的监管机构，保监会也在配合查他们的通道业务。这是不是代表混业监管的一种发展方向？另外就是想要问一下，银行表外业务中的信贷所隐藏的金融危机规模大概是多大？谢谢。

秦晓：蔡主席，人家直接问表外的，只有你可以回答。

蔡鄂生：我 3 年前可以回答，3 年后的今天我回答不了，因为我已经没有在银监会任职了。

秦晓：把当年的说说也行。

蔡鄂生：当年和现在的情况不一样。其实她说的这些问题，可能是问题，但是你看从什么角度去看待。表内、表外，是不是一个客观存在需要的东西？表外的东西，要解决表内的财务状况，只要你不做虚假，我觉得表内、表外都能够看清楚，我就不怕。现在怕的是它是互相倒来倒去，不解决本的问题，那你这张表就复杂了。关键是该合的你合，它现在是互相来倒，我这个资产不好了，我倒给局长了，局长又给谁了，又转到这块，又转到我这儿来。是通过不断的倒以后，造成你收益的不真实或者资产的不真实。实际上我们现在讲的，不管风险不风险，就是你实际现状它的本色是什么。你只要把这个看透了，你就根本不要怕，2% 的不良资产，3%、0.5%、0.5% 就比较好？不一定。你 2% 不良资产率就差？那也不一定。看谁的表更实在。

秦晓：对。表外资产也是一个比较大的问题，将来还有机会再来讨论。关键是什么样的账可以放在表外，什么样的账可以放在表内，表外、表内的关系是什么，这都是需要研究的问题。还有哪位？

提问：你好，我的问题是给两位商品专家的，Thomas McMahon 和 Willam Purpura，在金融创新方面，特别是国外商品合同的一些创新，有哪些影响，就是人民币国际化对商品合同创新有什么影响？

Thomas McMahon：我非常荣幸可以在一些人民币的离岸中心合作业务，在新加坡和伦敦，现在人民币确实已经是国际化了。现在也是世界上第三大的货币，仅次于美元和日元，已经超越欧元。未来的技术是颠覆性的，技术现在发展得非常迅速，已经超越了我们原来传统的金融结构，比如说监管、审计，这方面带来人民币和其他货币的电子化等等，是非常重大的一个发展。所以你可以在人民币和欧元之间转换，人民币和日元之间转换，不用通过美元。这极大改变了我们这个行业的工作方式。而且技术一定会继续往前发展的，带来的影响是非常正面和积极的。

Willam Purpura：我刚才提到了黄金市场，上海黄金交易所最近启动了他们国际黄金板，他们也希望设立中国的黄金基准合约，我的公司受到邀请参加了他们的委员会。很多交易都是以人民币交易的，但是在有些情况下，也有使用美元资产作为抵押。

秦晓：谢谢。我们这一环节的讨论就结束了，让我们大家用掌声感谢几位嘉宾作出的贡献。

第五章

财富创新与产业升级

财富管理的最终目的是要支持与服务实体经济,这也是财富管理行业生存发展的根本。当前中国经济结构调整和产业转型升级进入关键阶段,新主体、新业态、新动力加快孕育,也亟须金融和资本市场的支持,这要求进一步疏通金融进入实体经济特别是中小企业、小微企业的管道。财富管理企业如何通过产品设计,在为客户获取投资收益的同时,将资金导向实体经济转型升级为动力产业?在此过程中,需要破除哪些金融投资领域的壁垒?

上市公司是产业转型升级的排头兵

单祥双[*]

　　这次来到青岛确实收获非常大。不光是吃到非常新鲜的海鲜，更重要的是享受到了一场思想盛宴，尤其是聚焦到财富管理方面的思想盛宴。我对财富管理有一个新的认识，我原来以为财富管理就是简单的那几家做融资的机构，结果现在发现，这个财富管理机构实际上既包括金融机构，更包括类金融机构，换句话说，财富管理行业比金融行业还要大。

　　那么这么庞大的一个财富管理行业，如何服务产业转型升级？这也是刚才亦非主持我们今天讨论的一个重要话题。产业转型升级是供给侧改革的核心目标，或者说是最大、最根本的目标。我们产业存在着诸多不合理的地方，结构不合理、落后等等，但是怎么样让产业转型升级，才能够得到财富管理机构的青睐呢？具体到产业转型升级核心，我觉得有三点是需要实施和支持的重要因素，第一是资本支持，第二是人才支持，第三就是技术支持。我们如何能够引领大财富管理机构聚集三大要素，惠及到产业中来呢？这是国家实现产业转型升级成败与否的关键。这是我谈的第一个观点。

　　第二个观点，我们要分析一下，我们国家的产业范围很广，这么多产业里面，究竟哪些产业、哪个群落应该成为转型升级的排头兵？转型

---

* 单祥双，中科招商董事长兼总裁。

升级的引爆点、着力点和重点？我们研究下来发现，上市公司这个群体是我们国家实施产业转型升级的真正的排头兵和领头羊。原因何在？很简单，上市公司自身就是在我们整个产业集群里面，是相对优秀的一部分。另外上市公司管理相对规范，资本实力相对强，直接在资本市场上融资成本相对低，成长潜力会被迅速地激发出来。那么我们如何才能引领财富管理机构参与上市公司的转型升级？我觉得这是我们要走出一条中国式产业转型升级的必由之路。

但是很遗憾，我们对上市公司产业转型升级这一块，还存在着几个认识上的误区。

第一个认识上的误区，我认为就是投资上市公司被看成是炒股票，事实上上市公司是真正的实体企业，而且是相对领先的实体企业。投资上市公司，尤其是着眼于上市公司价值提升，产业转型升级的投资，不应该单纯地看成炒股票，它是产业转型升级的一个必须做的重大举措。我们发现，整个资本市场如果不把上市公司这个群体的产业转型升级做好的话，资本市场的结构永远不合理。中国资本市场的高估值现象、泡沫现象就永远存在。那么这些上市公司如何对它进行产业转型升级？我讲就是习总讲过的"两鸟论"，一个是腾笼换鸟，你有没有核心的技术、核心的资产，腾笼换鸟；第二就是凤凰涅槃，上市公司转型升级成功了，很多上市公司盈利能力提升了，上市公司基本面改善了，整个证券市场的基本面就改变了，证券市场的估值就会趋于合理。而上市公司转型升级成功，就会带动上下游产业形成新的战略性新兴产业集群，会把整个产业带起来，从而中国会走出一条基于资本市场改革以上市公司为着力点和引爆点的产业转型升级的新路。

我们还存在的一个认识上的误区，就是我们国家一方面有庞大的金融机构和类金融机构，有庞大的资本在那里，有很多人才就在那里，也有很多技术就在那里，但这些并没有高效的跟我们上市公司进行对接。为什么？我们政策上、监管上、理念上、产品上、创新上都存在着诸多需要提升的地方，时间关系我就不展开了。谢谢。

进一步推动银行为中小企业服务

雷启迪（Alain Le Couédic）[*]

我想谈两个方面。第一点，现在我们需要关注如何提高管理财富的服务能力，我觉得这里面应该更加关注"点对点"的服务方法，财富管理的机构要更加鼓励并培养这种财富管理的理念。特别注意提高对中小企业的服务。这些中小企业家开始创业时可能会从家人、朋友那里寻求帮助，然后再找银行、找 PE，如果成功的话可以上市，中小企业主也会变成高净值人群。现在世界上各个国家银行都在努力服务好中小型企业。虽然他们的信用比较难评估，相对来说风险比较高，但是回报率也比较高。我想这个也是我们可以在中国进一步进行推动的。

中国的五年规划提出了很清晰的目标，并且把财富管理行业放在了很重要的位置。我想青岛和山东它们整体是处在一个正确的方向下，这里有很多举措，包括孵化器、教育和很多其他措施，都在正确的方向下前进。我们不应该低估这些做法。

第二，考虑到中国目前的财富管理情况，我们更多的谈论的是高净值个人，这是非常富裕的一个人群。另外一方面，我们还要看到其他一些更为广泛的相对富裕的个人，他们虽然也享受到银行的一些服务，但主要是零售类的服务。他们是在高净值人群之下数量极为庞大的群体，在中国可以说是上百万、上千万，而高净值人群可能只在 100 多万的样

---

[*]　雷启迪（Alain Le Couédic），罗兰贝格合伙人、大中华区副总裁。

子。针对这一人群的财富管理，应首先定义于他们的财富，其次是他们的思想和行为。这一人群已经开始用一种非常长远的眼光看待储蓄和投资，希望以此来满足未来长期的生活需求。他们要准备好退休之后的生活，要准备把孩子送到好的学校，在国内上好学校或者到国外去留学。这就要求我们的财富管理对这一群体给予不同的关注、采用不同的方法，这是一种不一样的财富管理。

在中国，针对这一人群，可以采取金融咨询的方式，如果做得好的话，这将成为一个非常有力的举措。你可以以相对较低的成本来为这些个人提供咨询和建议，并且考虑到他们长期投资和储蓄的战略。当前技术创新可以提供工具和渠道，帮助我们实现财富管理的目标，并且为我们提供给投资人的教育和一些投资关系的管理咨询。这是用一种更高效率、更低成本的方式完成。以上就是我所想到的，财富管理如何参与到产业升级过程当中的途径。

中国有 400 万亿的财富空间

王　军[*]

大家知道，财富管理离不开大背景，财富有多大的空间，这个财富指什么？除了大家腰包里的钱和资产以外，我们国家和世界是什么情况？我想用三个指标或三大议题来谈一下整个世界财富或者金融财产的分布情况。在美国 18 万亿美元 GDP 对应 200 万亿美元以上的金融资产总额，如果扣除境外的部分，大体上是 1∶10—12 的关系。我们知道巴塞尔协议有一个核心资本，8% 的概念，12% 的杠杆，目前为止，美国 GDP18 万亿对 200 万亿的金融资产。欧元区稍微滞后一点，但是欧元区 10 万亿的欧元，对应 100 万亿欧元的资产，也是 10 倍多一点的概念。

回到中国，我们有 200 万亿人民币的金融资产，我们对应多少的 GDP 呢？对应 67.67 万亿的 GDP。如果按照美国的标准，我们有多少空间呢？也就是 670 万亿的金融资产。这还是在海外没有大量配置人民币资产的情况下，没有多少资金的外部流出部分比较少的情况下。如果按照 10 倍这个标准，我们大概有 400 万亿的空间。所以这个一定是比较大的领域，青岛市在这个领域，我觉得代表国家的方向，代表国家的空间，这是各位能够到这儿来的一个宏观大背景，这是第一层意思。

第二层意思，我们产业转移，要从哪儿转，往哪儿去？我们今天不是来争辩的，更多是谈一种看法。上市公司做好了，起码在金融市场，

* 王军，国家统计局国民经济综合统计司副司长。

能够使财富增加和财富管理做得比较好或者有代表性。但是我们也看到华为，华为不是上市公司，但依然是最有创新力的。华为研发的总投入，相当于上海最大企业之和还要多。所以我们不是单纯说哪一家，只要是好的，我们就肯定。从这个定义上看，哪些是好的，哪些是不好的？从过去的经历看，也可以不那么焦虑。

首先，过去 35 年，我们走过非常具有历史性的转折，过去 10 年，中国对世界的贡献大家都是知道的。从美联储网站自身发出的文章看，这几年国际贸易增速显著得益于经济的增速，基于两个原因，第一个原因是全球价值链的下降，第二个原因是投资的下降。我们再看在过去的 10 年，和在中国加入世贸组织之后的 10 年和 2008 年金融危机之后的几年，是什么原因支撑世界经济增速？是中国的加入。在中国 2008 年我们自己对 4 万亿有很多的质疑，但是 2008 年这 4 万亿救了整个世界。我们要客观看待这一轮危机中谁起到最重要的作用？是中国。但后来为什么没有跟上呢？贸易开始区域化，我不是批评美国搞这个协议，但是我们看到区域化，是反全球化趋势出现了。加之，中国 4 万亿出现之后，我们发动发达国家 G20，在发达国家失去强劲动力之后没有跟上。今年 G20 在中国召开，我们可以围绕以下两个方面进行探讨：第一，中国和发达国家怎么率先保持经济的增速而不是平均的增长；第二，不可以搞封闭式的贸易壁垒和区域贸易块，而是应该开放、包容、全面的贸易，这样对整个经济的转型，对世界范围内的转型升级和再提升都会起到好的作用。这是我想讲的第一个观点。

其次，一个货币一个国民财富要有一个稳定的锚，如果没有锚，军舰是不稳定的。我们看到美国经济增长的时候，有什么可以做锚呢？我个人认为，GDP 就是所谓的锚。美国同时有两个指标，都是近年来刚刚出的，一个是美国资产的净值，一个是家庭资产的净值，两者的关系大体是 1∶1 的关系。也就是说国民财富的创造和最后的管理在家庭部分。这是很神奇的。所以我回过头来讲，为什么 GDP 可以起到一个锚的作用呢？因为这个增长，是一个反映，我们可以综合各类指标，比如说财富的指标去说这个事情，我想这是我的第二个观点。

第三，我们不可避免走到一个服务业占主导的阶段，而且消费还会继续占更大的比重，我们认为这就是转型升级成功了吗？没有。进入三产之后，特别是发达国家为主导，60%、70%之后，在没有中等收入陷阱的国家，李克强总理提出来，两个转变，保持中速增长，迈向中高端水平。一个是合理比例，一个是服务率的高增长率，这就是我今天先给大家汇报的内容，有机会再说更多。

金融资产占居民财富比重会越来越高

朱海斌

财富管理有两个问题：第一是中国在未来一段时间居民财富增长的潜力，第二是财富管理如何和产业升级相结合。从行业来看，一个是资金来源，另一个是资金运用的问题。

中国在过去二三十年，财富积累的速度非常快。中国目前已经是世界第二大经济体，人均GDP达到8000美元。如果我们按照规划，在未来的5—10年，人均GDP可以达到12000美元，迈入中高收入门槛。在这个过程中，居民的财富积累会有一个高速的增长。刚才王军提到的，这种增长有3倍甚至5倍、10倍的空间。

中国居民财富积累的过程中，一个重要的特征是非常高的储蓄率。储蓄用于投资，投资回报带来未来财富的增长。中国储蓄率在高点的时候达到50%，最近几年略有下降，在45%、46%左右。从趋势看，中国人口结构的变化会导致储蓄率的下降。宏观研究中有个变量叫人口抚养比，就是适龄劳动人口与被抚养人口（老人与小孩）的比率。这一比率在过去几年一直往下走，反映了人口老龄化的趋势。储蓄主要来自劳动人口，老人的储蓄率很低，基本靠花以前的积蓄。所以人口抚养比的恶化必然带来储蓄率的下降。我们估计5年之后，中国的储蓄率可能会下降到35%左右。这比目前的储蓄率有明显的下降，但是35%的储蓄

---

* 朱海斌，摩根大通董事总经理、中国首席经济学家兼大中华区经济研究主管。

率从国际比较看仍然是很高的，属于第一集团。从财富管理的资金来源看，经济和收入的增长，和相对较高的储蓄率，是中国财富管理行业未来发展的资金来源。

从居民财富构成来看，金融资产在未来居民财富中的比重将会越来越高。西南财大最近几年做的中国家庭调查分析，发现中国家庭资产最大的一块是房产，房产在中国家庭资产的比重平均超过70%，而金融资产只占约10%左右。与其他发达国家甚至中等收入国家相比，中国家庭财富中金融资产所占的比例明显偏低。从未来趋势看，财富配置的趋势应该是倾向于向金融资产倾斜。

财富管理的核心本质是什么？昨天会上有很多讨论，一种看法认为财富管理是居民收入重新再分配、减少财富差距的一个手段。我对这一提法有不同意见。恰恰相反，财富管理必然导致财富差距进一步扩大。在贫富差距扩大以后，需要政府通过税收或者其他一些二次分配的手段，把贫富差距缩小。但是财富管理的本质是把这个蛋糕做大，而不是一个分蛋糕的问题。我们在认识上要明晰这个概念。

去年非常火爆的一本书——《21世纪新资本论》，实际上讲的也是这个观点。该书的一个主要发现是，过去300年全球主要经济体的资本回报率高于GDP的平均增长。资本回报率大概是4%左右的平均收益率，GDP增速平均只有1%—2%，所以在过去几十年，欧美发达国家财富分配进一步失衡，最富的那些人掌控的资源比例越来越高。这带出《21世纪新资本论》一书的主要政策建议，政府应该通过资本税、二次分配这些手段减少贫富差距。

最后，财富管理怎样服务实体经济？中国经济当前最主要的一个转变就是结构性的转型升级，王军刚才也提到，服务业占比首次超过50%。目前经济运行中，冰火两重天的现象非常明显。制造业可以说进入硬着陆，但是新兴产业发展非常快，各种产业处于新旧交替的过程中。在这个过程中，金融包括财富管理如何提供更好的服务？根据投资者的不同风险偏好制定不同的产品，支持实体经济的发展，这是我们做金融一个最本质最核心的功能。但是，当前的金融体系仍然存在着很多的不足。我们经常听到两种比较矛盾的讲法，一种是现在实体经济普遍存在融资难融资贵的问题，流动性不够；另一种是，我们担心的最大的金融风险是信贷增速太快，流动性泛滥。这里有供需结构不匹配的问题，我们的金融体系以间接金融为主，银行占主导地位。银行贷款往往需要一些抵押物，如土地抵押。这些适合重资产、制造业一类的行业。但是一些新兴的产业，像互联网，往往是轻资产，最核心的是人力资源、科技、无形资产，这在传统银行里面很难给予足够的支持。所以在金融改革支持实体经济发展方面，一个主要的内容是要发展多层次资本市场。通过发展和完善多层次资本市场，支持新产业新技术的发展，这是金融要解决的主要问题。

打造财富增长"升级版"：
从资本裂变到创新裂变

郭 为[*]

刚才海斌讲的时候我也在想，财富来了，下一步财富增长靠什么？放到哪里？放到银行或股市上都不会自然增长的，实际还是要靠创新，通过创新去创造更大的财富。

前面马行长传达了中央科技大会的精神，讲到了技术、资本和人才的关系。我想简单拿我们自己的例子来讲一讲。其实对我来讲，如何运用资本去支持创新，是非常大的课题，也是非常值得我去学习的一个课题。

神州数码创立之初，大家知道我们是从传统业务以产品为中心向服务转型的过程。我们花了六七年的时间，没有借助资本市场的力量，完全靠自己在那儿转，其实转得非常慢，非常艰难。因为你要靠转得非常微利的钱去维持高技术是非常困难的。2007 年之后，透过一个 VC 的介入，我们加大了在产品研发方面的投入，所以很快的，就使得这个公司独立上市。独立上市之后，又通过资本并购，加速了整个服务转型的过程。因此，我们其实在 2013 年的时候，就完成了第一次转型。2011年我们就成为国内最大的 IT 服务公司。

2011 年之后，我们从一个产品公司，从产品到产品服务或者技术

* 郭为，神州数码董事局主席。

服务的公司，完成了第一次转身。第二次转身，我们看到在互联网时代，融合服务是一个新的成长点。所以我们从 2011 年开始，首先在中国提出了智慧城市理念，基于互联网技术的智慧城市。之前很多城市是做智能水务、智能交通等等，是借助互联网技术，还不是智慧城市。我们这次转型，完全是今天中央号召的"大众创业，万众创新"，从结构体制上，完全打破了原来集中式的管理，就是分成了若干个团体。每个团队都可以通过资本市场进行融资，你可以找天使投资，也可以找风险投资，也可以搞并购投资，这样一系列运作下来，就加速了我们创新的过程。实际上在我自己的实践中也感觉到，跟资本市场的对接，是可以加速创新过程的。过去，我有时候觉得我们企业就像农民一样，自给自足去发展，后来通过资本的力量，把资本引进来。现在我确实感觉到，这一轮已经变成资本的竞争，看谁有钱，看谁砸得钱多，把市场先砸起来。这也慢慢走向另一个极端，包括这次科技大会谈到的，包括大家最近谈到的趋势。其实我觉得中国人还是要塌下心来做基础性的工作。

我们今天到了青岛，青岛作为山东省最大的一个城市，既是制造之都，也是创新之都，现在要做成一个财富之都。所以怎么样能够和创新结合，能够做到尊重人才，让财富与技术和人才有机结合，才能够真正使得财富之都发展起来。如果仅仅是把银行或者金融机构放在一起，而没有把创新结合在一起，我觉得是很难维系长久的作为一个财富之都的发展。我就说这么多。

多样化是金融市场的免费午餐

黄文耀[*]

    我们是一家金融资产管理公司，为其他客户来管理财富和资金。我个人的背景也是在量化政策方面。我希望跟大家分享一些想法。

    首先，我们作为全球范围内的一家经营资产管理公司，要考虑在什么样的市场和环境之下，才能达到为客户管理资产的最好结果。在过去十年、二十年当中，世界经历了几次危机，市场上出现了大的波动，直接影响到了市场效率。同时也给实体经济发展造成了一定阻碍。例如大宗商品价格在上升的时候，美国政府也希望对大宗商品投资进行限制，这就意味着我们很多客户，无法把他们的投资做到多样化。

    金融市场上没有免费的午餐，但多样化是真正免费的午餐。我们会有一些不同的市场，但是监管人员就不允许把它多样化，这点是不好的。金融市场对于危机的反应有一些限制，换句话说是市场的流动性受到影响的。这就增加了人们在市场交易的成本。昨天的论坛中，我也听到一些嘉宾谈到了期货市场。现在对一些对冲基金，对实业进行了广泛的使用，能够确保他们可以更好地来规划他们的业务。但是为了实现这样一个目标，而且是以低成本、高效率来实现，必须有很高的流动性。因为我们很担心短期的市场波动，也担心这样的一些限制，会影响到流动性。这个就影响到我们这样的资产管理公司，也影响到了实体经济。

---

[*] 黄文耀，英仕曼 AHL 执行主席。

还有，透明性也是非常重要的一个问题。进行市场交易的时候，我们希望所看到的这些市场价格，都是真实的，我想这方面也是监管部门可以帮助我们打造一个透明公平的市场。从市场环境角度来说，我们关注于流动性、安全性和透明度。

第二点，说到了投资的产品，我想中国和全球都是有一些空间的，希望能够提供更多的一些投资产品给不同的客户，包括像 PE 或者对冲等等。人们可能会需要一些时间来了解这些不同的产品，但是你可以提供多样化的产品，我觉得这还是很重要的，投资人应该真正打造一个多样化的、更加稳定的投资组合。在管理产品的时候，我们要注意风险的管理，风险并不意味着你要把所有的风险去除，这是不可能的。我们不可能在产生风险的情况下得到高回报，我们只能确保我们不会有灾难性的损失。人的兴趣实际上是世界上第八大奇迹，如果你现在投资的时候损失 50%，然后在下一阶段投资的时候，你要挣到 100%，才能回到你原先的一个水平。所以你一定要先有这样一种心理准备，即便赔也不要赔太多，这是我们可以来管理的。

最后再说说创新。我是学工程的，学的是机器人。当时我们学的技术还是很低级的，机器非常慢，没有办法完成我们想要给它的指示。那时候所谓的人工智能一点也不聪明。过去几年我们也看到，技术上取得了这么大的进步，大家可能看过谷歌的阿尔法狗，实际上也打败了韩国棋手李世石，所以人工智能确实是已经有了长足的进展。对于金融市场来说，我们也可以利用这样的一些新技术，比方说机器学习。我们也跟哈佛进行学习，一起来组织了一个研究小组。我们在这里交换了很多的意见，希望能够学到一些最新的机器人技术，以帮助我们找到更好的投资机会，实现很好的投资回报率，并且也可以帮助我们更好地进行风险管理。我们使用了更多的数据源，希望可以找到现在可能的风险的来源。

而且大数据和人工智能的应用，可能也会影响到监管部门的监管方式。昨天有一位嘉宾提到，国家的监管部门有很多很多的数据，如果可以把不同的数据结合起来，使用很先进的技术的话，就可以更好分析技术背后的情况。这就回到我早期说的，要有一个高度监管，而且是功能良好的市场，这个对于我们资产管理者和其他一些参与者都是大有益处的。我相信这些技术都是非常先进的，人们需要一点时间来了解它，所以教育是非常重要的。我们一直都非常努力地跟客户解释，市场确实是存在风险的，也会有起起伏伏。像昨天郭省长也说到，有些人说承诺有高回报而且是没有任何损失，这肯定是欺诈，大家要了解这一点。

对　话

李亦非[*]：感谢黄先生，他从经营的角度谈了二级市场是如何支持产业升级的，产业是需要资本的，资本需要升值，需要多元化，需要流动性，因此就需要金融创新和监管松绑，这样才能打造一个有效的市场支持产业态势。刚才各位已经从一级市场，从全球的经验，尤其是投资咨询的经验，还有从公司上市，从统计以及对未来宏观的预测和产业，都谈到了金融与产业的结合。下面，我们还有4分钟的时间，我想让他们各位用一句话谈一下自己的观点，就是在财富创新和产业升级方面，关于机制的改进和政策突破，你们有什么需求、诉求或者要求？

单祥双：我说一句话，产业需要转型升级，财富管理机构更需要转型升级，现在摆在财富管理机构面前的是两大机遇，转型升级和双创。怎么样把握这个机遇，需要我们的监管部门要本着发展、建设、监管、保护八字方针来做，谢谢。

朱海斌：毫无疑问，目前的金融市场跟结构转型是不匹配的。如何进行调整，这需要我们在金融市场、资本市场发展，在产品的结构创新上，监管需要放松。但另外一点，监管有它的界限，不是说无底线的放松，我们其实在最近几年看到的，有些基于监管套利的野蛮生长也是有问题的，所以监管的功能或者行业底线在哪里，这是监管需要做的，但不要跨界。

王军：我想刚才的建议里都说了，去年我们给中央财办提的一个报告，对服务业该优先发展哪些领域，该怎么发展，产业升级和财富管理都有自身的发展规律，我们希望最大限度尊重规律，同时在规律之下，有最大的作为，这就是我的看法。谢谢。

---

[*]　李亦非，英仕曼集团中国区主席。

黄文耀：中国处在快速发展的阶段，应该尽量利用最先进的技术。发达国家的经验告诉我们，有时候已经建好的基础设施，反而会成为创新的阻碍。我们应该更多去把新的金融科技用在财富管理上，来回头帮助实体经济，同时保证一个透明、高效的环境。所以我希望中国要发展、利用新的技术。

郭为：我觉得所有的监管都是有差异的。我们在不同的资本市场上市，在香港，在中国大陆，我觉得各有不同。我希望大家更加向着市场化，更加朝着尊重创新者，鼓励创新，鼓励企业家精神的一个方向发展就可以了。

雷启迪：我想创新可以由监管部门和市政府、中央政府一起来推动。由此，可能带来一些新的财富管理和财务咨询的商业模式，同时可以利用新技术来加强这些商业模式的发展。比方说在线财富管理的建议等等，我想这些也可以帮助我们更好的教育中国的中产阶级投资人。谢谢。

李亦非：观众有没有问题？最后一个问题，就一个问题。

提问：我来自青岛平度，我们平度是中国唯一一个生态农业试点城市，我也是科技创新一分子。我想问现在资本逐利的现象，2014年滴滴打车和快的竞争花了100亿，对于农业来说，100亿可以解决青岛市所有人生态猪肉的市场问题，我就想再问一下，在座的各位，在资本追逐高利的情况下，有没有关注农业的发展。

单祥双：大农业是中科招商重点发力的产业投资领域，我知道很多机构都在关注农业，因为农业确实也蕴藏着巨大的投资机会。

雷启迪：政府的确是鼓励IT和金融业来支持农业等行业的。比如说通过租赁的方式，通过租赁发现你投资资产的真实价值，这种已经在进行，会影响到一系列的行业包括农业。

郭为：如何解决农业问题主要靠大数据和互联网。提高农业效率首先是商品化，通过大数据来提升品牌价值，使得老百姓吃到放心的蔬菜和粮食，可以独特的经济作物通过互联网走向世界，大幅度提高农业收入。

李亦非：大家用非常精确和战略性的语言讲述了，财富需要创造，而且空间是巨大的。感谢各位的精彩发言。这个环节结束。

第六章

资本市场波动与治理

资本市场涨跌是常态，大幅震荡波动也难以避免。环顾全球资本市场的监管和治理，市场的自我修复机制和监管当局在特定情况下的介入各有其不同的角色。只有将二者有机结合，才能更好地促进资本市场健康发展。纵览全球资本市场演进的历史，国际社会在资本市场的治理中积累了许多经验和教训。历史上也一度有不干预立场占据主导的时代，但随着金融市场的发展日趋复杂，全球资本市场的联动加强，适当干预的必要性得到确认。

卖空机制会降低市场波动

朱　宁[*]

　　资本市场波动性的增加，目前已经逐渐成为全球的新常态。这并不是我们中国资本市场独有的，而是变成了全球非常普遍，发生频率、大规模波动越来越高的现象。其中既有全球货币金融体系重新演变的原因，还有一个原因是全球化、金融危机或者金融波动性全球传播速度和全球传播力度都比原来有很大的提升。再有一点，整个全球上市公司的结构在过去二三十年里发生了改变。30年前中国股市中主要是国有大型企业，它们都有着较为悠久的发展历史，随着中国金融结构的改变，很多企业创业三年五年后就可以上市，发展趋势比成熟企业更难预测，波动性也更大，导致基本面的改变和波动性的增加。

　　一提到市场波动，人们首先想到的是市场下跌，往往不想到市场上涨，波动永远是双方的波动。我最近写了一本书叫《刚性泡沫》。人们很多时候都会埋怨市场为什么下跌，却不去想下跌是由大涨所引起的。我觉得全球监管思路在过去二三十年里发生了很大的改变。过去发生股灾，如1929年或者1987年的股灾，历史的经验是监管者在短期尽可能减少市场的波动。这恰恰是我在书中的观点所表达的，这种短期希望减少波动的尝试或者努力，会在较长期间内扭曲市场和政府之间的关系、

---

* 朱宁，时任上海交通大学上海高级金融学院金融学教授、副院长，现任清华大学国家金融研究院副院长。

风险和收益之间的关系，也会扭曲今天和未来之间的关系。我们在短期确实可能减少了市场的波动，但是中长期会引发整个市场预期的扭转，一旦市场出现下跌，在全球各个市场里面，大众投资者都会觉得政府一定会救市。这点在中国的楼市、银行里面都有不同程度的反映。这种预期的改变，最终导致了2007年、2008年全球金融危机"大而不倒"的情况，大家都知道自己有风险，大家都会觉得最后有政府进来替我买单，我不用去承担风险。所以这就是为什么无论中国资本市场，全球资本市场甚至全球金融体系里面，随着监管措施越来越多，我们看到泡沫或者崩盘的现象不是变得越来越少，而是越来越多了。在这之后，为了继续挽救危机，美联储进一步推动积极宽松的货币政策来推动经济发展，引发了东南亚金融危机，再往后有了互联网的金融危机。2002年诺奖得主克鲁格曼说了一段很有意思的话，美联储为了挽救互联网金融泡沫的危机，给美国经济带来的损害，所以必须发动一场新的房地产的危机，结果不幸被他所言中了，2007年、2008年由美国房地产引发的全球金融危机，一定程度实际和美联储和监管机构为了挽救1999年、2000年那一次互联网的泡沫危机有直接关系。

另一方面，无论是一级市场还是二级市场，都要尊重市场规律，尽可能保证市场是真正公平、公正、公开，对违法行为进行非常有力、非常严格的打击。短期内为什么经历这么大的波动，是因为在一级市场上，投资者都认为上市这么难，能够通过监管机构审批的都是好企业，既然都是好企业，我们投资者就闭着眼睛买。更不要说在很多市场上，还有很多的舆论，还有一些投资者，他们会引发过度的自信心，这种过度的自信心导致短期市场完全不负责任的上涨，就是非理性的繁荣。既然繁荣是非理性的，结果就是难以持续的，既然在很大上涨之后，很可能出现很大的下跌。所以这一点，无论是注册制的制度，还是上市公司退市的制度，最后保证市场是有进有出的良性循环，这一点非常重要。

二级市场的交易机制，无论是融券机制，还是股指期货机制，我研究发现，越是限制做空的市场，越可能发生市场大规模的下跌。这和我们很多监管者的常识和想法是不太一致的，我们都觉得为了防止市场下跌，得限制卖空和股指期货，恰恰相反，越是限制做空，越是限制股指期货，市场下跌幅度对全球经济产生的影响越大。为什么呢？必须意识到，如果你限制做空的话，在短期内不会出现反应，直到市场泡沫吹得很大，最后难以为继的时候则会集中体现。所以预期出现这样大规模的上涨和下跌，还不如我们更有效实施做空机制，进行实体经济的交易，在短期内就逐渐的反映出来。这一点国际研究表明，看了40多个国际市场，我们发现如果允许和实施股指期货和卖空机制的话，反而市场平均波动率会更低一点。所以这一点对中国的监管机制也许有一定的借鉴作用。

监管者不能过度保护投机

William Purpura[*]

　　2015 年 3 月，中国股市新注册用户有近 400 万个。这些新的投资账号已经不能叫投资者，应该称其为"寻宝者"。Bloomberg（彭博）对这些新账户进行了分析，其中 67% 为高中以下学历，6% 的人不识字。所以当时特别疯狂，很多人认为只要我们进入股市就能够赚钱。人们根本就不关心市场本身，就是想赚钱。市场是由人组成的，人是有贪婪之心的，如果你认为你的非理性行为结果总会有政府来救你的话，未来你将在这一误区越陷越深。所以当中国股市崩溃的时候，替罪羊是期货市场的 CSI 300 指数（沪深 300 指数），当时卖这个指数的人，其实是整个游戏中的理性参与者，那些非理性参与者，他们的期待和市场现实是不符的。他们才是整个市场不理性的主要推动者。然后这个市场就崩了。之后的反映是什么呢？理性的参与者当了替罪羊，他们本身是理性的，对中国的这些理性参与者就采取了惩罚性的措施，比如说在做空上有限制，在市场参与方面也有限制。我认识的一些期货市场的交易者，突然就不允许他们再参与交易了。

　　所以在市场疯狂时，期货市场的 CSI 300 指数（沪深 300 指数）交易量，是非常惊人的，而在监管措施出台后，出现了剧烈的下滑。就是上周五，新加坡期货市场的 A50 指数交易量暴涨，也就是说中国的很

* 　William Purpura，纽约商品交易所理事会主席。

多期货业务都到了新加坡。我就举这么一个例子来告诉大家，监管部门确实需要考虑要出台相应的监管政策，来显示出政府是努力来保护民众的。但是不能够保护这些不合理的举动，而惩罚合理的举动。

投资经纪人制度也应该完善。市场之所以有很多不理性的举动，我想其中某些原因也是与代理人有关。在中国，很多不适合的人被引进了交易市场，他们应该去找很职业的资金管理人，而不是自己直接参与市场。

市场大幅波动与投资者的构成有关

王　庆[*]

前面几位都从各自角度谈了市场波动的原因，我侧重谈一下中国市场的特殊性。这个特殊性和中国投资者的构成有关。中国市场超过80%的投资者是个人投资者，这方面和我们讨论涉及的其他波动率相对小的市场的投资者结构不一样，这一点我觉得是中国市场跟其他市场的主要区别之一。这决定了我们中国市场的内在波动会很高，刚才威廉姆先生提供的数据，也支持了这一点。

我们回顾中国 A 股市场的变化，尤其 2014—2015 年间这种大的波动，无论是 2014 年 11 月以来的牛市，还是 2015 年 6 月之后的市场调整，它的内在发生机理，实际上跟其他市场很像。股市上涨促发因素就是央行的降息，触发了市场对货币政策宽松利率持续下行的预期形成。这个因果关系和欧美国家因实行量化宽松货币政策从而对股市上涨形成支持，道理是一样的。但是我们的 A 股市场很任性，涨得很急。这就和投资者的结构有关系了。除了投资者结构，另外一点就跟我们当前中国的资本市场体系、金融体系的构成和当前发展阶段特点有关。在我们当前金融体系中，各种金融市场的投资产品里面，除了股票市场以外，恐怕都存在或强或弱普遍的刚性兑付预期，所谓刚性兑付就是保本甚至保收益。只有投资股票市场，大家认为是有可能亏本的。问题就来了，

---

* 王庆，上海重阳投资管理股份有限公司总裁。

作为金融体系、金融市场来讲，它们的一个很重要的功能是定价风险，金融市场通过各类金融产品有效定价，来反映整个系统的风险，来分散系统风险，甚至释放系统的风险。但是由于我国金融体系现阶段发展特点，即股票市场以外，其他所有金融产品和金融市场都有或强或弱的刚性兑付，那风险分散、风险释放的作用就会丧失。然而系统性风险是客观存在的，它会集中反映到唯一一个没有刚性兑付的市场中，这就是股票市场。所以经济和金融体系中哪怕有一点点风吹草动，股票市场就先跌，而且跌得很深。由此判断，股票市场一定会对系统性风险的波动有此类过度的反应，这是我们中国另外一个特点。比如说我们股市泡沫的破裂，从 5000 点跌下来，这是所谓的股灾 1.0，还有两次大幅度下跌，这里不仅仅有泡沫的因素，还有宏观（如人民币汇率）的因素。但是这些因素只是反映中国经济系统性风险可能有上升，但是这种上升，实际上从内在本质变化来讲，不足以引起股市这么剧烈的波动。但是市场为什么有这么大的波动，这是需要我们反思的。

所以如果考虑到这些中国特色的波动性的话，从治理层面上和政策应对上来讲，就提出两个非常具体的努力方向。一个是发展机构投资者，因为机构投资者无论是对市场的研究和它自身的规模等等，都制约了它短期迅速进出市场的这种可能性。所以这个是非常关键的。在这一点上，我们可喜地看到有一些新的变化，比如说我们将会允许更多的社保基金参与股票市场，尤其是把地方社保基金的一部分资金交给全国社保管理，这个有新的变化。这方面我们山东省就是率先做出努力的一个有代表性的省份，未来全国可能都会在这方面做出努力。随着机构投资者壮大，我们这个市场的稳定性、波动性会减少，实际上发达国家之所以波动性减少也是经历了这么一个阶段，是经历了一个个人投资者减少的阶段，所以从这个意义上来讲，中国这种市场波动性恐怕还要长期存在，也是刚才朱宁教授讲的，可能是一种常态。

从监管层面、从政策层面上来讲，可能要把这种常态用平常心来看待，从政策层面、监管层面、制度层面来讲，可能更应该关注的不是它的波动性，而是市场的公平、公开、公正的运作，所以监管也许不需要太关注市场指数的水平，甚至市场的波动，而是多关注加强市场的监管，确保他有效运作。这点恐怕非常关键，我就分享这么多，谢谢。

国企持股应逐渐自由流通

岩崎俊博（Toshihiro Iwasaki）[*]

　　我们很多意见可能是相同的，比如说企业在资本市场上市，要使用直接经营的体制，从不特定多数的投资者获取资金，所以对企业的评价只能交给市场参与者。也就是说股价变动是难以避免的一个事实。不管是好消息还是坏消息，只要是新的信息传达到市场的时候，立刻就会反映给股价。这种市场即使它的波动性比较高，其实也是可以将有限的资本有效分配给市场，这才是一个好的市场。我们如何建立它呢？

　　为了形成这样的优良市场，需要四个方面的条件。首先，需要多种多样的投资者参与市场；第二，需要充分流动股份，刚才说到投资者，因为个人投资者比较多，但是这个范围应该包括个人投资者和机构，而且要保证它的流动性；第三，企业要真诚公开自己的企业信息；第四，对企业评价需要一致，包括专家以及证券分析师。这对卖方买方都是非常重要的，不管是中介者还是一般的客户，都是需要这样的市场研究。另一方面，我们以机构投资者为主，他在运用这个信息的时候，也是非常重要的一个信息资源。

　　我们看一下中国资本市场的现状，刚才说到了中国的个人投资者比较多，占到大部分，流动股份也是比较少。这样的话，我们就缺少给市场能带来厚度和流动性的机构投资者，我们需要培养这一部分投资者。

---

　　* 岩崎俊博（Toshihiro Iwasaki），野村证券副社长、野村控股株式会社中国委员会主席。

2015 年上海证券市场个人投资者占到了 24%，但在买卖方面，个人投资者占到了 85% ；一般法人占到了 60% 多，买卖方面只占到了 3%。也就是说一般的法人占股非常多，国有企业的流动股比较少。这是一个非常值得重视的事实。

而在日本，在持有层面来讲，个人投资者是 17%，在买卖层面，个人投资者是 23%。另一方面，外国投资者是非常多的，外国人在持有方面是 32%，买卖方面是 60% 多。把外国人和个人占比加起来，这是一个非常高的比例。在日本，20 世纪 90 年代其实经历了泡沫经济崩坏的时期，同样也是出现了大幅股价下跌，给日本整个金融系统带来非常大的影响。同时，也停止了 IPO 和增募，给国有企业民营化带来很大的停滞，政府和企业都没有自信，给经济整体带来停滞的状态。但是在这种困难的时期，我们也进行了很多证券市场的改革，比如说在公募增资的时候，我们限制这种极端的稀释；对股票公开价格方式做了修改；在公司债券方面，导入了评级制度。为了形成全球的金融中心，1996 年 11 月，日本发布了宣言，采用全球化以及自由化的理念，放宽各种各样的限制，开放市场，所以外国人对日本的股市投资也是大幅度增加，外资企业也开始来东京，这也进一步激发了资本市场的功能。

如果没有这一系列的改革和开放市场，日本市场铁路、烟草和其他大型企业民营化是没有办法实现的，软银、优衣库等公司，支撑我们日本企业的群体，他们要进行成长，筹集资金包括并购等等，都不可能实现。另外在公司治理改革方面，基于股东的一些企业评价手法，20 世纪 90 年代普及了 ROE 以及股息分配率等等。同时，还对商法进行了修订，还有所谓的库存股，股票回购有了解禁，股票期权也进行了解禁，但是包括互持股票的出售以及采用外部董事等等的这些公司治理的架构，应该说到最近才得以确立。所以说改革本身应该说它也花了比较长的时间。

我们不希望中国重蹈日本的覆辙，所以在这样一个比较困难的时期，我们应该进一步推动资本市场限制方面的改革，并进一步推动市场开放。尤其重要的一点，就是要开放专业的机构投资者，有很多机构投资者，他们通常都会进行一个长期的投资组合，如果他自己所制定的资产分配比例出现了偏差，就会出现重新的调整，也就是说对一些过热的资产类别或者股票进行出售，对于估值过小的证券进行买入，如果这样的专业机构投资者增加，就会给市场带来稳定，起到非常好的作用。也就是说机构投资者或者外国投资者所有这些能够给资本市场带来雄厚资本投资者存在的话，泡沫就不太容易产生，而且即使产生泡沫的话，也会很快加以调整，美国市场在雷曼兄弟危机之后就是一个很好的例证。

另外，如果由股东来很好地进行公司治理的话，市场规范以及市场稳定性也会得到增加。具体来说，股价上升，这种波动下，企业不会把资金投放到专业以外的项目，比如说房地产投资等等，而是会把资金投到能够提升企业价值的研发或者人才培养方面。但反过来另外一种情况下，如果波动性上升，股价下跌，拥有良好资产和技术的这些企业，或者说现金流和分红前景比较好的公司，即使股价下跌，总是会在某个时间点停止。因为投资者会对于企业破产的清算价值，基于这个清算价值来计算回报率等，越是潜在的企业价值被估值不足的企业，越是能获得稳健的收益。也就是说如果公司治理非常优秀，资本市场的波动性提升，其实不是一件可怕的事情，但是从我们日本治理改革的经验来看，这一项工作其实并不是一件易事，而且会花很长的时间。现在对于中国来讲，首先要进行市场改革，将国有企业的持股逐渐投放到自由流通的市场，这才是良策。

实体投资收益下降与流动性充裕造成股市动荡

哈继铭[*]

我想从财富管理的角度谈谈我对波动性的理解，以及在波动性很大的情况下，如何规避风险，同时把握机会。

首先，我想谈一下美国的情况。当一个市场增长的时间很长了，估值已经达到相当高的位置的时候，往往波动性就会增加。因为有更多的人愿意在这么一个比较高的价位获利，一有风吹草动就会引起比较大的波动。

美国股市，从 2009 年一季度到现在已经涨了两倍，时间长达 7 年，这个从历史上来看，也是第三长的一个上涨周期。具体来看美国的这个估值，如果对战后近 70 年的数据拿来做一个梳理，把各种各样的指标，PE、PB、价格现金流等等指标，来加以分析，并且把估值分为 10 个分位，第一分位的时候，是最便宜的，第二分位贵一些，第十分位是最贵的。现在美国的股市处于第九分位。第九分位是不便宜的，SP500 的市盈率也在十七、十八倍。

从历史上来看，当然，到过各个分位的次数有很多次，同样在第九分位的时候，股价在未来进一步上涨的概率，依然是高于 60%。但是，幅度非常有限，就在 3% 左右。然而很有趣的一个结果是在第九分位的

---

* 哈继铭，时任高盛私人财富管理中国区副主席暨首席投资策略师。

时候，波动性会很大，一年当中出现5%的回撤概率高达100%，几乎是铁定的，一年中肯定会有5%的这么一种回撤。一年当中回撤幅度达到10%以上的概率也高达百分之六七十。我们在2015年和2016年都已经看到美国股市出现这种大幅度的回撤，投资者对此要有充分的思想准备。

另外，也有一些股市，比如像中国的股市，它可能并不是说经过了一个好多年的牛市之后，波动率的增加。中国去年出现股灾以后，已经结束了历时差不多一年左右的牛市。现在应该是泡沫破灭之后的一个阶段，在2700、2800点左右，没有到3000点的水平。但是为什么波动性还是会比较大呢？我觉得可能中国有自己的原因，除了刚才几位嘉宾谈到的一些因素之外，我想谈一个原因，当一个经济实体部门投资收益在下降，挣钱越来越难的时候，而这个经济又是流动性非常充裕，货币增速很快，不差钱的情况下，很容易造成资本市场的动荡，因为很多资金就拿去在虚拟部门谋求回报，而虚拟部门的回报，如果没有实体经济的支撑，可能上涨也只是昙花一现。从这个角度，从我们财富管理的角度来看，如何规避风险，把握机会？

我觉得是这样，刚才我谈的美国市场的情况，其实也给我们一个提示，就是一年当中，它可以出现比较大的回撤的时候，往往是我们把握投资机会的最好时刻。因为从全年来看，毕竟它上升的概率还是在60%以上，尽管全年来看幅度并不是很大，但是一旦出现5%甚至10%以上的回撤，这就带来一个介入的加仓的机会。尤其是这种回撤，可能并不是基本面因素造成的，而是由于外在的因素，而这种外在因素，对于美国经济、美国资本市场、美国金融体系的影响，实质上是非常有限的。在这种情况下，我觉得把握住机会，及时加仓，将来的胜算是比较大的。

我们对此也做了一下分析，就是说在2015年8月和2016年1月，都看到美国股市的下挫，一个很重要的原因是因为中国汇率还有资本市场的波动，带来了全球资本市场的这种反应。这就很有必要让我们来看一下中国对全球各国的经济，对哪些国家的影响比较大，哪些国家的影响比较小？我们的一个研究结论就是对于大宗商品出口国的影响比较大，还有对一些向中国出口中间商品的国家影响也比较大。中国是贸易大国，有很多产品是从一些国家和地区进口，然后加工组装后或内销或再出口，这类国家影响也比较大。像美国这样的国家受到影响是很小的，比如说美国对中国的出口，占美国自身 GDP 的只有 0.7%，韩国是 10.3%。美国银行对于中国经济的这种暴利程度，就是用美国银行的资产在中国的占比来计算的话，也只占到 0.8%，美国 SP500，占总销售也就是 2%。也就是说，刚才是从总量来看，如果看美国的股市，有些板块对中国的暴露程度是非常小的，比如说像美国的互联网行业，目前还没有盈利的迹象，但是在中国股市调整的时候，你看到美国的互联网企业也有很大的回撤，这种机会我觉得要及时把握的。当然这跟政策有关，我们是不是有足够的机会和渠道，可以让中国的投资者，机构也好，散户也好，能够投资到境外，把鸡蛋放到更多、更大的篮子里面，这是监管当局应该考虑的问题。

对　话

杨秋梅[*]：我们先看台下有没有提问的？之后进入对话阶段。

提问：你好，我是青岛银行的。我想请教哈教授一个问题。前一阵，我从朋友圈上看到，在香港的一个论坛上，您曾经做过一个演讲，说未来中国经济在 2018 年、2019 年的时候很可能会出现一次倒的 L 型，我想问一下哈教授，是不是这么一回事？

哈继铭：首先，正好你问这个问题，我很高兴。那不是我讲的！我是这么来看这个问题，我从春节到现在，就没有在任何的媒体上发表过文章，所以你看到微信里面传的这些东西不是我的，这是第一。第二，至于中国经济未来是不是面临着风险，面临着这种倒 L 型的风险，我觉得可以从以下几个方面来探讨一下：

我们现在经济和前一段时期 10% 左右的增速相比，出现了明显的回落，增长速度在 6%—7%。这个 6%—7%，是不是可持续？对中国来说，是过快了还是过慢了？很大程度上还是要看这个增速是不是在改革的前提下推动的，还是说在宽松政策，大水满灌的形式下实现的？如果是前者，我相信它一定是可持续的，甚至将来还有可能进一步加快，如果是后者，显然是不可持续的。因为中国现在很多结构性问题还在解决，这种刺激的方式，只能使得这些结构性的问题进一步恶化。比如说我们现在债务过高，全体的整个国民债务，包括政府、企业、个人占GDP 的 250% 左右，经过这几点的增长，要不要超过 300%？中国是发展中国家，这个 300% 与发展中国家平均 75% 左右的水平相比已经奇高无比了，但是与发达国家相比，比如说日本，还高很多，问题是发达国家，比如说美国、日本，老百姓财富占差不多 GDP2.7 倍，中国差不多

＊　杨秋梅，投资公司协会（环球）亚太区行政总裁。

占 2.2 倍，你负债又很高，这显然是不可持续。

第二，中国产能过剩，很多行业其实已经在明显的亏损。许多僵尸企业，本来就应该倒闭、关闭的，但是如果为了保持经济增长，继续让僵尸进一步僵尸，甚至让僵尸与非僵尸合并，把非僵尸也搞僵尸了，这样经济肯定不能保持目前 6%—7% 的速度。所以这样的风险，应当说是存在的。不过，现在政府应当说对这个问题已经有了非常清醒的认识，包括 5 月 9 日权威人士在《人民日报》上的讲话，都是切中要害，相信未来中国通过改革，通过供给侧的改革，实现"三去一降一补"，用这种方式来推动经济增长，那种大水满灌式的增长，确实有可能让中国的这种所谓倒 L 型概率增大，而不是减小。谢谢。

提问：我这个问题是想提给哈教授，首先想问一下您对短期和长期人民币汇率波动的看法。除了利率掉息和自然对冲之外，还有什么样的方式可以降低外向型企业的汇率风险以及融资的成本？谢谢。

哈继铭：我知道你的意思。人民币汇率，一般来说，汇率的短期走势是很难预测的，尤其是在政府对于市场的控制力比较强的国家就更难预测，基本上是政府说了算。如果有贬值的压力，不干预那显然贬值，干预的话，一段时期内还不一定贬值，有升值的压力，反之亦然。但是，从中长期来看，一个国家的汇率，我的理解，是主要由两个因素决定的：第一是这个国家货币的购买能力，第二是这个国家的出口竞争能力。从货币购买能力来看，中国这几年来，应当说人民币的购买能力不是在提高而是在下降的，而且下降速度比较快。你自己可以想，在 10 年前，哪怕 5 年前，你拿 500 块钱可以买多少东西，现在你能买多少东西？你在美国吃一顿饭，在中国吃一顿饭，同样质量的，哪个更贵。你在美国买房子、买汽车和中国买这种大件，哪里更贵，哪里更便宜，你都可以看到。过去曾有一个经常跟我联系的司机，我跟他打电话，他会从深圳把车开过来，把我从香港送到深圳。他有一次在车上跟我聊天，说在过去 2004、2005 年打电话的时候，我在深圳先把早饭吃了，然后再来香港接你，因为深圳太贵了。后来到现在，我都是先提前到香港把早饭吃了，深圳太贵了。这个你就可以看到一个国家的货币购买能力在出现什么样的变化。

另外我可以给你举一个例子，我4月刚刚去华盛顿参加国际货币基金组织和世界银行的春季会。国际货币基金组织楼下有一个很小的咖啡馆，1993年我工作的时候，常去那里喝咖啡，一杯小杯的咖啡4毛9，我这次去9毛9，20多年，涨了一倍。1993年在中国那碗豆浆现在多少钱？你就可以看到货币的购买能力，是中国下降得比较快的。另外，从出口竞争优势来看，你既要考虑劳动生产率的提高，也要考虑劳动力成本的上升，所以我们可以用一个单位劳动力成本作为一个综合指标来看这个问题。

中国的单位劳动力成本在20世纪90年代的时候很低，那个时候泰国是中国的5.4倍，现在泰国是中国的0.7倍。20世纪90年代初期，印尼甚至也是中国的2倍，现在是中国的0.3倍。也就是说劳动密集型行业的出口，将来的优势会逐渐丧失，如果我们的出口不以更高附加值，不以更高的有创新含量的产品为主的话，而是依然以过去低劳动力成本为主的话，那我们将来的出口优势也会逐渐丧失。这样的话，这个国家的货币就很难保持长期升值的基础。我先说这些吧，谢谢。

提问：我对William先生有一个问题，我们知道美国有很多非常有效率的非政府组织和行政组织，您觉得对中国来说，NGO（非政府组织）会不会对中国有帮助呢？可以帮助我们经济的改革和转型升级，我们如何来加强这样一些非政府组织或民间组织呢？

William Purpura：这个题目有点离题。我试一试来回答这个问题。从监管角度来说，昨天说到了美国CFTC（美国商品期货委员会）的宏观管理，当在监管市场的时候，CFTC并不是一个狭义上的监管者，对美国的市场，我们是由监管部门来进行整体损害的评估。对于我们这一个部分的讨论来说，我要说美国做事情的方式，可以说更多的是从一个监管人的角度来讲的。

杨秋梅：我先问一下演讲人，刚才哈教授和威廉姆已经发言了，我问一下王庆，王总，您是投资方面的专家，给我们在座的投资者分析一下资本市场今年的走势好不好？

王庆：关于市场，就是在讲市场走势的时候，还是首先要谈风险。从风险来讲，我们倾向于影响市场大幅波动的风险应该释放得比较充分。很重要的两点，首先，宏观经济层面上，经济在 L 型，在筑底逐渐收敛的情况下，已经预期到了，对市场影响不是很大。另一方面，应该看到中国的无风险利率水平还有长期下降的趋势，这对风险资产的作用是非常明显的。

从市场层面上来讲，风险释放表现在两方面：一是估值水平整体上下降很多，在 5000 点的时候，创业板市盈率 140 倍，现在已经大幅下降。这是一个很有典型性的标志。另一方面，市场内在的杠杆水平已经也是迅速回落，收敛很多。所以市场内在的风险是释放得比较充分了。但是我们市场也有一些结构性特征，比如说杠杆是降下来了，但是你要看，深圳市场和上海市场内在杠杆的水平，上海市场要比深圳市场杠杆降的更充分，这是一个结构性特征。另外一个结构性特征，从估值层面来讲，整体估值水平是降下来了，但是以沪深三板为代表，蓝筹股的水平降得要比中小创为代表的中小市值板块的估值水平降得更多，所以这个市场的结构性特征是非常明显的。

前瞻性地看，经过大的系统性风险释放之后，市场应该有一个估值修复，更突出的是结构性特点更加突出。最后我想补充一点，关于资金的变化，当前很多人都讲，现在市场是一个存量的市场，但是前瞻性看，这个存量市场格局就有可能变化。第一个变化，比如说大家比较关注的 A 股加入 MSCI 指数对于市场的影响，这个很快就会有一个结果。另外，就是前面我也提到，社保资金，由于地方社保交给全国社保，而全国社保将会布局股票市场，这个对市场会带来增量资金。第三，过去几年一些大型机构，包括银行、保险大型机构的自管资金，布局大量债券类产品，这一块由于债券收益率的降低，这块资金也会释放一部分进入股票市场，整个资金池大概超过 20 万亿的规模。所以这三块资金都可能会给 A 股带来增量资金，这是一点。其实更重要的一点，这三块资金的风险偏好非常一致，它们都对波动性很敏感，对收益率要求并不是太高，所以这部分资金进入市场总量上带来资金增加，但是结构上也会有非常明显的特点，就会偏好估值相对合理，波动相对少的中大市值蓝筹股。所以回答主持人的问题，我认为大的风险释放比较多，下行风险有限，上行空间有，但是这个将会更多体现为结构性特点。谢谢。

杨秋梅：还是请朱教授从他的角度给散户提一点忠告。

朱宁：谢谢主持人，我首先很同意刚才哈总和王总讲的，市场预测很难，风险总是不断在出现。可能跟我的研究有关，我想就投资者行为谈几点看法。我经常讲散户非常不愿意听的东西，因为大家不愿意听自己的缺点。很多散户，第一点是过度自信，虽然觉得自己不一定有巴菲特的水平，但是觉得自己跟哈总、王总还有一拼，但是这里面，大家要意识到自己的投资能力和自己在投资上的时间。很多投资者可能能力很强，但是绝对不会像哈总和王总具有这么多的时间投入到投资事业上。所以大家要意识到自己行为的偏差，而这一点恰恰很难。

第二点，大家非常容易犯的一个错误，散户特别愿意追涨杀跌，因为他们愿意用过去发生的事情预测现在发生什么。去年是开户最密集的时间，散户看到市场上波动是一个常态，如果市场上涨很多，那更多应该是控制风险，如果下跌很多，更多是有很多市场机会。

第三点，市场下跌的幅度并不一定和投资直接相关，如果你对自己的投资有一个止损机制。

回到这次谈监管，还有一个很大的因素，为什么市场这么大的波动，很多人提到因为散户太多了。无论日本市场还是美国市场，其实在 20 世纪 90 年代初的时候，美国市场在 50% 左右，但是现在到 20% 左右，是已经认识到偏差，转向到机构投资者，所以即使是个人散户，如果个人净值比较高，把资产多类别、多国境、多币值配置，这十分重要。这样无论市场怎么波动，你的投资组合是比较长期稳健增长的过程。谢谢。

杨秋梅：我想问一下岩崎俊博先生，刚才朱总也讲了，机构投资者的重要性，散户对市场的稳定是负面的。散户如果过度自信，追涨杀跌，对市场的稳定是不好的。您刚才讲了日本在机构投资者的方面，特别是公司治理等等，我就想您能不能讲一点，如果希望中国的股市在治理方面有所改进的话，您希望是哪一点？

岩崎俊博：感谢您提问，我觉得最重要的就是透明度，为什么这么说呢？企业披露的信息，每次都能够准确的公开，这样的话，投资者就可以有一个比较正确的认识。另外一个透明度是关于制度的透明度，不管这个制度是什么样的，最终确定下来的这个制度，我们必须不能形同虚设，要切实加以推动。目前，QFII 就是机构投资者从海外来投资国内，有一个框架，如果中国是一个开放的市场，对于市场的投资者也是开放的，而且透明度也够，我觉得 QFII 的话这些海外投资者都会希望增加这个额度，但是目前我所了解的情况，海外投资者没有那么积极。另外还有一个，中国国内的投资者走向海外，走出去的情况比较少，我觉得海外的透明度应该是比较高的。所以我觉得应该进一步提高透明度，这个会提高机构投资者们的信心，另外也可以起到市场稳定装置的作用。同时，治理方面也非常的重要。

杨秋梅：谢谢，看来信息的透明度、制度的透明度，以及坚持改革开放是关键。William，问你一个很快的问题，我知道过去的几个月投资者不太愿意进入中国，您如何建议你的朋友或者你的客户，要不要在中国投资？为什么他们要到中国投资？或者不要在中国投资？

William Purpura：中国是肯定有机遇的，但是也要小心，要做好合规，你在市场上操作的方式都是要符合规则。一旦你来到中国，就会发现期货市场和黄金市场都有非常好的机遇。我们也可以获取一些市场的收益，我在中国成立公司，拓展业务，一共花了 5 年的时间。我们都花了大量的时间和精力来做这项工作。这里确实有很多的机遇，我会鼓励大家进入一些比方说上海的黄金交易所和期货的交易，比如说原油等等都会鼓励国际投资者。这里面的确存在机遇，但是也存在一些陷阱。

杨秋梅：马上要结束了，首先感谢这几位演讲人，我自己学到了很多，希望大家也有所收获。总的听下来，在一个市场波动的情况下，我们剖析它为什么波动，在任何市场波动的情况下，要有风险意识，坚持长期价值投资理念。还是郭省长那句话，分散投资，鸡蛋放在不同的篮子里。同时希望我们的境外投资者对中国市场的改革开放坚定信心，如果你可以，就来中国。

第七章

财富管理现状分析与应对

随着资本全球化时代的到来，高净值人群的投资需求也日趋国际化、多元化。财富管理企业逐步将竞争重心从简单的业务推广，转移到深度理解和挖掘客户短期及中长期理财需求，争取通过提供差异化的服务展现其专业优势。中国财富市场的分布与走势如何？互联网浪潮给财富管理行业带来哪些改变？各类财富管理机构应该如何在产品和服务上实现差异化定位？

互联网金融发展带来的新机遇

韩学渊[*]

首先，我代表诺远控股对各位的到来表示热烈欢迎。我想从几个角度谈一下互联网金融给整个金融业带来的影响，以及对于其未来发展前景的预期。

第一，互联网金融本质上还是金融，没有脱离金融业务的本质。虽然互联网金融的从业者中非金融专业人士可能更多一些，但其本质上还是一个管理金融风险的平台。

第二，基于互联网技术的金融创新，是目前非常好的创新领域。其中比较明显的是网贷业务，基于互联网大数据管理下的金融创新，可以做到相对较好的对于信用风险的管理和提供服务的时效性、便捷性。

就目前来讲，基于大数据技术的创新，在互联网金融领域中表现得非常好，其中有大量的数据采集、模型的建立和风控指标的控制，不再只是依靠看得见、摸得着的资产来进行，现在还要看数据。

互联网金融还给投资者带来了一些新的机会，比如市场上很多传统理财产品的投资都有对于投资人资格的要求，投资单个产品金额在100万以下的都不算是合格投资人，而在互联网金融领域，投资金额在100万以下的投资人也可以获得很好的投资与获取收益的机会。另外，互联网金融领域也有牌照限制，目前对一些细分业务暂时没有牌照要求，这

---

* 韩学渊，诺远控股董事长兼首席执行官。

是为了鼓励创新，预计以后政策会不断进行完善。

互联网金融的发展，也给资管机构的资产管理带来了极大的便捷性，同时引发很多业务模式及理念上的变革。我们现在看到，前期互联网创业公司的线上获客成本高于其他一些机构的线下获客成本，因此互联网创业企业还需要大量 VC、PE 资金的长期支持，才能逐步成长起来，对于股权投资机构来说这是一个很好的机会。

资产管理要了解客户需求

Michael Morley[*]

我是 Michael Morley。过去 7 年以来，我一直是伦敦库茨银行的首席执行官，库茨是英国领先的私人银行和资产管理机构。我们有 85000 名用户，他们是英国最富裕的一个群体。

要想做好财富管理，提出专业的理财建议，首先要了解客户的需求，也就是对方的生活目标。这是非常职业的服务，类似于医生、律师或者这种职业性的角色。如果你不做一个计划，那么财富可能会毁坏你的家庭，而不是养育你的家庭。资产管理就是要找到一个合适的投资方式，这要考虑到客户的投资需求和流动性需求。目前主要有三种财富管理模式：投资银行模式，希望把资本分配到私人用户，把它作为分配的渠道，但这种模式目前效果不好；零售银行模式，这里有一些高净值的业务，这个可能好用，但是要小心银行产业化的过程；再有就是资产管理模式，重点在于管理资本，目前效果比较好，但是要注意的是，有的客户对回报率期望比较高。

总之，财富管理行业需要新的方法，我们要立足于发现客户最看重的是什么，要了解他们的生活和愿景，看他们是如何分配财富的。根据客户的养老或者其他要求，帮助其设计最佳投资方式。所以我建议青岛的管理者要考虑全新的私人银行与财富管理模式，这需要做一些咨询，

---

* Michael Morley，库茨银行首席执行官、苏格兰皇家银行国际部主席。

　　如何把财富转移到下一代，让家庭更有凝聚力，而不是让他们分崩离析。这种方式同时适用于东西方社会，尤其是山东作为孔夫子的故乡，人们可能更看中这一点。希望大家将这种工作方式作为同私人客户打交道的开始。

财富管理要做好长期规划

Thor Furuholmen[*]

我们的家族企业历经了很多行业，从伐木到铁路再到做建筑。20世纪 30 年代，我的祖父在土耳其、挪威等地发展业务，打造了一家大的建筑公司。80 年代我们把这个建筑公司卖掉，主要业务从实业转入金融。

Michael Morley 刚才谈到的财富方面的咨询和管理是非常有趣的，我对很多方面都有同感。对于我们家族投资公司来说，最重要的事情是要有能力做好财富管理的长期规划。当我们与合作伙伴打交道的时候，一定要力图打造一个长期的伙伴关系，至少让这个伙伴关系可以持续50 年。打造成功的家族办公室的关键因素在于，不能只考虑自己，还要考虑到下一代。过度追求短期收益会导致财富管理不善，会摧毁一个家庭，我看到了很多这种例子。我们如何在一个家庭为子孙后代做规划，在这方面我可以提供建议，一会讨论的时候再仔细讲。

---

* Thor Furuholmen，AS Vidsja 投资公司主席、总裁。

机构化程度低影响了资本市场发展

项安达[*]

　　贝恩是一家全球领先的战略管理咨询公司，总部在美国，在中国已经是第 25 个年头了。过去跟很多中国企业、外国企业都合作过。在资产和财富管理领域，大家最熟悉的是贝恩与招商银行在 2009 年开始合作的中国私人财富报告，已经连续出了 4 份中国私人财富报告。其中很多数据大家已经非常熟悉，今天不再赘述。

　　我今天的主要观点是：中国的财富非常集中，在高端客户这一群体，我们看到他们占有私人财富市场中的 1/3。有一个很大原因是高端客户投资的渠道，无论是产品选择还是各家公司咨询都是很好的，中低端客户可选择的产品和金融机构给他们的咨询则比较有限。很大原因是资产提供方跟金融机构推动不力。第二个是关于市场核心的问题。从金融从业人员希望达到的水平，从客户的角度出发，中国老百姓、高端人群对付费理财的服务接受度不高。需求方和供给方之间存在差距，高端客户希望物色到一个产品，能把财富分散投资，中低端客户则是想增值而不是保值。无论是互联网金融发展或是总体资产管理市场，中国市场还可能会面对其他资本市场发展的局限，我们国内机构化的程度不够，机构化发展程度影响了股票和债券市场的发展，也会影响互联网金融方面的发展。现在大量互联网金融是由个人来承

---

* 项安达，贝恩公司全球合伙人、大中华区金融服务业联席主管。

担风险的，主要原因是机构化程度不够，在某种程度上会限制互联网
金融的发展。

财富管理市场应该进行供给侧改革

何大勇[*]

波士顿咨询公司是全球性的咨询公司，在 40 多个国家有 80 个办公室，1 万多名顾问，为全球五百强提供咨询服务，我是负责公司在中国大陆的业务。我们在中国有 400 名顾问，进入中国接近 30 年，在财富管理和资产管理行业，连续 16 年发布了财富管理报告，过去 8 年跟建设银行和兴业银行合作发布财富管理报告。2015 年，我们首度跟光大银行合作发布了中国第一份资产管理报告。我们在香港有团队服务外资企业在中国的业务，北京有团队服务中资企业。这使得我们可以用国外国内两种观点来看。

今天的议题是财务管理的现状分析与运用。我认为中国的财富管理市场应该进行供给侧的改革，为什么这样讲？中国财富管理市场的规模，去年 AUM（资产管理规模）大约是 100 多万亿，到 2020 年大约会到 200 多万亿。从高净值家庭个数看，2015 年我们估计是 200 万个家庭，到 2020 年大约接近 400 万个家庭。北美市场 2020 年大约有 1200 万个高净值家庭。改革开放 30 多年，中国的财富积累基本达到北美 200 多年财富积累量的 1/3，欧洲的 2/3。这个市场从需求侧来看是不存在问题的。全世界的私人银行家都无比羡慕如此巨大的市场。从上市银行披露的数字看，财富管理中心披露的客户数加起来（包括某个客户在

* 何大勇，波士顿咨询公司合伙人兼董事总经理。

几家银行有重叠），占 200 万家庭的比例数是 13%。也就是说我们现在的私人银行没有更好的服务高净值客户，渗透率仍然很低。说明我们自己的银行体系是有问题的，整个全行业包括银行、保险、证券，都加起来是服务能力不足。30% 的客户在过去一年中更换过主办银行，原因包括：产品收益率低、增值服务不好、客户经理能力不够。所以说，今天财富管理的现状应该进行一场供给侧的改革。

对　话

黄晶生[*]：听各位演讲的时候，我想到一个问题。你们讲的这个所谓高净值的人、这些富人，是不是同样一类的人。因为定义搞不清楚的话，他们的需求是不一样的。我想问一下 Thor Furuholmen 和 Michael Morley，在欧洲什么样的人能称为富人？

Michael Morley：金融机构当然需要明确的定义，一般银行把门槛设在某一个值来界定，但是财富是一个相对的事情。我认为这个定义取决于你想做什么。直截了当来说，在欧盟市场拥有 100 万英镑或者 100 万欧元的客户，是高净值服务的对象。如果你的财富超过 2500 万或 3000 万的话，那你就是一个极高净值客户，但是问题在于你的服务包括什么内容。

黄晶生：大家谁知道美国的富人定义是什么？

项安达：在美国，收入大概也是 100 万美元可以达到富人的门槛。

黄晶生：何先生，你们在中国做普调时的标准是什么？

何大勇：我们遵循全球标准，600 万人民币以上是高净值客户。

黄晶生：以家庭为单位还是以个人为单位？

何大勇：家庭为单位，是除了房产之外。

黄晶生：除了房产之外，这个定义和欧洲是不一样的。

项安达：不包括自住房产但是包括投资性房产。贝恩公司和招商银行在 2015 年发布的中国私人财富报告发现，在中国超过 1000 万资产富裕阶层中新晋的占 10%，很多是通过做实业富裕的。

黄晶生：你说 1000 万是家庭存款的净值吗？

项安达：我们是说投资资产。财富新晋中很多是从事科技行业富裕

---

* 黄晶生，哈佛中心（上海）董事总经理。

起来的，他们 30 来岁在做科技的行业，可能很多都是海归或者持高学历者，这一部分人群也是未来很重要的层级。

　　Michael Morley：我们这个行业说管理资产就是管理 AUM，更重要是看你的资产负债表的情况。这些非常富裕的人，我想我们今天这个会议的主旨是希望中国为更多的大众来提供服务，不论你有多少财富，只要你在积累财富，你首先就需要一个银行账户，下一步你可能要买一栋房子，现在你需要的是抵押贷款，你想说现在是不是做一些养老金，这些时候需要金融资产，我们现在确实在考虑长期的资产负债表的情况。

　　黄晶生：一个亿也足以成立家族办公室。Thor Furuholmen 你们这个家族办公室的概念在欧洲大概需要多少资产以上才可以自己组织专业人士，不依靠别的私人银行，自己家族就可以管理起来自己的财富，这个大概要多长时间，多少财富才能够把自己叫做一个财富办公室。

　　Thor Furuholmen：谢谢，这是个很有趣的问题。从财富传承的角度看，人口的繁衍往往超过财富的增速，财产要分配给下一代人。我还有三个堂兄弟，我们会有资产的管理，还有很多公司，听起来很大，其实没有那么大，但是为了有自己的家族办公室和从业人员，可能需要差不多 1.5 亿镑，可能是两亿镑才能正常运行。这些所有资产和员工百分之多少的资产是需要来支付运营的。家族办公室 Michael Morley 是知道的。

　　黄晶生：这个数字比较大，就是说要有 15 亿人民币才能够做自己家族的办公室。刚才项先生说，许多中国人就是希望提供免费的顾问，他不想付钱，或者用自己家里的人员，在海外学过，自己家人管钱。在财富管理比较发达的欧洲，真正做到这一点你要有十几亿的资产，你自己再养一个队伍，其中还有富二代、富三代。如果没有让在座的专业人士去管理，你的资产很可能浪费掉。财富管理要多样化。但是中国人自己的资产负债表大部分都是房地产。要去海外投资的时候，很多中国富有家庭第一个想法就是——我叫做地理上的多样化，到美国去买房子。他们现在帮助中国的富有人去海外发展的话，是不是基本都是帮人买房子?

韩学渊：现在需要关注的是供给侧改革。供给侧改革提到一个很好的概念，就是需要通过企业创新来推动供给侧的改革，核心是这样的。作为金融机构来讲，想去介入的产业或者企业，这里面有很多资产是非常好的，不一定非到美国、欧洲去购置资产。日本经济20多年没有发展，但是他们的投资收益率是非常高的，他把资金投入到中国，因为中国发展很快。原来投资人对银行的固定收益率习惯了，现在要承担风险，变成浮动收益率，就会感到不太适应。在进行资产配置时，浮动收益率和固定收益率的产品应该适当结合起来。我们看到，现在资产管理公司的浮动收益产品比例已经占了20%，相信以后投资者对于这类产品的接受程度也会越来越高。

黄晶生：现在需要产品品类的多样化。中国富人到海外投资第一个是想到发达国家买房子，你们发现了吗？实质上，不管万科也好金地也好，所有上市企业都在海外开发房子，他们的客户从哪来？很多中国的富裕人，在区域上，地理上多样化，但是还是到国外去买房子。如果房地产开发公司在海外开发了房子也是你们的竞争对手。Michael Morley，你有没有听说好多中国人到伦敦买房子？

Michael Morley：听过这个。我们现在说到资产的多样化，这是非常重要的。但我也要强调一开始我就提到的，我们最初一定要了解客户的目标和梦想。目前，我们这个财富管理行业把太多的精力和资本都放在追求投资回报上，我想应该把一部分人力、技术和资本转移到投资建议方面，我称之为"阿尔法咨询"，要考虑对客户个人来说：他要过什么样的生活？最合适他的是什么？他准备承担什么样的风险？风险的承受能力和投资回报一样重要。说到在伦敦的投资，过去几年中，伦敦已经成为相对安全的、长期投资资产，有很多国际上的富人来伦敦投资。

黄晶生：你提到"阿尔法咨询"，不只是关注投资回报，更多的是实现自己想要的生活？

Michael Morley：是的。我们这个行业，必须要了解我的客户是谁，他的要求是什么，如何建议他完善自己的资产负债表，如何把财富传递给下一代。目前这种服务在中国可能还不存在，你们也可能想象不出怎么让客户为之付钱。但在美国和欧洲已经开始了，但我预测这个也是未来能给财富管理带来价值的东西。

黄晶生：这个观点值得我们思考。财富的增值保值不是唯一的目标，而是我们生活的意义能从投资顾问这里得到启发。我想邀请项总再说一下关于国际化和多样化。然后再讲另外一个题目。

项安达：我想为中国富人说句话。中国富人把财富的30%放在国外，他在国内有自己的实业，他在国外投资的项目是安全性比较高的。他的投资我认为是一个非常有价值的，不用怎么管理的资产，可能是他的儿子、女儿读书的居住地或者他本身有移民的考虑。我也跟很多中国客户去过海外考察。

黄晶生：你自己也买房子是不是？

项安达：无论去纽约也好，巴黎也好，你每天让他吃米其林他是不舒服的，他必须去吃面条，这是中国人的习惯。从中国客户来看，到底海外的国际化的标准是不是能迎合他的口味和追求的东西？这是个问题。我们给他进行财富管理咨询的时候，不一定用国外的一套，需要有我们自己的一套服务体系，为他们提供定制的服务。

黄晶生：对，中国人有中国人的特质。回到韩总说的互联网有各种各样的创新，对传统行业是有挑战的话题吧。现在有一个说法，认为人工智能今后可以取代很多财富管理的功能，因为财富管理在很大程度上是在各类资产的配置，很多配置可以用非常简单的和低成本的ETF（指数基金）。在进行配置的时候，如果用人工智能用机器去配置，运用的时候可以速度快，也可以将自己需要免税或者合理避税的部分让机器做。你们同意不同意在资产管理方面很多人工将被机器所取代，假如你们同意被取代，这是什么时候以后的事情？

韩学渊：人工智能目前是一个愿景，也是我们努力的方向。人工智能短时间内取代人工，尤其是取代当前这种对高净值客户面对面服务的可能性不是很大。风险的管控和合同等工作，是单纯依靠人工智能所无法完成的。

黄晶生：Thor，在你的家族中是不是也使用机器顾问呢？

Thor Furuholmen：我不认为目前能使用机器人来实现资本配置。如果全球都采取机器人的方式来配置 ETF 的指数，怎么来区别好的和坏的公司呢？机器人的话是不可能来区分出来的，5 年之内不可能，但是 100 年之后有可能。

黄晶生：这两位都认为是短期内无法实现。两位顾问有什么不同看法吗？

何大勇：就这个问题，我想谈谈自己的看法。看市场有没有潜力首先看消费者，他们的数字化程度是怎么样？ 70% 的客户在使用数字化金融工具，互联网金融这样的产品依然有 12% 的渗透率，客户对数字化的要求程度很高。在财富管理调研的时候发现，40% 的客户非常迫切需要使用智能终端、手机或者 PAD，来给他们提供建议，也就是需求比较大。但是什么样的客户需要用到机器人，资产在 600 万到 3000 万客户的话，他们的需求是高收益率。如果机器人投入的话，很大程度上满足不了资产 3000 万以上客户的需求，但是它们可以服务 600 万到 3000 万的客户。什么样的技术可以用，什么样的不能用？第一类是算法，第二类是基于专家规则，第三类是深度的机器学习。更重要的是第一类和第二类将会在财富管理行业里有比较大的影响。

黄晶生：现在很多年轻人都希望能够进入财富管理行业。我想问一下你们对这样的年轻人会说你们现在学习什么是比较好的准备。要进入这个行业他们应该做些什么？学习一些什么？ Thor，你们家族办公室除了家族的人之外也招其他人吗？

Thor Furuholmen：不只是在家族办公室，我们整个公司都会对外招聘。但更多时候我都是在办公室之外的地方工作。

黄晶生：Michael Morley，你会不会雇年轻人，你认为他们重要的品质是什么？

Michael Morley：我们当然会雇年轻人。我看中三点：第一，他们必须有全球的眼光；第二，他们必须要自觉，有诚信，这个行业要跟人打交道，所以必须要自觉地为客户着想；第三，就是金融规划方面投资的能力，我认为这一点是比较重要的。

黄晶生：下面是观众提问时间，你们问问题，你的问题有可能是其他观众的问题，但是你不要过多介绍自己，我们更想了解嘉宾对问题的看法。这位女士先开始。

提问：我想问韩总，我们在网络上经常能看到各种各样的理财公司排名信息，而且没几天就会发生变动。您怎么看待这种排名？

韩学渊：这个排名不是财富管理公司的排名，也不是资产管理公司的排名，只是互联网金融公司的排名，指的是线上很小的一块市场或者说是一小块细分市场。

提问：我想问何总，您详细说一下高净值客户的痛点，在中国未来PE 投资对高净值客户群是一个什么状态？

何大勇：中国高净值人群的痛点还是蛮多的。说一下海外投资这一块，我们看到海外投资的，26%投到了房地产，还有的投资股票。中国海外投资的两块，一块是离岸，一块是跨境。中国 QDII 比上离岸是1：8，美国是 17：1，英国是 6：1，中国这个比例为什么这么低？就是大家有钱投不出去，用 QDII 的话说就是不放心。过去的数据看，一半以上的 QDII 是亏本的，所以大家只好把钱挪出去做离岸。中国的私人银行经理服务 400 个客户是常见的，国外是六七十个。我们的配比还不高。

提问：我想问一下，我们讨论的更多问题是财富供给侧改革的问题，刚才几位嘉宾也谈到了，财富供给侧是一个需求比较大的问题。金融专业人才管理方面也存在很大供给侧问题，各金融机构认为这方面有什么样的改善和发展。

项安达：我觉得现在更多是减的问题，不是加的问题。

黄晶生：谢谢大家的参与。

第八章

产业金融与共享经济

共享经济时代注重合作模式的创新，通过共享资源与市场，实现互利共赢。产业金融即是一种产融结合的共享经济全新模式，通过围绕整个产业生态提供金融解决方案，金融与产业共创价值、共享利润，这也是产业加强客户关系、变革业务模式、重构商业生态的一种思维方式和合作模式。产业金融的合作模式与传统金融有哪些不同？国内的相关行业对此积累了哪些经验，又面临哪些问题？

共享金融的三条底线

姚余栋[*]

产业金融跟共享经济我们将其概括为共享金融。我跟社科院金融所所长助理杨涛博士在前期做了一些探讨，总体来说首先要看到金融的形势。我们首先要看到金融这一种技术性表达比较盛行。大家看，以前是电报金融，电报发明后人们用打电报来进行交易，之后美国又出现了电话金融，1929 年大萧条的时候都是打电话买卖股票，叫电话金融。后来，更多的是采用计算机了。现在，银行可以做到电子金融。包括纳斯达克场外市场也不再通过喊叫来交易，而是整个以电子清算方式进行。之后又出现了互联网金融。互联网金融是演化，我们现在所知道的典型思路模式，像众筹、P2P、理财、第三方支付等，总体就这四种模式。

现在已经出现的、在将来可能会形成一个巨大冲击的就是区块链金融。国内外很多人在探讨数字货币，但我觉得数字货币只是一叶障目不见泰山，这个泰山应该是区块链，数字货币只是区块链的一种应用方式。区块链现在已经是相当热了，它目前所处的阶段，很像 1995 年时候的互联网。按照互联网的方式，从网景、易趣成立，电商出现，到第三方，再到后来众筹、P2P 出现，完成了从贸易行为逐渐转向支付，再从支付演化到其他金融交易的行为演化。

而区块链现在可能像当时互联网出现的情况。我们预计可能两三年

---

* 姚余栋，时任中国人民银行金融研究所所长，现任大成基金副总经理兼首席经济学家。

之后，一个较为成熟、可被接受的智能合约将在金融领域广泛应用。同时区块链在支付上，已经是相对证明是比较成功的。虽然它存在效率不够高等问题，但总体是比较成功的，它可能会应用到债券、股票、票据等诸多领域，包括将来的征信体系应用。区块链之后是什么？我们难以预测，可能是生物金融。总体来说我们看到的金融创新，其模式是从技术发展的表征来进行的。

我们再来看中介金融和共享金融的区别。中介金融兴起的时间大概在1400年左右，十字军东征之后出现在佛罗伦萨和威尼斯。当时东西方在那里进行贸易，于是开始有了复式记账法，实际上是第三方清算。中介金融典型的形式就是银行。中介金融问题在哪里？我作为储蓄的提供者，资金提供者把钱先给中介，中介贷出去或者使用出去。600多年的实践证明，中介金融基本上是成功的，可以服务实体经济，促进整个人类经济活动和经济增长。同时，金融风险集聚在中介金融。我们从全球范围来看，在很多国家十几年一次出现的银行的这种风险的集中度，包括银行危机。像太阳黑子学说似乎很难预测，实体经济出现风险最终集中到银行，集中到金融体系，谁来买单就成为一个很大的问题。我想中介金融它基本是成功的，但是也存在着道德风险，风险集中爆发处理起来非常艰难。我们不断的反思，现在全球金融行业正努力走向巴塞尔三协议。

共享金融，就我和杨涛博士的理解，还是一个从提供资金方和使用方的直接对接。举一个例子，一个男孩追求一个女孩，每天写一封情书，可是最终女孩跟邮差结了婚。邮差存在着道德风险。以后不需要邮差了，情书直接送给女孩。这就是我们要谈到的共享经济。共享经济初步被证明是成功的，比如Uber和滴滴出行，滴滴出行三年左右时间再造了出租车行业，在房屋租赁行业，美国有Airbnb，国内也有一些公司在崛起。还有很多领域的共享经济或者叫做分享经济，已经进入了"十三五"规划。我觉得共享经济上已经初步证明是成功的。按照这个思路延伸，思考共享金融能否成功，投资者与储蓄提供者、储蓄使用者能不能形成有规律可持续的商业模式，我是比较有信心的。但是由于共享金融不同于共享经济，我们所说的法无禁止皆可为，一般民事商法对金融这个信息不对称比较严重、投资者适当性也比较高的领域，跟一般的共享经济处理也不一样。有这样一个底线。

现代互联网金融模式，包括区块链上金融模式，像众筹、P2P、财富管理、第三方支付的核心还是共享金融，还是要坚守一般的金融底线。我觉得有三个底线：

第一不能搞资金池。如果搞资金池跟中介机构没有什么差别。所以如果有资金池的话，就会面临着期限错位问题。中介金融实践了600多年，人类才发现需要更加严格的监管。如果搞资金池就需要严格监管，事实上很难处理好流动性风险问题。

第二不能搞担保。因为这个风险是很大的。共享的目的还是共享收益，共担风险。但金融类产品都有一定风险，谁都不能承诺固定收益。我们国家在这方面控制的是相当好的。

第三不能搞非法集资。毕竟还是一个金融产品的，如果投资端和使用端两者相近，从投资端角度也是对一个投资者的证券化的小额公开发行。投资者有没有适当性？能不能承担风险，这个产品是不是公开信息？这一个是要求比较高的。所以不能非法集资，更不能允许搞储蓄存款，这是底线。所以我觉得共享金融至少有这三个底线的。

所以共享金融不同于共享经济，在有了这个商业模式的时候，有些投资急于进入这个领域。但要注意时机，早的时候商业模式没有成熟，将来一旦出了风险就可能演化成庞氏骗局，要逐步规范，行稳才能致远，一定要充分认识金融风险和投资者保护，这是非常重要的。

总体来说我觉得共享金融的一些方式，它无论在区块链上还是互联网上，比如说网贷、众筹，还有第三方支付、财富管理。我觉得从全球范围来看，这种商业模式还是证明可能和可以持续的。关键要把控金融风险，严守底线。

话又说回来共享金融如果好好做，是可以给人民带来福音的。

"十三五"期间要扩大直接融资比例，减少间接融资比例。而共享金融本质是一种直接融资，有利于我们整个经济分散它的前沿创新风险。同时它也可以发挥鲶鱼效应，现在网上银行跨行转账也是免费的，为什么？因为有第三方支付竞争。所以这一个鲶鱼会搅动我们的传统金融，更加努力给客户更好服务。去年我曾经呼吁传统金融机构，与互联网金融机构加速融合，我很高兴能够看到这一年以来，很多的传统金融机构实际上在大数据的使用上效率已经提升很多，平台建设上也做了非常大的增长，融合趋势还是蛮快的。

但我也不认为共享金融将来会颠覆中介金融或者传统金融，为什么？共享金融这一种模式只是初步证明还可以。但什么时候能做到投资者适当性和管控风险，能够完善一系列的法规还有待时日，还需要至少5年左右的一个发展和风险处理的周期才是可能的。同时共享金融毕竟伴随着对流动性的过分消耗，还要接受时间的考验。

我认为共享金融在中国是一个鲶鱼，对中国的金融机构、金融体系是一个福音，同时也带来很多创新和风险。跟我们的传统金融一起，是一个再平衡。有了共享金融这样一个鲶鱼，传统金融在努力更好地使用大数据、更好地使用平台，这样使我们国家的金融体系的效率就会得到一个比较大的提升。这样传统金融和共享金融共同努力，同时要把控风险，做到行稳致远，有助于我们建设金融强国，也能为中国经济长期繁荣稳定作出贡献。

如何破解科技型中小企业融资困局？

赵昌文[*]

大家都知道从微观上讲，金融实际上就是资金或者资本的跨期配置问题。再说具体一点，所有金融最后都可以构成一个合约、一个交易结构，因此，金融交易最终能否成功和可持续，其关键在于风险收益结构。如果说贷款人、投资人和资金需求者之间，能够达成一个合理的、平衡的风险收益结构的话，这种金融资源的流动就是正常的，就可以达到优化配置，并且最终可以实现价值增值。这是我们在教科书里面所学的理论。但在实践中，这样的平衡并不总是很容易实现的，甚至有时候是很难的。于是，我们经常看到的情况是，一方面正规的金融体系，比如大的商业银行存在大量资源闲置，贷款发不出去；另一方面，大量的企业特别是中小企业，却经常得不到非常珍贵的甚至赖以生存的有限的金融资源。这似乎是一个矛盾，我们把它叫做融资难和融资贵的问题。其实，经济学和金融学教科书里面，是没有唯一的答案的。但是，提供了诸多的解决方案。

如果我们再回忆一下，公司的融资优先序理论，实际上外源融资并不是企业最优的融资选择。而且，正常情况下股权融资也不是最优先融资选择。实际上，我们看到很多小企业，特别是科技类的中小企业，他们考虑融资方式的时候，经常是一种成本更高的选择，也就是做股权融

* 赵昌文，国务院发展研究中心产业经济部部长。

资。但是，为什么有那么多公司愿意甚至前赴后继的选择呢？原因是什么呢？因为他如果不出让公司的股权，其实是没有其他选择的，这就是所谓的控制权的代价。换言之，是没有选择的选择。当然，也与企业的生产结构、市场结构有关，对于很多小企业，特别是技术类小企业来说，早期阶段它的技术和商业模式都是不够成熟的。当他们选择出让股权或者控制权的时候，实际上选择了一种依靠，与 VC 或 PE 同甘苦共患难，风险共担，收益共享。这就是金融，这就是风险收益结构，这就是合约。成功了，皆大欢喜；失败了，对创业者和投资者来说，好像一首歌里面说的，都是人生豪迈，大不了从头再来。当然，这种情况其实是很理想的一种状态。另外，这样一种情况并不是很多大企业的选择。如果说我们看很多大企业的融资的优先序，绝大多数情况下，实际上他们选择的是债权融资，尽管也有那么多的大企业源源不断地选择了上市融资。从债权融资看，除了信用贷款之外大多数的抵押担保贷款，都是通过抵押品和担保机构介入实现刚才我们所讲的风险收益结构平衡。所以，债权融资背后其实也是一个风险收益结构的问题。

总之，我们今天所看到的无论是互联网金融，还是科技金融，基本上都是通过技术或者商业模式的创新，实现这样一种风险收益结构的平衡。比如说投贷联动，投贷保一体化，第三方支付等等。因为有了互联网的接入服务，使得整个金融交易成本大大下降。比如说网上银行，可以减少传统银行开展柜台业务的巨大硬件和软件成本。我曾经看过我们这些年新办的一些银行，他们绝大多数都选择了通过互联网模式开展信贷和其他业务。因为指纹识别等人体生物识别技术，可以大大降低银行和客户的时间交易成本，甚至下降 80%，而且并不会提高识别的风险。指纹识别和脸谱识别的准确度甚至高于银行柜台工作人员和客户面对面时的准确度，这就是技术的创新。互联网银行实际上通过技术和商业模式的创新再次实现了风险收益结构的平衡。当然，如果说这种平衡不能通过资金供需双方实现的话，就为第三方机构的发展提供了机遇。这就是我们看到一段时间以来许许多多第三方金融机构出现在中国的大地上，无论是哪一种第三方的金融服务，最早的出现都是在正规金融和金融体系不能覆盖、不愿覆盖或者难以覆盖的领域。但是，当这种新的商业模式、新的业务越来越多，甚至从星星之火到燎原之势时，我们就不得不思考和研究一些问题，甚至包括如何更好地监管，因为这些机构实际上都从事的是一种比我们刚才所讲的传统金融风险更高的业务，因为它是边际革命的产物。风险的防范化解，既取决于第三方机构自身的风险控制能力，也可以通过外部的力量实现。通过特定政策或资金安排，嵌入到商业性金融机构的交易模式或者合约的结构之中，也能实现这种风险收益结构的平衡，比如说政策性担保机构的介入，或者政府性引导基金的组合投资。

政府介入的目的，不应该放在获得更高的收益上，而是应该极力促成商业性交易的顺利实现，最后形成新业态、新技术、新产品甚至新产业，从而创造就业、增加税收、促进增长，实现公共目标与私人目标的协同。以上，就是我从微观层面对今天的主题产业金融的理解。

至于从宏观层面上，产业与金融可能是一个更加复杂的关系，甚至大家的看法也不完全一样。因为产业金融原本就不是一个科学规范的学术术语，各人有各人的理解，也是正常的。下面，我想从以下两个层次谈谈自己的理解。

第一，从国家层面，金融与产业之间究竟是一种什么样的关系。我们曾经更关注的是，金融发展滞后，一定会影响一个国家和地区的发展。但是，近些年来，我们也越来越多地看到其他更加复杂的关系。在美国曾经有一句话，"对华尔街有利的就是对美国有利的"。但是，全球金融危机以后，美国人、欧洲人乃至全世界都在反思，金融与产业之间有时候好像并不见得是这样一个线性的逻辑，金融业发展过度反而会使得这个国家的经济发展受到负面的影响，可以称之为攫取性。也就是说，当一个国家的金融，其攫取性更大的时候，金融业的发展，对产业发展的影响是不利的。我2015年写过一本书，书的题目就叫做《从攫取到共融：金融改革的逻辑》，我想说的是，无论是美国还是中国，宏观意义上金融和产业之间都是一种竞合关系，当金融业发展过度以后，产业中的创新要素，包括人、资本、企业家精神都会源源不断地从这些行业流出去。如何处理这个关系，既是科学或者决策，也是艺术和管理。

第二，从企业层面，产业与金融是一种什么样的关系。前些年比较热的一件事儿就是所谓产融结合的问题。不少实体企业包括民营和国有企业，特别是央企，前赴后继地进入金融行业，比如国家电网几乎拥有金融业全牌照，财务公司更是非常普遍，地方国企进入金融业也很多，特别是2008年金融危机以后新成立的地方国有企业，基本都是投融资平台或者金融控股公司。产融结合有其合理性，对实体企业来说既可以更好满足其自身的金融服务需求，很大程度上也有分享金融业高利润、高收益的追求。如果我们看一下中国上市公司的利润，16家上市银行的净利润相当于另外2000多家上市公司的全部利润，各一半一半。金融行业的平均ROA和ROE都是远高于实体企业的，自然企业愿意进入金融业就是非常好理解的了。强调这一点，不是说金融业不该发展，而是现实就是这样的。现在银行的净利润增长率下来以后，大家都很担心它的风险，特别是化解产能过剩过程中怎么处理好不良资产问题，实际上短期之内都会增加银行的不良率。从企业层面理解金融和实体企业之间的关系，要正确看待这样一个风险收益结构的转化问题。由于受商业银行法的限制，过去虽然有不少金融控股公司出现，银行层面出现混业经营的趋势，即使有跨越金融与实体的界限，主要还是实体企业进入金融业，相反的情况很少发生，几乎没有。最近刚刚出现的投贷联动是否会成为一个导火索尚不得而知。我们10家金融机构和几个地区在试点，这是一个新的情况。

总结一下，今后产业金融的主流方向，应该是以下五大领域：第一互联网金融，第二供应链金融，第三科技金融，第四能源金融，第五金融租赁。

共享经济的产权理论解读

熊 焰[*]

今天，时代新的概念、新的技术、新的商业模式层出不穷，令人们目不暇接。一开始我也弄不明白什么是共享经济，想想好像这也不是太新潮的事情。从人类历史看，几千年前原始社会，也应该属于共享经济。我的东西你可以用，你的东西我也可以用。我家的房子这一段闲着你家可以使，我家的车正好没用你家也可以用，大家来共享，这应该是一种早期的共享经济。

今天是社会主义市场经济，怎么理解新出现的共享经济现象呢？在农业文明、工业文明时代，人们的所有财务都是排他的。因为所有的东西都是物质性的，土地、厂房、设备、原材料、劳动力都是物质性的。这些物质性的具有明显排他性，在时空中所有人是唯一的，你有了我就没有，即便闲置了我也不能让别人用，即便我有让别人使用的意愿，从操作性上也有相当大的难度，当然也有制度和技术上的一系列障碍。因此对于物质财富的所有权的争夺变得极其严酷。人们在商业竞争中无所不用其极，甚至采取战争的手段。历史上所有的战争都是对物质暴力的争夺。

从产权理论上解释，所谓产权也叫做财产权益，是界定财产权益的法律制度。产权是一个大的概念，它可以分解为若干个权项，比如所有

---

* 熊焰，国富资本董事长、青金所董事长。

权、支配权、处置权、使用权、受益权等等，正是这样一个理论给了我们理解共享经济的理论基础。对一个物的产权而言，我可以拥有所有的产权，但是也可以只保留所有权，把使用权让渡出去，也可以把一个阶段的收益权让渡出去等等。当然这种产权理论的使用是要有一定时代特征的，要具备一定条件的，这个条件实际就是信息技术的进步，以及人们分工合作、互利共赢的实践。

在今天所有的要素中，又出现一个崭新的要素，就是大数据。以前所有的要素都是物质性的，今天出现了一大类的要素或者叫做战略性资源——这就是大数据。大数据与物质的要素有一个最大的不同就是，它不具有完全排他性和时空唯一性，它可以重复使用、多次使用，同时并不降低或者减损它的价值，甚至增加它的价值。一个物质的东西：比如一个苹果，我吃了你就没有了，但是一个大数据你用了我还可以用，而且可能是它被使用的次数越多价值越大，这是一个本质的差别。

随着信息技术的进步，使得人们能够去实施共享经济。工农业时代人们对全部产权的追求在今天开始变得多余，人们可以在保留所有权的情况下，把使用权和收益权让渡出去，使用权会成为越来越活跃的交易标的。今天的大数据、物联网、云计算和移动物联网以及人工智能技术，促使共享经济成为各种全新的生活模式和商业模式。我们可以畅想一下：也许在明天清晨我从共享的住房中起床，吃了共享家厨送来的早餐，坐上停在门前的共享汽车，可能这个车是无人驾驶的，来到了一个公共的办公空间，选定一个我最愿意坐的座位，这个座位并不是固定的，只要我到这里来就可以用，输入一串密码之后开始工作，进入计算机的工作空间，知识共享的一个平台，我可能与地球那一端的同行进行着信息共享等等。这在过往的历史中是不可想象的，但是在今天是完全可以设想的。

大家想过没有，如果中国没有5亿部智能手机，滴滴还有用吗？还有它的使用基础吗？如果传送一条短信要收1毛钱，10年前20年前的事儿，能够有共享经济吗？显然，共享经济的用户合理性是草根经济，是量大面广的普通公众对于小额用益权的一次低成本使用和配置。它的技术合理性是互联网，特别是大数据。国富资本团队一直关注大数据产业投资，大数据也可能是中国未来 5 年到 10 年内最令人应接不暇，心旌摇荡的产业应用场景。20 年前所有的信息专家、通讯专家，对中国移动电话用户数的预测，几乎都归于失败。年增长 18%算高的吧，结果移动互联网上来，移动手机用户是每年 50%以上，两年翻一番就起来了，让所有预测都看不明白。大数据在中国的应用大概属于到了爆炸的临界点之前了。我们圈里面有一个说法，中国大数据产业如何演化，就像我们几个人站在一个巨幅的窗子前面，看一场焰火表演。一分钟后天幕上是什么样一幅绚烂的图景我们不知道，只知道没有最绚烂只会更绚烂。

财富管理市场是最大的共享经济市场

李宝忠[*]

  我是来自海尔金控的李宝忠。大家可能比较纳闷，谈这个题目，你海尔来凑什么热闹。我跟大家解释一下。我一直试图想用一句话把前面几个概念造句，财富管理、产业金融、共享经济，还有共享金融这 4 个词汇，怎么样把它连成一句话，解答主持人给我的题目。我想用海尔的实例来说明一下，我是怎么理解这几个词汇的。海尔去年营业收入实现 1887 亿，产品卖给全球 2 亿户家庭。这个叫做产业经济，实体经济。同时我们非常希望这 2 亿户家庭能不能有 1%、10%的家庭，把他们闲置的钱、多余的财富交给海尔进行资本管理，这叫做财富管理。我拿到那么多钱做财富管理怎么管？哪里都可以投。我投到实体经济去，投到企业里面去。这一个是产业金融的主要特征。把这三个词串起来了。

  第四个词叫做共享金融，我们已经服务的 2 亿户家庭，假如有部分财富让我们不是走线下，而是通过一个共享的平台来实现，把资金委托给我们来管。然后通过我的平台来获取很多我投资的项目。这样的一个过程，金融过程，它就是一个共享金融。所以我想开场白先给大家报告一下，在海尔产品这个角度来讲，我是这样理解的。这里面也隐含着一个小广告。海尔资本是为财富管理，为家庭财富管理，企业财富管理服务的。我们目前已经管了 100 亿社会财富，其中 50 亿已经投下去了。

同时我们也通过产业金融的方式，设立了 9 个产业金融小机构，到目前为止产业金融投资的借贷余额，服务的余额在 800 亿左右，前面想给大家这么一个大致的印象。

同时我接下来要说两个自己的理解。第一个是对共享经济的理解，我有一个很武断的定义，就是说财富管理是天然具备共享经济属性的。财富管理市场是最大的共享经济的市场。为什么这样说呢？因为我们的财富，我们昨天省长公告的，中国老百姓财富余额相当于中国当年GDP 两倍以上，财富十分巨大。这个财富的管理，主要体现在比如我们需要入资、资产、资金、现金，但是统一可以打包看成一个资金。资金天然具备可以用于共享，也只能用于共享当中才能产生价值。共享经济至少有 5 个特点。第一个特点是有闲置的资源，要么闲置的物品，汽车，房子，劳动力。第二个特点是所有权和使用权可分离，这也是我们熊总讲的原始社会，没有使用权概念。这可以让度一部分的时间。第三个特点是可流动性，可以单独交付到你或者单独移动到你这一边的，才可能用共享经济。第四个特点是要有共享的信息，有供方，需方，要有信息，我们知道供应主体很大，需求主体很大，那是一个共享经济的一个互联网架构的条件慢慢的成熟了。第五个非常重要的特点是链接，要把这些信息链接起来，我们需要有这样的平台。共享的平台。具备这 5 个条件，共享经济就成了。这里面包含大量互联网技术，云计算技术，我们看 Ainbnb 包括滴滴出行之类的共享，无不是具备这 5 个特点的。

但具备这 5 个特点的东西什么东西最多？就是钱。多出来的财富要管理，我们可以用于被让渡这个责权的，我们可以交付的，回来以后又原封不动可以回来没有受损害，我们先不讲风险问题。包括我们原来银行的主体，金融原来的一个主体就是银行，存、贷、汇、存是自己端，贷产品端，汇平台的流转端，就是天然具备共享经济特点的，我们没有把它叫做共享经济。刚才我们姚所长称其为中介，中介金融是共享经济的一个初级阶段。大数据来了以后，大平台来了以后，我们迅速上升到共享经济这一个层面上来了。所以我认为财富管理就是共享经济的一个主战场。我们两倍那么大量这是共享经济当中最大市场，最严谨的一个论点。我提出在这个观点，大家可以思考。

关于什么叫做产业金融。我有自己非常微观的思考。刚刚姚所长和赵部长，分别从理论高度做了一些概括性的介绍。我从实际操作上讲。我想产业金融最简单一句话，我们是服务于产业金融当中、真实经济活动过程当中的一切资金笼统关系，统称产业金融。我们说什么叫做金融？金融叫做资金融通。我们对于产业金融就这么一个定位。这句话下可以分成以下几个特点。如果我们做所谓产业金融，共享金融，偏离这些特点可能慢慢的就成为被追打的那1000多家P2P的后果。第一个特点就是产业金融产品设计，一定要围绕着实体经济，产业企业的具体业务需求当中，这一个是出发点。第二，产业金融产品交易架构和流程，一定要紧扣实体经济具体的经营过程，运营过程中的每一个场景当中去。确保场景交易真实。第三个非常重要的是，我们产业金融产品的风险控制的落脚点，一定要是这个金融交易，这个产业交易，产业经营，它自身能够创造价值，能够来覆盖我的风险。从贷款信贷角度来讲，这个是第一还款来源，风控当中最重要的，但恰恰很多互联网金融机构脱离了这一条。包括一些大的银行做一些金融产品时，脱离风控基本措施。这个风控措施一定要落脚点在产品实体企业，具体运营过程当中，运营结果是作为它的风控主要一个保障手段，就是这个运营结果得有钱赚。这个运营过程是可靠的。

在实体经济微观当中非常重要的是什么？就是产品定价。3000多家P2P企业号称互联网金融，号称共享金融。3000多家倒2000多家或者跑了那么多家，很大原因在于他报给你的价格，投资上的价格，理财给你的收益18%，25%，基本可以说是胡扯。为什么这样武断的说，因为我们产业，我们金融利润来自于哪里？我们提供共享的资金，帮助你去实体运营。创造价值以后，我金融分一些，实体你应该留的。假如金融成本高于实体经济真正能够产生的价值，首先是完全不可持续的。如果你是严重的超过它的回报，要求非常高，我说这个基本上叫做耍流氓，不是在做金融。

这样四条如果深入抓住了这个产业金融我认为是非常可持续的。相对能够获得好的回报的。海尔金融，目前是我们国家产业金融探索过程当中的领先者。等下如果有机会再跟大家介绍一下。

对　话

提问：问一下姚所长，我们知道共享金融是实现普惠金融的最佳路径。在当前中国个人信用体系尚未建立之前，如何规避当中的信用风险。还有就是当前的监管模式肯定不适合共享金融的监管，未来共享金融的监管模式会是什么样的?

姚余栋：共享金融肯定会随着征信水平提高逐渐做到的。但是我觉得在国内很多事情不一定是征信作用，而是防止诈骗。有的时候集体这种诈骗行为也是麻烦事儿，往往是防不胜防的。所以我觉得这两点都是要逐渐共同进步。

第二个共享金融。我们现在的展现方式是互联网金融，已经出现是区块链金融，确实，监管包括法律法规只是初步形成之中，还有很长的路要走。互联网金融已经有 10 部委意见，同时我们看到出现一些走偏和部分出现了乱象，一些风险，在一些特定领域爆发。所以也在进行互联网整治。同时相关法律法规也在逐渐完善，这是一个逐步过程，需要耐心等待。但即使法规没有完善时也要知道底线，这是我所说的不能搞资金池，不能搞非法集资，不能承担，不能担保，这是双方都要做的，既要他律也要自律。光自律是不够的。

半岛传媒：我想问一下海尔李总，海尔金控已经发展了一段时间，我想问目前它给集团贡献利润率或者打造产品最大利润点如何，下一步发展前景如何，谢谢。

李宝忠：海尔电器产品走过了 30 多年，但海尔产业金融差不多走了 15 年。15 年当中，2001 年到 2013 年间，海尔产业金融主要为内部生态圈服务。我们为我们的供应商提供供应链金融，为分销商、销售商提供消费金融，都是通过我们海尔的财务公司来实现的。正因为有这个业态，有这个需求，这个模式又很好，所以近几年海尔财务公司在中国

196 个财务公司当中，竞争力、综合服务能力、规模包括利润一直排在全国第五位到第六位之间。2013 年以后，我们陆续新成立了 8 家不同特色的金融和类金融机构、5 家投资机构。8 个产业金融公司的宗旨是，主要服务于非海尔内部企业。也就是说一成立的时候，它是以小微创业模式来为社会化的产业提供产业金融服务。我们在产业经济服务当中，平台有 4 个。第一个是我们叫做 P2P 网上理财服务，海融易金融科技。目前我们有 200 万注册客户。到上个月有 100 亿的交易余额。100 亿交易余额的投资资产配置端全部投入到产业金融。我们给予理财产品投资人的收益率要低于 P2P 行业平均水平，但对投资人来说，我们的风险远远低于行业平均水平，这是一个健康的平台。

第二个平台是支付平台，我们收购了第三方支付公司，快捷通支付。规模不大，但风控水平也好于行业平均水平。第三个金融交易平台是在青岛的信用资产交易中心，网上交易非标金融产品，包括应收账款、应付账款，现在也在研究不良资产能不能在上面交易。这都是共享经济一个很有效的组成部分。还有第四个平台就是第三方场外清算中心，是跟市政府一起联合搞的。我们认为是产业金融服务机构组成部分。同时对产业经济服务角度来讲，我们也推动投融资相结合，在我们提供融资的同时，对产业机构，我们要提供一些股权投资，所以我们下面有 5 个投资机构。海尔去年利润是 180 亿，其中接近 1/3 利润来自金融与投资，一定程度上讲我们投资和金融的利润增长，远大于海尔电器制造和海尔电器工业服务。所以产业金融服务，你问这个服务的效果怎么样，我想第一个是给社会做出贡献，第二个是我们获得了相对比较好的回报。谢谢。

苏琦[*]：时间差不多了，我们这一节大家收获都很多，无论姚所长从共享经济还是赵部长从互联网金融的风险监管，还是熊总从他的角度提供分享，李总这一场收获应该最大的。我们就到此结束，谢谢大家。

---

[*]　苏琦，《财经》杂志副主编。

第九章

中日韩经济互动与协同合作

中日韩均为亚洲重要经济体，其经济总量占亚洲的约七成。近年来，三国相互间的经贸往来越来越密切，在其他领域交流合作也不断推进。中日韩自贸区的谈判也正在积极进行中。三国加强经贸务实合作，对推进区域一体化进程和全球经济合作都具有重要意义。在经贸交流与自贸区谈判中，如何协调三方的利益？山东与青岛市应该在三国经贸合作中担当怎样的角色？

推进中日韩全方位合作

张燕生[*]

第一，谈一下中日韩三国作为东北亚最重要的国家，在开放领域，可以开展哪些方面的合作。无论是中国，还是日本、韩国，我们过去讲开放的时候，更多讲的是外向型经济。外向型经济的开放是两个轮子驱动，一个是出口主导，一个是招商引资。下一步中日韩将推进高水平的双向开放，在进口和出口更加平衡，在引进来、走出去两个方向更加平衡。在农业、工业、服务业的开放更加平衡。同时，中国将采取扩大内需政策，不仅会扩大中国国内需求和消费，进而增加国外进口和对外投资，而且会增加东亚地区的区内相互贸易和投资，为东亚地区合作发展注入新的增长动力。其次，我们将共同发展更高层次的开放型经济。在这个方面有两个着力点：一个着力点，中日韩如何加强在"一带一路"建设中的合作，共同开拓第三方市场。也就是"一带一路"在东北亚如何能够加强合作，在交通、能源、通信基础设施互联互通，在政策、贸易、货币和民生相通方面，我们如何开展全方位合作。另一个着力点，就是自由贸易区建设。2003 年，我和发改委研究人员曾经写过一个 60 万字的报告，研究中日韩如何构建自贸区，当时我们评估和比较了 6 个自贸区的方案，得到的结论是：对大家综合效益最好的方案是中日韩自

---

* 张燕生，时任国家发改委学术委员会秘书长，现任国家发改委学术委员会研究员，中国国际经济交流中心首席研究员。

贸区建设，当时我们期待在 2003 年就能够研究、推动中日韩自贸区。但是非常遗憾，到现在，中日韩自贸区仍然在讨论过程中。开放的第三个要点，也就是在传统跨国公司主导的经济全球化遇到巨大挫折时，中日韩下一步如何合作推动新全球化向前发展。尤其是基于物流网、人工智能、跨境电商发展的新一轮贸易投资开放和便利化，为东亚青年人、小企业、落后地区提供参与国际贸易、国际投资、国际合作的新机遇。这是我想谈的第一个问题。

第二，中日韩在创新发展方面，如何加强合作？这个问题我也想谈三个要点：第一个要点，中日韩如何共同把握老龄化社会的发展机遇、应对老龄化社会提出的严峻挑战。我们传统上把老龄人看作是宝，遇到困难要向他们请教。人的生命周期，到老年是工资最高、财产最多、储蓄最多的阶段。中日韩如何在居家养老、社区养老、医疗保健、生物科技和中医药方面的发展上开展合作，从中挖掘出新机遇。第二个要点，中日韩如何共同发展现代农业？中日韩人口接近 16 亿，民以食为天，无论是中国、日本、韩国，农业始终是我们最重要、最敏感、最传统的产业，三国之间如何建立起一个能够应对大规模农业生产的农业经营模式的挑战，也就是说我们怎么能够从精细化农业、绿色农业、有机农业开展更加广泛的合作，形成中日韩合成的现代农业优势。第三个要点，中日韩如何把握"互联网＋机器人"，尤其是工业物联网等新一代数字科技革命给我们带来的新机遇。

第三，中日韩如何建立维护地区共同利益的协同机制。一是中日韩如何在大宗商品的定价和货币结算方面建立协同机制。比如我们作为世界上最大的大宗商品需求国和进口国，能不能在大宗商品的定价机制、货币结算和贸易投资关系以及风险管理上，建立起一个新的合作方式。大家都知道，20 世纪 70 年代初期建立的石油商品美元结算机制，美元贬值，大宗商品价格就会上升；美元升值，大宗商品价格就会下降。而我们自身的货币和自身的大宗商品需求方面，却没有这种联系，如何改变这种局面？二是中日韩三个国家如何能够加强国际收支、汇率、外汇储备和金融风险管理的合作机制。当前全球经济和金融开放风险越来越大，中日韩能不能在这方面建立起一个合作机制，形成东亚生产网络的开放风险对冲和协调机制。最后一点，就是中日韩如何能够建立宏观经济政策协调机制。包括财政政策、货币政策和结构性政策之间的协调与合作。通过这些政策协调，使我们三个国家能够在当前非常复杂曲折的全球经济下，取得强劲、平衡、可持续的增长。

中日韩自贸区建设至关重要

赵晋平[*]

　　非常高兴能和在座的各位嘉宾一起分享有关中日韩加强合作的一些问题。我主要讲三个观点：第一，目前全球经济格局和经贸规则正在加快重构；第二，在这样一个大的背景下，东亚区域经济一体化是明显滞后的；第三个观点也是一个建议，就是在推进东亚地区经济一体化和合作方面，中日韩自贸区这个建设问题是至关重要的。

　　首先，我们来看第一个问题。我们知道，当前全球经济正面临着深度调整，这些深度调整如果概括起来，尤其和中日韩自贸协定相关的特征，主要是三个方面：第一，全球经济正面临一个新的困局。2013 年美国财长萨默斯提出一个判断，很遗憾，他的预言实现了。我是昨天刚从巴黎回来，参加了 OECD 的两个会议，OECD 也在会上发布了他们的展望报告，遗憾的是他们提出 2015 年、2016 年的增长也仅仅是 3.0，也是在经济危机之后最低的一年。作为全球经济，有可能面临一个陷入长期停滞的风险，我想这也是各国加强政策协调的必要性，也是进一步凸显。第二个深入调整，就是在全球经济格局演变过程中，贸易增长对全球经济增长的作用是明显减弱的。如果把 2016 年有关经济增长的预测考虑在内，这已经是连续第五个年度了，贸易增长低于经济增长。我们知道在过去全球化的时代，贸易增长平均来看，大约相当于经济增长

---

* 赵晋平，国务院发展研究中心对外经济研究部部长。

的两倍左右，但是金融危机之后这个情况发生变化。这就说明贸易增长的带动作用正在减弱。第三个新的问题是什么呢？就是全球经贸规则正在加快重构。从 TTP、TTIP，甚至包括从 WTO 框架下的谈判可以看到，这正在决定未来的发展，对中国这样的发展中国家来说是一个长期的严峻的挑战，我们失去了一次决定经贸规则制定的机会，这对我们来说，可能是具有长远、深远意义的一个挑战。

面对全球格局加快调整，我们应该怎么办？这就是我想讲到的第二个问题。实际上，东亚地区的区域经济一体化进程是明显滞后的。应该说在中国入世之后，为推动区域经济一体化的进展，我们已经先后签署了 13 个自贸协定，和十几个国家建立了自由贸易关系，但从目前来看，东亚地区尤其在大型区域贸易安排的建设上，是明显滞后于全球平均水平的，尤其是 TTP、TTIP 明显滞后，包括中日韩自贸区迟迟难以取得进展。当时提出的时间表是两年内，谈判的时候也是提出两年的时间，但是遗憾的看到，2015 年，也就是说第二年已经过去，目前的谈判还没有取得实质性的进展，未来进展如何还存在极大的不确定性。这就说明在新一轮的区域一体化浪潮中，除了参加谈判的方式有了新的进展之外，大多数的东亚国家在新的经济合作中并未取得新的实质性的进展。第三个观点，应该说在东亚地区，一体化进程缓慢方面，最重要的一个原因就是中日韩自贸协定的谈判迟迟未能取得实质性的进展。关于中日韩自贸协定，我从 2001 年就开始从事相关研究，在 2003 年中日韩三国启动的学术联合研究之中，我也曾经担任过中方研究小组的负责人。到 2009 年之后，由于以政府主导的官产学研共同启动取得一定的进展，2010 年三国决定共同启动自贸区的谈判。遗憾的是，两年过去以后，尽管经过 10 轮的谈判，包括 2016 年 3 月 20 日的第十一轮谈判，都尚未就主要问题达成一致。我想这是造成整个东亚区域一体化，尤其是多边区域一体化进展缓慢的一个非常重要的原因。

反过来，从刚才谈到的，全球经济格局和加快重构的严峻形势，以及中亚地区在全球范围内明显滞后的现实问题来看，我想，推进东亚地区和区域经济一体化，恐怕中日韩三国必须承担必要的任务。日本参与TTP已经大大迈进了一步，接近100%的自由化程度。问题是在中日韩三国的合作中，由于日本一些政治外交因素的影响，导致中日韩三国之间谈判氛围发生了比较大的变化，这也是造成三国自贸区谈判进展缓慢一个非常重要的原因。所以我想从这点来看，进一步推进相互之间的互信，营造一个良好的环境，恐怕三国都必须在这个问题上承担必要的责任和拿出必要的勇气。作为韩国来说，在同美国和欧盟签署自贸协定的过程中，其自由化水平得到大大提高，自由化的比率提高到了41%，这也是一个比较高的水平。所以在应对中日韩自贸协定谈判方面，已经具备了一定的基础。主要的问题在于，中国如何全面贯彻落实十八届三中全会决定，进一步提升我们在参与区域经济合作中的市场开放水平。我们也相信，在三中全会、四中全会，包括五中全会，在开放理念的推进方面，已经作出了一些部署，其中包括了去参与重要的区域经济合作协定，甚至中美投资协定、中欧投资协定这样一些重大的举措，并且开始在自由贸易实验区的先行先试方面，为我们应对高标准自贸区谈判积累一定的经验，我们期待这些先行先试，能够取得预期的成果，并且进一步去推进中国在参与区域合作中的工作，提升中国在参与FTA，也就是自贸区谈判中的开放水平，并且促成中日韩自贸协定早日达成。我想这对于三国而言，对于三国的企业而言是至关重要的。尤其对于山东和青岛，我们处于中日韩三国经济交融相互比较深入的一个地区，这对于我们这些地区的企业而言，也面临着一个巨大的机遇。当然，为了实现这样的目标，我们还需要继续去努力。以上，就是我的三个观点，请大家批评指正。

中国要保持对中日韩经贸谈判的积极力度

霍建国*

在当前背景下，明知道中日韩经贸谈判有一定的难度，但是从政治角度考虑，还是要继续推进。为什么要继续推进呢？因为中国提出了一些涉及高水平对外开放的要求，要知道我们保持谈判的力度，也是显示中国继续保持一个高水平对外开放的姿态，这样一个姿态很重要。更重要的是，在亚洲还有一个10+6的谈判，即东盟10国加上中日韩，再加上澳大利亚、新西兰和印度。中日韩自贸区进展如何，高水平开放政策落实如何，直接涉及RCEP（区域全面经济伙伴关系）的进展。中国是一个大国，中国的开放程度如何，对谈判起着积极的促进作用。所以中国还是要保持对中日韩谈判的积极力度。

去年中韩签约之后，对日本也有一定的刺激，现在日本又转向于美国的TPP协定。所以我们更要积极推进中日韩谈判。另一个问题是如何加强中日韩之间的产能合作，或者叫产业合作，或者叫引进来、走出去的合作。因为从数据上看，中日韩三角地的贸易总量是巨大的，但是相反相互之间贸易量并不是很高，这里面涉及市场开放不到位，包括中国也有一部分，关税、自由贸易也没有落地，所以还需要进一步开放市场，同时推动企业之间的深度合作。在产能合作上，中日韩的产业是比较接近的，我们如何加强全产业链的合作，关系到我们转型升级的效

---

* 霍建国，商务部国际贸易经济合作研究院原院长。

果。我们的转型升级就是要走向中高端，应该说日韩产业基本比我们的产业结构要高一点，日本肯定是高的，韩国有些高，有些没有那么高。无论如何，全产业链的合作，什么意思呢？就像中韩推动合资公司的建立，从研发、制造一直到销售，形成全产业链的合作，对我们是有提升的，带动服务业发展是非常快的。包括日本，它的服务业，包括育幼、养老方面是很成熟的，我们现在把国内养老产业发展转向了建立养老院，其实这个定位，不是很科学的。因为不可能所有的老人都去养老院，关键要在社区解决养老的配套问题，所以这涉及社区的充实和加强，为将来完善养老体系是能够发挥巨大作用的。这一点上，日本的社区建设是有成功经验的。所以我们要加强这些领域的开放与合作。

另一方面是服务业的开放问题，中国在十八届三中全会文件中，已经明确提出要加快育幼、养老、建筑设计、会计、审计、电子商务等的对外开放，但是现在还没有完全落地。五中全会又提出要促进金融、教育的对外开放，现在正在研究，因为后面还有一些包括很多文化产业的开放，包括电信的开放等。但是这些产业无论如何都要走向开放。所以我们实际上通过对中日韩三方融合开放，可以摸索出更成熟的开放经验，这对我们自己的发展是有利的。

此外在"一带一路"方面，我们也有很多可探讨的内容。当然日本跟我们现在有一定的竞争关系，特别在东南亚高铁方面，很多都是有互相竞标的，日本也追加了1000亿援外的资金支持在海外竞标。当然中韩之间的合作还是要探讨的。因为中国的"一带一路"是一个伟大的概念，涉及整个中国崛起的一项非常伟大的工程。但是，在这个过程当中，我们要意识到它的难度，就是说我们不可能一家来完成这个任务，肯定要通过像亚投行、私募基金等手段，在国际上开展一系列的配套合作。通过项目合作，和国际上一些承包工程公司，共同承担项目，或者组包、总包等，不管什么形式，一定要开展全方位的合作，这样不仅利于分散风险，关键还可以保持发展的可持续性。

最后，地方和企业参与合作也很重要，像山东这种位置，它的合作就有得天独厚的条件，特别是中韩方面，合作基础本身就比较好，往来比较多。中日方面过去也探讨过很多合作模式，还可以继续往前推进，因为国家层面存在一些政治障碍的情况下，地方企业的合作还是可以先启动的。在中日韩之间，不管怎么说，像中韩之间很多合作，还是有一些共同的文化的背景基础，好沟通，东方文化有一定的共同元素。所以我觉得，在探讨这种合作方面，特别是引进来、走出去的合作方面，都是可以加大力度的。

　　我相信，中日韩在未来的发展当中，肯定会形成一个新的合作局面，因为这样有利于东北亚稳定，也有利于推动整个亚洲经济一体化，更有利于促进中国扩大开放，不断提高产业的竞争力。

中日韩三国出口经济贸易模式应发生变化

李虎炯[*]

谈论东亚三国之前，有必要考察一下当前的世界经济。2008 年金融危机之后，美国利息上升，欧洲走向负利息，因此造成世界新兴国家资源出口不振。东亚三国的出口以全世界为对象，在制造业方面出口占很大比例，但是目前全世界经济却处于停滞甚至倒退状态。这就导致东亚三国经济在不久的将来，依靠这样目前的增长方式，很难再有新的增长。因此，我们东亚三国必须要转变发展模式。在这点上，我跟大家意见一致。

对比东亚三国与北美和欧洲，他们各自占世界经济的 30% 以上，但是东亚三国主要以制造业为主。东亚的价值链以日本的高技术、韩国的中间技术与中国的组装制造业，组成了互补的、有竞争力的产品。但是，中国的快速增长，韩国和日本的经济停滞，使得三国的经济技术差距缩小。因此，三国的出口经济贸易模式应该发生变化了。为了东亚地区经济的可持续增长，我有如下的提议：

第一，东亚三国以前一直是经济增长率很高的，但是现在出现放缓甚至停滞的趋势。所以我们三国要经济一体化，重新恢复我们的竞争力。第二，我们不能依赖传统制造业，以韩国的创造、高技术为中心，以中国的"大众创业，万众创新"为基础，同时结合日本的新经济政

---

[*] 李虎炯，韩国驻华大使馆财经官、公使衔参赞。

策，为东亚地区经济带来新的增长点。第三,三国之间的金融一体化也是必要的，三国间以美元进行结算，还有相互之间有很多的不协调。为了我们三国之间更好的贸易，金融部门的协调合作也是非常必要的。

三国之间，经济交流很活跃。但是，各自以本国的利益出发，在领土问题上，还有其他一些问题上，我们在合作上还存在着某些不协调。现在，我们希望以实事求是的态度解决现实问题。在经济问题上，我们更应该以这样的态度来努力进行合作。

我想跟大家说明一下，韩中之间的经济关系，现在是最好时期。2015 年末，中韩 FTA（自由贸易协定）生效之后，两国有很多新的签约，但是实际上签约之后，我们的贸易量反而下降了，出口与同期相比反而降低了。这是 FTA 效果发生之前，中国经济增长率的下降，原油价格下降，商品价格下降等综合因素交织在一起，造成了两国间贸易量的低下，但是将来 FTA 效果还会不断增长。关于 FTA 服务业投资部分，需要继续协商，两国关税过渡到零的时间定在 20 年，应该把这个时间提前。在金融方面，两国共同大约有 46 兆韩元的合作，韩元和人民币直接结算也在不断增长，今年上海将再开设一个两国的贸易结算点，这样两国的人民币结算会越来越多。

最后，对青岛作为金融中心，我有一点想法。青岛对于韩国而言，不仅地理上非常接近，而且感情上也很接近。将来随着中国金融越来越发达的话，以银行为主、以金融为主会转化为以资本市场为主，如果这样，证券投资模式也会发生变化。现在，中国的证券投资主要是以个人投资者为主，将来资产理财项目会以理财投资为主。青岛会成为财富管理的一个很重要的平台。

对　话

王延春[*]：刚才李虎炯参赞给我们勾勒出一个新的合作形态。虽然合作过程非常曲折，但是在合作方面我们有了新的进展，比如说货币互换。刚才李参赞也提到，在人民币和韩元之间的互换，其实非常有利于我们企业家相互之间的投资、贸易，甚至是民间的旅游等各个方面。

刚才，四位嘉宾非常新颖的提法，给我们很大的一个脑力激荡，也荡开我们的思路。根据他们以上提的讨论主题，我们进入讨论环节。我认为中日韩经济合作这个话题，在青岛来谈是非常合适的。青岛一直是中日韩之间实验合作的前沿阵地，在很多方面都是试验田。

首先我们来聊一聊宏观经济协作的问题。刚才张秘书长也提到，目前全球经济都处于低增长期，而且发展中国家也面临一个转型的艰难期。那么怎么去在中日韩三国之间进行一个宏观政策的协调，减少我们之间的一些经济风险，使我们宏观政策有很大外溢效应呢？首先请张秘书长谈一下您的看法。

张燕生：从宏观经济政策协调来讲，当前，世界经济主要面临三个方面的问题：第一个就是全球经济缺少有效需求、缺少增长动力，中日韩三国在东亚乃至全球经济中应当扮演什么角色；第二个就是全球经济出现了一个去全球化的趋势，中日韩三国如何共同推动东亚乃至全球贸易和投资开放；第三个就是全球经济机遇和风险同在，风险可能大于机遇，中日韩三国如何把握机遇、对冲风险、共同发展。

首先，讨论怎么为东亚乃至全球经济增长提供新动力？中国政府提出宏观经济政策要稳，其中有关财政政策有一个提法，就是财政政策会更加积极有力。也就是采取扩大内需和消费，增加进口需求和对外投资

---

[*]　王延春，《财经》杂志宏观经济与学术评论部主管编辑。

需求。如果中日韩协同采取一个比较积极的财政政策，增加需求和消费的话，不仅会增加东亚地区的需求和消费，而且会增加东亚地区乃至全球的进口和投资，为我们这个地区增加相互贸易、相互投资的机会，会为东亚地区乃至全球提供增长新动力。

其次，讨论一下去全球化问题。为什么开放驱动、市场机制驱动、创新驱动的全球化有这么多人和国家不满意？在英美选举中至少有一半的人投票支持脱欧和特朗普上台。这反映了一个基本事实，全球化在金融创新和创新之间的选择上偏向金融创新，最终导致主要国家经济的空心化、虚拟化、泡沫化；在1%和99%之间的全球化机会和红利的分配上，偏向了1%的富人，最终导致99%的民众不满意；在多边主义和区域主义与大国主导的全球治理上偏向了大国主导，导致多哈发展回合受阻。中日韩如何推动全球化向前发展是一个考验。

再次，就是全球化风险问题。怎么能够在共同应对全球开放风险方面，三个国家有更多的政策配合。三国在区域政策方面有更多的合作，共同推动 RCEP 和 FTAAP；三国在开放政策上有更多的合作，共同抵御货币贬值竞争，共同抵御贸易保护主义，共同抵御以邻为壑。中日韩是本地区的三个大国，是对这个地区负有重要责任的三个大国，中日韩合作不仅可以为本地区作出表率，也可以为欧美作出表率。我们在同一条船上，必须同舟共济。

王延春：赵部长，您也谈一下，现在随着美国量化宽松政策调整和美元进入加息通道，我们看到亚洲资本是向外流出的。在这种情况下，您担不担心，亚洲出现系统性的金融风险，怎么去防范？

赵晋平：从目前来看，尤其在 2015 年，中国有关汇率形成机制的改革，在国际上引起了一些比较强烈的反响，当然也有一些评论认为，这些汇改关于沟通方面似乎有所欠缺，是造成投资者预期下降的重要原因。当然，对于这个问题，我们有不同的看法，但从结果来看，在当今经济融合程度日益加深的背景下，如何确实加强各国相互间的政策协调和沟通，显得越来越重要。像中国从 2016 年 1 月份以来，尤其关于人民币汇率改革的许多信息，许多全球重要的政策沟通和协调平台，是通过一些有效的方式来让在稳定市场预期方面发挥非常好的作用。所以目前应该说无论是汇市还是股市，都进入了一个相对稳定的阶段。当然，我们说这里面的风险、不确定性还是非常多的。

在这之前，曾经出现过有些资金外流的问题，关于资金外流我们也曾经做过一些分析。尤其在美联储加息和美元升值的背景下，会导致一些资本向美国更多集中，尤其从 2015 年来看，中国外汇储备的减少，大概是 6000 多亿美元左右。有些人认为，似乎是资本外逃造成的。这里面有几个原因：

一个是企业还贷的需要。作为中国企业，持有的美元债务大概就是 7000 多亿美元左右的样子。当企业预期人民币会进入一定贬值通道的话，或者说随着美元加息速度加快，为了减少自身还贷的负担，会提前还贷。这个部分会加快企业以美元的方式流出，这主要是企业为了降低还贷成本的需要。

第二点，从 2015 年的实际情况来看，虽然说 6000 多亿美元外汇储备减少，但是和经常项目收支的顺差相比，大致是相当的。也就是说，从这一点上我们可以得到一个判断，人民币不会进入长期贬值的可能性。因为事实上，我们的贸易收支基本保持较大规模的顺差，所以人民币不具备长期贬值的可能性，这也是对稳定汇市起到稳定作用的根本原因之一。

当然，作为资本外流，还要看到一个现象，现在中国人出国旅游的非常多，大家希望持有一定的外汇，以备一时之需。当他看到人民币有一定贬值趋势出现的时候，会提前使用人民币兑换美元，这并不是资本外逃，只不过在国外，作为个人持有外汇的增加，也会在一定程度上释放出一些似乎外汇储备在下降的现象，本质上来说，并不是资本外逃的现象。所以从这几个方面来看，所谓美联储加息和美元升值以后，资本大量外逃的现象，我觉得是一个伪命题。

王延春：霍建国院长，您刚才在发言中提到，2011 年之后，随着全球产业转移的放缓，我们的贸易量是下来的。在这种全球贸易趋势收缩的状态下，亚洲贸易应该怎么扩展，怎么去发展？

霍建国：国际贸易连续五年低速增长，基本处于3%以下，国际经济基本维持在3.1%或者3.4%的水平，所以国际贸易一直是低于全球经济增长的。这个现象，我觉得是多种因素造成的。当然，首先归罪于贸易保护主义。就是说各个自贸区的形成，其实很多就形成了一个区域的贸易保护，区域之间的保护。最早欧美之间是贸易对抗的，相互保护的。现在TTP也带有贸易保护的特征，因为对外是排他性。这使很多贸易增长部分受到抑制。还有一个因素，很难测出有多大，就是欧美强调的技术加工环节回流，这可能也会有一定作用。另一个就是现在全球制造业的重新布局，从跨国公司角度讲，其基本理念就是哪销售哪制造，形成了一种新的布局，这样的话，实际上相当于贸易流量缩小了。所以我觉得全球贸易萎缩是多种因素造成的。

现在还不能断定，贸易增长低于经济增长以形成稳定规律，我觉得还要观察一段时间。我们改革开放30多年了，从全球经济来看，20世纪80年代到危机前的2008年，全球贸易都是高于经济增长的，至少高4%—5%。二战后还要高，要高六七个点，中国就更不用说了，中国改革开放后贸易迅速发展，前30年平均增长16%。所以我觉得按照经济的基本理论讲，因为贸易属于流通的一部分，应该比产值高，所以未来会不会回来？现在看，投资并没有缩减，当然也没有回到危机前的规模，而且全球的兼并收购进展非常快。中国最近也加入了全球兼并收购的行列，动作也很快，所以我认为这应该是一个新的现象。

关于外汇的话题，我就说一点，刚才赵部长已经分析得很透彻。实际这里暴露了一个问题，我们的信息公开透明是不够的。去年汇改之后，一个月减少1000多亿外汇储备，如果能清楚列出来我们在海外投资是多少，外资企业的利润汇回是多少，或者企业提前还债是多少，以及民间换汇是多少。如果把1000多亿的明细都列出来，其中也可能会有热钱，但相信热钱部分绝不会是主要的，这样百姓就不会那么紧张。

现在一限制，要提前申报，大家肯定在年底先把 5 万块钱的外汇额度先用完，那是制造紧张，所以我觉得要学会引导大众心理。这是所谓开放后，事中、事后的监管问题，要把这个监管提高。

王延春：大家也能感受到，去年汇率给人们带来的心理预期的压力是非常大的。大家一直在讨论资本外流，现在通过几位嘉宾一讲，我们就大体知道了它的结构是什么样的，这样一个透明化，才能让大家稳定预期。

其实刚才在谈的时候也提到了，除了去全球化、贸易保护主义抬头之外，还有一个很明显的趋势，就是区域贸易集团对非成员之间的贸易歧视，这种现象又出来了。同时，跨国产业链的布局，已经出现一个新的情况，更如刚才霍院长说的，在哪儿生产在哪儿销售，链条布局发生变化。我想问一下李参赞，请您从韩国的角度，谈一下现在亚洲贸易和投资的情况。

李虎炯：全球范围内贸易萎缩，这是已成定局的。世界经济下滑，增长率下滑是最主要的原因，比起贸易，内部的生产能力下降也是一个原因。另外，区域性生产也是一个原因。还有贸易保护主义，看不见的贸易壁垒，由此引起实际上贸易交易量减少，这也是一个原因。所以从全球化角度，我想提的是，允许竞争，但不能进行破坏性的竞争。

王延春：我们的时间已经到了。我知道赵部长在中日韩自贸区方面，霍院长在产业链合作方面，都有自己的独到见解。这样，大家能不能用一分钟的时间，分别谈一下。从张秘书长开始，都用最核心的一句话，对今天的话题做一个小结。

张燕生：要说的是对全球经济的一个基本看法，全球化进入下降阶段，风险可能大于机遇。中日韩三个国家面临着两个选择，一是以邻为壑，最后这个船沉了，就像 20 世纪二三十年代，没有赢家；二是同舟共济、求同存异，真正对这个地区乃至全球的强劲、平衡、可持续和包容发展作出历史性贡献，我认为后者是非常非常重要的。

赵晋平：在中日韩自贸区的建设方面，必须要适应新的变化，并且能够真正在这个过程中发挥必要的影响力，提出你的方案，最根本的还是在于自身的开放决心和开放努力。而从中日韩自贸协定来说，我觉得一个标准是需要的，就是习主席在讲到中韩自贸协定的时候，说到的一句话，"它应该是一个高水平、全面的、同时是利益大体均衡的"。我期待未来的中日韩自贸协定应该是这样的一个自贸协定。

霍建国：还是要坚持高水平对外开放，中国的整个产业阶段转型升级是一个关键阶段。最终看的话，是要通过引进来、走出去，包括国内高端产业的开放，来实现整个产业的升级，这才是我们最终的出路。青岛应该利用中日韩天然的优势，加强相互间的融合。

李虎炯：三国之间最重要的经济合作方式是开放、共享。谢谢。

王延春：其实就是形势比人强，虽然在中日韩三国自贸区谈判过程中非常艰难，已经拖了将近14年，谈判也有九轮之久了，但是进展不是很显著。通过各位嘉宾的研讨，我们知道这个动能一直都在。同时青岛，有这样一个地理优势。我知道在青岛常住的日韩友人达10万人之多。青岛也有很多先行先试的先进政策，我们希望将来能够在青岛，在民间的企业层面，我们能够更多的去探讨更多合作空间和合作渠道。我们这个环节的交流就到这里结束了。希望我们会后还可以继续交流，欢迎大家再次到青岛来相聚。

第十章

跨界与融合：金融业数字革命

"互联网＋金融"利用大数据和互联网思想解决了信用评价、抵押担保、风险控制、个性化、批量化处理等问题，使客户能够更便捷、更高效、更低成本地获取财富管理服务。一场新的金融业数字革命已经来临。互联网金融的兴起，是财富管理理念的变革、财富管理平台的延伸、财富管理技术的创新、财富管理工具的扩展。互联网金融的发展必然导致财富管理服务的改进、财富管理市场的深化、财富管理效率的提高、财富管理服务广大投资者的能力增强。

网络金融服务需要把握需求成本与风险

朱云来[*]

我们这节的题目是"跨界与融合：金融业数字革命"，我认为从计算机的发明，到网络系统的发展，带来了全新的技术时代。就像医学的发展，过去是传统医生看病，然后发明了体温计，后来发明了听诊器，再以后发明了 X 光透视。我们现在新的网络技术，如数字技术就像具有了这些透视能力，超越了过去的系统信息收集，通过系统的分析计算，进而做出一些诊断，给大家带来一个充分的想象空间。当然，第一，这些想象要变成现实也还需要一点时间；第二，有时候也容易想的太简单了，也许并不像我们想象的那样，所有问题都可以得到解决。说到底，还是一个人类社会人员之间最基本的尝试性的交际问题。

P2P 的情况我不敢说很了解。首先我们看什么是 P2P？一边是需要借钱的人，一边是愿意借钱和投资的人，中间通过一种方式把他们对接匹配起来——我觉得这跟我们传统的商业银行贷款没有什么本质区别。它的问题就是单笔额度非常小，给提供服务的人的回报或者手续费相对较小，除非需求非常大，机构也可以用一种有效的方式规模提供服务，就可以实现虽然一笔赚的少，但总体可以赚足够多。机构现在所谓的业务模式，多数实际上只是一个信息中介或者一个平台概念。如果机构要是直接持有资金，又会产生一系列新的问题，就更像一个银行，要不要

像其他的商业银行一样接受银行体系监管?

　　总而言之，预测 P2P 的未来我觉得不太容易，核心要了解是基础需求到底有多大以及成本有多高。比如某一个 P2P 公司，会有一个运行团队，这个团队的运行成本是多少？另外借钱出去毕竟有一个平均坏账率，记得上节有人提到全世界一个基本经验是商业信贷的平均坏账率4%到5%，其实各人有各人的算法。总而言之，我们保证百分之百不出事儿是不可能的。首先机构要能够承担运行成本，然后看在所谓的互联网金融的尝试过程中，能不能找到这样一个稳定的需求群体，从而能够系统的提供服务，借款人愿意付出报酬，使得机构平台能够持续维持运营，并且有一个合理利润，这是核心问题。总体来看现在规模并不大。其实我认为单元越小，越具有挑战，它的需求越是千差万别，越不容易统一处理。我对现在新形势下各种新的交互方式不敢说那么了解，但这是一个挑战。

金融将成为跨界融合重点

王永利[*]

互联网正在促进跨界融合。原来强调专业分工，互联网互联互通以后，在分工基础上再提高、再整合。所以大家会看到多环节产业链开始垂直整合。原来很难打通的东西，在互联网下边打通了，所谓边际成本为零。第二个就是横向的又在开放，跨行业的融合越来越明显，正在形成新的经济运行模式或者是组织模式。而且是原来的这一种环节越多，门槛越高的一种生态环境里边，互联网的应用就会越好。这是第一点。

第二点，我认为金融会成为跨界融合重点。金融跟所有的经济都是有关系的，所以跨界融合里边会必然包含着金融。金融发展轨迹会发生变化，长期以来，金融都朝着独立化、专业化方向迈进，脱实向虚，成为一个虚拟经济相对独立运行的体系。现在开始逐步回归，向实体经济回归，融入实体经济一体化运行这样一个轨迹转变。大家会看到很多支付、授信等等，都跟业务完全融合在一起，进而带出来好多我们所谓的场景化、近场化、移动化、数字化、普惠化、便捷化等等这样一些新的变化。原来可能我们传统金融做不到的事情，在互联网金融下面都可以做到。这是我觉得金融会成为一个跨界融合的重点。

我想讲第三个问题，跟前面有关的就是大数据。正因为跨界融合，互联网化，数字化，所以大数据本身就有更多来源。第二个就是它可以

---

* 王永利，乐视控股高级副总裁、乐视金融原 CEO。

更好地反映事物的本质，因为这里边有一个重点，就讲到大数据的时候，大家一定要知道大数据不是数据大，是一定要多维度，通过这个数据，能够更好的、更全面的反映一个事物的本质或者运行规律的，才叫做大数据。如果只有一两个维度，很少维度的数据，积累很长，数据是很大，它发挥不了应有的作用。所以现在为什么一定要拓展成为一个生态链，或者一个生态圈，这样一个多维度的东西以后，那一个数据才真正管用。这是我想讲的第三个方面，就是大数据必然就带出来了。

第四个方面，就是随着前面几个变化，金融业态包括我们财富管理，会发生重大的变化。我认为财富管理是金融的一个最主要的内容，二者是分不开的。它越来越跟实体经济去融合，而且向原来延伸不到的地方延伸。这里边包括交易双方当事人的身份验证、交易的确认、资金的清算等等，整个运行的监管一定会发生不同变化。这就要求我们金融监管体系甚至相关法律法规都要发生变化。必须监管，但是也不能完全按照线下金融监管的模式去套线上监管。所以这个里面也需要配套的改革来扶持。我先讲这么多。

互联网金融要服务实体经济

陈 龙[*]

现在，我们做互联网金融的人基本讲一个词，叫做金融场景化。如果我们看一下整个金融发展史，就会发现任何有生命力的金融产品，往往都是为商业生活场景而产生，不应该是空转型的业务。从理财角度看互联网金融，可以产生这样的逻辑——我们可能这里大部分中国人都承认——财富管理是中国人一个非常大的风口，这是从金融企业角度去看的。倒过来说，从我们的用户角度来说，这是一个非常大的痛点，但是我们的问题是如何去推动这个理财的契机。你会发现，一般老百姓在理财方面有几个特点，没有意识、搞不懂，没有渠道、不方便，成本高等等。不是说老百姓生来就应该会理财的，我们看一下美国的情况，直到20世纪四五十年代，大部分美国人还是散户在炒股。实际上，美国经历过一个误区，认为理财是炒股，美国同样经历了一个从散户到真正大部分人去理财，享受理财好处的这样一个过程。

在我们中国，2013年是所谓互联网金融元年。为什么是这么说？产生了余额宝。余额宝就是货币基金，货币基金有两个特点，一个是安全性，一个是高流动性。余额宝的成功不是把货币基金放在网上卖，把金融产品放在网上卖其实并不是互联网金融成功的关键，关键是什么？是它跟场景非常好的结合。我们把余额宝这一种货币基金的高流动性和

---

* 陈龙，蚂蚁金融服务集团首席战略官。

安全性，同网购便捷性需求很好地结合起来，就产生这样一种金融产品。所以其实你切入理财，为老百姓服务的话，它是需要一个场景切入点的。我觉得这是一个非常好的例子。

在这个数字时代，互联网金融优势在什么地方？我觉得一个是因为我们的移动互联，它给我们带来了一个很广泛的触达能力。前所未有的一个触达能力，所谓普惠金融这是一个方面。第二个，我觉得触达能力其实带来一个问题，很多不懂金融的人也能够触达金融，现在 P2P 乱象也是这样产生的，不懂金融，看不懂但就进来了，有投资者适当性的一个问题。互联网金融有两大核心竞争力，一个通过现代技术能够触达，第二要懂你的用户，有投资者适当性问题，他适合什么产品，需要什么产品，通过这样一个资产配置帮他们达成心愿，这就是一个大数据和触达能力的结合，是现在互联网金融两大核心竞争力。像我们蚂蚁金服，是从余额宝开始做的，现在招财宝叫做蚂蚁聚宝，像当年余额宝把中国理财门槛从几千降到一块。我们的心愿是帮助一个老百姓，即便只有 10 块钱也可以请巴菲特给你理财，这是我们的心愿。为什么？因为每个人都拿 10 块钱，累积起来就是很多钱，相信巴菲特是愿意做的。我们希望把原来只能够给高端人的理财实现平民化，这是我们想做的事情。

最后一点我想讲，中国因为金融原来不够发达，金融需求非常饥渴，加上这个技术结合，存在着巨大的市场潜力。从实际来看，我们现在经常讲互联网金融其实它有一个误区，很多人认为 P2P 就代表了互联网金融。其实它代表的只是互联网金融里面不够成熟的一部分，互联网金融包含的太多了，从交易、从支付、从相对标准化的安全产品，比如货币基金这样的产品，它其实做的应该是非常好的。相对的不够成熟的部分还有一些发展空间。这里面如何把这个结合好，我们现在学习西方的，有一个流行词叫做金融科技。技术当然是很重要的，但最重要的是让金融能够真的去服务我们的场景，服务我们的商业和生活，这才是金融真正的目的。所以我觉得基于技术把金融真正服务于实体、商业和生活，这才是互联网金融真正的前途。

　　如果从理财这个角度来看，我觉得中国的互联网金融有一个非常大的前景，但是我们需要耐心，要有一个普惠金融的初心，利用技术触达投资者，而且知道投资者它需要什么样的产品，有一个投资者适当性，把这个结合好，而且把投资者教育这个结合起来，能够陪伴中国大众理财者和中国的机构，甚至资本市场一起耐心成长。这些结合在一起可能才是我们互联网金融的未来。

区块链技术对金融界的三大启示

段永朝*

    各位都是金融界专业人士,我是一个门外汉,那就谈一点门外汉的看法。今年是 2016 年,距离 1517 年马丁·路德宗教改革已经 499 年过去了,我个人认为这 499 年对西方历史和整个世界历史是非常重要的。它确立了两个传统:第一个传统就是马克斯·韦伯写的那本《新教伦理与资本主义精神》中提到的资本主义精神的确立;第二个就是我们今天的主题,确立了现代货币体系和金融体系。想象一下这样一个伟大的体系,这样一个庞大的运行机制,要通过几百年时间才能确立,我们今天如果花几分钟、几十分钟的时间,评论一个迄今为止只有几十年历程的数字革命,为时尚早。

    我为什么要谈这样一个背景?只是想提醒一点,当我们在思考数字革命、数字金融的时候,要避免两个误区。第一个误区要清醒意识到,自己脑子里内嵌着一个资本主义工业时代的"操作系统"。我们不经意间使用的很多词汇都是"脏词"。比方生产者、消费者、货币,这些词都不可避免的携带有很浓厚的工业资本主义的味道,请注意我并不是说工业资本主义不好,不是在"好"和"不好"的层面来讨论问题。我只是提醒,我们一定要意识到,我们在使用"脏词"来对话,用"脏词"来达成共识,要意识到它的难点。

---

* 段永朝,财讯传媒集团首席战略官。

第二点希望提醒大家，包括我自己，我们要时时刻刻意识到，我们在说什么，希望什么，盼望什么。像前面我们在贵宾厅里面，几位在聊区块链的时候，朱老师说你不要太激动，我觉得其实也就是说我们都急于达成共识。在那么短的时间里面达成共识，简直是一个天方夜谭。区块链有一个要达成共识的机制。但共识的达成，取决于你怎么看。

说到这里，我想再提一个跟区块链有密切关系的一件事情，这件事在国内某种程度是受到忽视的。就是 NDN，叫"命名数据网络（Named Data Network）"。这件事情太重要了。为什么？今天的互联网已经存在了近40年，从1969年算起的话。今天的互联网已经不堪重负，它的安全性有问题，信息交流的效率非常低下，它今天的架构是受到巨大挑战的。

两年前，美国有一个重要的会议叫做 NDN 联盟大会，很遗憾的是这个会议中国只有几个学者和一家公司——华为去参加了。这个重要的会议我认为它正在挑战我们大家都非常熟悉的、基于 TCP／IP 架构的那个传统互联网。挑战在哪里？我认为有两点。

第一点它的安全机制，第二点它基于信息包交换的通讯机制。这一挑战，恰恰透过区块链技术表达出来。区块链技术我也没有时间展开说，说实话我自己也说不清楚。但从我自己的学习体会来讲，它有三大好处。第一大好处它在重新把我们注意力的焦点，从过去基于个体的、基于一次性的交易行为，拉到整个交易网络。全网、分布式账户体系的愿景，就是区块链的魅力所在。这让我们意识到我们是在一个社交网络之中，我们一定要融入这样一个网络，这是我们整个社会经济活动的底层结构。这是工业资本主义没有过的。所以这是第一个重要的东西。

第二点它改变了我们对信用的看法。工业时代建立信用的机制用一句话来说，就是"路遥知马力，日久见人心"，换句话说，叫"多次重复博弈"。这是成本非常高的信任体系。今天，互联网提出的问题是，当到处都有交易机会时，陌生人之间如何一次就建立信任？这是区块链带来的一个伟大的命题，意味着我们通过签名技术，区块链的账户体系，我们甚至可以不需要任何机构的背书，一次就对一个陌生人建立信任。这是非常重要的第二个启示。

第三点，我认为区块链技术将重新改写我们对财富的认知。经过500年左右的时间，基督徒们改变了自己对财富的认知，赚钱从此不可耻，获得财富是自己成就上帝选民、通往天堂的证明。但对未来的人们来讲，财富是什么含义？仅仅是狭义的金钱这么简单的事情吗？仅仅是国民财富的聚集和GDP的增长吗？显然这不能够准确回答未来信息社会的核心关注。财富除了这些内容之外还可以有什么？我认为恰恰是区块链技术，向金融界发出的一个呼喊。这个呼喊的意义在于，财富不只和经济活动有关，更与社会活动有关。

当然最后我想说，我们现在讨论区块链技术，有一点点中毒太深。就是中比特币的毒。因为三四年前，比特币变成一个投机工具之后，很多人卷入了。在这种情况下，大家将区块链技术和比特币技术几乎划为等号，我认为这是非常不恰当的。但是不要紧，世界就是这样一点一点的在测试、失败、错误和总结经验、归纳之中，曲折前行。这倒没什么大不了的。所以，我今天想跟大家交流的就是这样一个想法：金融界数字革命和创新、跨界，一定要瞪大眼睛看区块链。区块链的伟大意义，怎么高估都不过分。谢谢。

交易市场可利用科技实现更好的风控管理

吕常恺[*]

我们是一家自动化衍生品的做市商，我们以做交易为主。我们为世界上各大洲衍生品交易所的衍生产品提供流动性与价格。目前，我们在衍生品市场上面大量运用新兴科技。我 15 年前加入公司的时候，刚好赶上世界各大衍生品交易所，从场内吆喝、比划走到电子化交易系统的时期。我个人经历了公司资讯、科技的改朝换代。从一开始科技辅助了一些基本交易，比如说一些交易记录，把价格在电子化系统上面予以体现。直至今日，所有的大量衍生品交易，是透过了自动化撮合，速度提升到了纳秒等级。数据与数据之间传送不再走光纤，而是透过微波传送。通过大数据的挖掘，交易更自动化，最近比较火的是阿法狗，类似这样的科技都运用到交易上。

其实所有交易本身，跟以前人为做交易时是没有区别的。唯一不同的是，科技在这个方面为我们提供了巨大支持，一个是速度的提升。一个是准确度的体现。这些提升，进而在市场上体现了三个主要方面。第一个它把所有可影响价格的资讯，非常真实的体现在市场上，体现在价格中。第二个它让一个市场可以在短时间之内处理大量的交易，处理大量的数据。第三个它为整个交易、整个市场做了更好的风控管理，大量数据处理、压力测试、情景测试，都是科技提升之下这个市场利用科技

---

* 吕常恺，澳帝桦（上海）商贸有限公司总经理。

而实现的。最近大家都在讨论中国需要的是供给侧改革。我们的经济学家吴敬琏先生，最近在金融界论坛当中提到，中国经济进入下行通道，主要的原因是效率提高，对于增长的贡献在下降。也就是说一个市场需要这种效率来促使我们供给侧改革。这是科技对于市场带来的一些好处。同时在过去的 15 年当中，我也看到大量使用科技会对这个市场带来一些挑战。这些挑战最终会影响到每一个投资者在使用这个市场的一种信任度。而整个交易、整个市场建立，都定义在这个信任基础上的。我们发现科技在处理大量的数据、快速的处理这些数据的同时，超过了人类可以对这些科技的掌控。同时我们之前也提到互联网一些风险，这些都是需要一些很好的内部治理控管，市场监管的控管，让这些可预见的风险能够在电脑处理之中降到最低。

在一个比较完善的监管市场制度下，其实在全球来说并不是一个非常容易能够做到的事情。因为商业公司当中，有商业回报来促使公司不断的创新，不断的发展。但是在监管层上面，它反而缺少了这些诱因来不断的创新，所以它需要让监管层有原动力追上市场的步伐。如果公司层面的进步跟监管进步不能在同一个速度上面运行，整个市场的信任度将会降低。这次大会开幕时郭省长说到，中国的财富管理是一项关系人民大众的事业，因为我们有高的储蓄量，即使普通老百姓都有节余的资金投资，所以我们更应该培育一个可以被信任，同时又有效率的市场。让资本市场在投资资源的分配当中起到一个主导性的作用。谢谢。

对　话

袁满[*]：李总从市场交易角度提出机构市场创新，紧接着引发监管创新，这是一个非常好的角度。在座几位嘉宾都从各自角度阐述完了话题，接下来把提问优先权先给各位听众。

《今日财富》杂志：各位嘉宾好，我想问一下在座的王总和陈总。刚刚陈总提到蚂蚁金服想让普通大众10块钱也可以享受到巴菲特式服务。把高端财富管理平民化，这是蚂蚁金服提出来的一种观点。但是市面上有一种观点认为，所谓的富人财富管理就应该享受高收益，普惠大众的理财就应该享受低收益。这个观点两位是否认同？如果不认同，两位如何来解释这个现象。谢谢。

陈龙：我觉得理财第一个要解决的问题是要有理财的机会，而且有优质的投资人能够给你理财。原来一般老百姓是没有这样机会的，或者要有很多钱才行。另外一方面就是有一个投资者适当性的问题。投资者适当性分几个方面。一个是风险忍耐程度，这还包括他的心愿，想投资多长时间，还有资金。结合起来就是一个合适的投资的适当性判断。我们希望做的事情就是，一边是找到最好的投资人帮你理财，一方面是通过大数据，通过这个平台，让中国老百姓知道什么是他们最需要的，他的心愿是什么。同时要考虑他的适当性的问题，所以这是让天下老百姓很容易的理财，以及又正好是适合他的理财。这个结合起来才是我们的愿景。

王永利：我补充一点。普惠首先强调的是机会均等而不是收益平等，这是第一点。第二点，确实现在我们出现两极分化，财富越多可能金融机构服务越好，各种各样优惠、免费等等，甚至回报也特别多。为

---

[*]　袁满，《财经》杂志金融组主管编辑。

什么这个对高端客户也有更多优惠？因为他们产生的回报高。这个金融机构本身也是算过账的，他也有投入产出。但是用互联网方法可能会突破一些东西，比如说我们现在中国的金融产品，本身就不是很多，而且很多是非标产品，不能交易。举一个例子，比如说理财产品本身不是很多，而且门槛很高。监管又是分割的，银行有理财，保险有理财，基金信托都有理财，但是是分割的。还有一个最大的问题就是投了以后，在这个产品到期之前，既不能提前赎回，也不能转让，还不能抵质押，只能放在那里。如果投完刚好有资金需求又要投别的东西的时候没有钱，对不起这个理财产品只能够放在这里，不能转让出去，只能另外找钱去。有没有可能把金融产品激活，以金融产品为标的做好投融资，相信这里面潜力非常大。如果我们有一个互联网的交易平台，以金融产品为标的激活他们，这一种普惠作用我自己坚定相信，比我们简单资本开放，比简单的设一些民营银行、村镇银行、社区银行等机构要有效得多。因为设机构，机构后面的支撑一定是资本，资本是趋利的，这是它的本性，一定会往上走而不会宁肯不赚钱也往下走，如果不赚钱它也活不下去。所以我认为这个都是互联网来了以后可能给我们带来的很多新变化。当然刚才陈龙教授也谈到，就是如果像余额宝这样，1块钱允许你投，可以不可以，大家有争论说一块钱要投理财产品，有没有这个风险承受能力，我觉得这个也要反思一下。把100万投在理财产品才有风险承受能力吗？如果有100万的人，他把这100万全投到一个高风险的产品上面去，他的风险承受能力就一定强吗？如果他有100万还不够，又借400万投500万在这个高风险产品上，他的风险承受能力又怎么样？如果这个人只有1万，但是只投1块或者10块在这上面，结果又是怎么样？大家会看到现在我们好多互联网交易，其实很多带有娱乐性的。这10块，20块，甚至几百，砸了就砸了无所谓，但真是他的全部积蓄，甚至玩杠杆投这些东西一定不行的。这里面怎么样做一个投资者教育，特别是如果出了事儿，我们一定要刚性兑付的话，投资者的教育能不能教育好，都值得我们反思。所以这些方面确实像段老师讲的，可能很多观察事物的角度要变化一下。

袁满：我想问一下在座各位。2015 年我们看到股市大振荡，包括现在市场上正在推进的互联网金融整肃，这里面出现了很多问题，市场也有很多争议。我想问各位嘉宾，你们认为这些风险的出现，是在于技术本身还是其他层面？你们觉得这些风险点到底是哪些？应该怎么办？

吕常恺：我从一个市场交易参与者的角度来谈谈这个问题。其实一直以来交易并没有改变，从最原始的人与人之间的易货机制开始都没有改变。段老师之前讲资本主义工业革命之后，形成资本主义机制，这一个原始性其实并没有改变。科技带来的冲击，其实更多的是把它量化了。现在一些互联网金融不断降低投资者准入门槛，导致现有监管体系在监管涵盖上出现不足。这种不足不仅在中国，其实在全世界都出现同样问题。而这一种不足让问题同时也被放大。其实我觉得交易本身没有改变，只不过透过科技膨胀了，而膨胀之后更体现在某些方面监管的缺失。

袁满：吕总认为监管缺失是当中一个很重要的因素。

吕常恺：监管上面要不断创新。要跟得上整个市场创新步伐。倒并不是说监管本身的原则出现问题，而是它的手段或者是它本身创新的能力被市场远远超越。

陈龙：在过去几百年中，我们人类投资者承受了很多教训。一步步的金融危机周期。后来我们发现，金融出事一般有三个可能。一个就是融资者往往披露信息不够，或者甚至误导，虚假信息，这是一个方面。第二个方面，金融里面一个很重要的特点，就是我在卖金融产品的时候，和它的风险的爆发点有一个时间上错配。等于是我们在卖这个产品的时候，其实并不知道这个产品可能会有风险，而金融一个很重要的现象就是它出事的时候是一起出事儿，不出事儿的时候看起来都挺好。金融机构可能有道德风险，应该有一定的资质与标准。第三个方面，投资者自己其实也有问题。贪婪和短视，是人性的普遍弱点，包括我父母这样 80 岁的人。有 20% 的回报率看起来挺好，一心热就冲进去了。这往往是金融更容易产生问题的原因。我想说很多金融创新问题其实是可以预判的，并不是因为互联网金融这个全新的事物，我们就没有判断能力。

举一个具体例子。支付宝，2012 年底时我们主动自觉的不再为 P2P 平台提供第三方支付服务了。为什么我们这样做？因为 2012 年底时，有各种 P2P 平台要求我们提供这样的服务。走访了十几家 P2P 平台，我们觉得里面还是有一些好的，但好多我们觉得有风险，我们当时做了一个决定，不再为 P2P 平台提供第三方支付服务。当时其实有争议的，而且整个 P2P 的爆发是在 2013—2015 年，这跟我们关系就不大了。回过头来看顺理成章的，但当时其实还是一个自觉决定，我想说这些东西其实可以采取一些相关措施，是可以预判它的风险的。现在看 P2P 最近一些措施推出，其实就是我讲的那几个基本原则，这是全世界所有国家，经过血淋淋教训学到的原则，融资者应该有足够披露风险警示，平台中介、金融机构应该有一定资质，投资者应该有一定适当性，这几个结合其实就是一个合适的把创新和投资者保护结合好的一个体系，使它健康发展。所以我觉得现在有一些问题并不是互联网金融必须承受的，别一提到是互联网，我们就不懂了，它不是这样一个道理。而且实际上互联网金融并不代表不安全。P2P 这样的行业，包括众筹，我觉得互联网金融有一个特点，就是它的不定性越小的金融产品，越容易被标准化，越容易通过互联网传播。相对而言，不定性越大，它的发展越慢。监管投资者保护上要更小心，基本有这样一个思路。互联网金融从交易支付、理财到融资，有很多东西，我觉得它的各个类别之间相差很远，而且机构之间往往也是有很大差别，现在跑路的好多机构，实际上跟互联网金融没有关系，达不到互联网金融最基本门槛。但并没有大数据来甄别风险，因为互联网金融是不违反金融本质的，由于它的触达能力我们更要重视它的能力，真的甄别风险的能力，如果达不到的话，就违反了金融本质。所以这个其实才是最重要的一个原因，我觉得从监管或者是从我们从业者角度来说，其实是有很多规律可以去总结的。这个互联网金融并不代表不安全。

　　袁满：谢谢，您说的这些可以用一句话总结，就是说互联网金融本身不能改变金融运行所要遵循的那个风险底线。

　　段永朝：我从一个小白的角度，讲讲我的理解。几年前有一个搞笑小视频：女儿给爸爸买一个 iPad，有一天回家，他爸爸正在做饭，女儿就问爸爸，送给您的 iPad 怎么样，好玩吗？爸爸说，很好很好，不错。结果爸爸把那个 iPad 当切菜板用了。这个风险点在哪里？我说是不是应该叫做"认知风险"。其实所有人都是风险点，所有参与方都是风险点，是"认知风险"，这个怎么讲？这里面就像陈龙教授说的，具备不具备几个条件，技术是不是具备，资质是不是具备等等。我想说，可以把复杂状况总结四个变种：第一就是穿新鞋走新路，第二个穿新鞋走老路，第三个穿旧鞋走新路，第四个是穿旧鞋走老路。其实金融创新里面很多东西，大致是这四个变种的排列组合。不管怎么样，监管都是必要的。但让大家在认知上面上一个台阶，却是很难的。今天已经是一个网络社会，每个人的"认知"都与另外一个人的"认知"相关联，每个群体的"认知"都有待于另外一个群体的"认知"相互匹配。所以在这个过程中，我觉得无非就是大家要有一种放松的心态，无论是参与方还是监管方，大家先玩起来。所以我特别觉得在三年前，余额宝出来之后，掀起一个最有魅力的事情，就是让大家意识到这是一个"玩"。这个"玩"，深刻改变着人们的体验，比如分分钟可以看到你的盈利值是多少。这是多么有魅力的一件事情。分分钟可以看到赚多少钱，其实不在乎赚的多少，而在乎分分钟能够看到。所以我觉得互联网创新、金融创新里面，很多东西都是这么玩出来的，只不过稍微一不注意可能有一些会玩的出格，但不要紧，监管者也用玩的方式让他回来就是了。

　　朱云来：我同意刚才讲的那些问题的本质并不是互联网公司问题。但这也确实非常遗憾，连最基本公司是谁、做了什么、注册披露到底是什么、基本资质和注册信息都不全，做的哪一个业务内容也不清楚。这样就积累了很多问题，很可惜，这些最基本的信息，应该一开始就理清楚。

互联网金融其实确实可以试验。刚才那位先生提的问题其实还是挺好、挺尖锐的。这个市场很难去解决到底是富人多赚还是穷人少赚。这个应该是由社会整个体制来解决的，比如二次税收的调节体系或社保体系。只要是合法的投资，应该就可以。我们从市场上管，只能管它的效率。互联网的到达面非常广泛，也非常快速快捷，但是这仅仅是金融相关的一小部分而已。高等服务是不是一定能够平民化？不一定。主要是看投资客户本身的需求和情况：是帮着客户投资理财，提供咨询服务？还是客户只是简单的投资赚利息？如果是这样就算不上什么神奇的服务了。当然最根本的是，这个社会有这么多的资产，最终能产出多少，怎么能够最有效？这又是社会经济效率问题，如果没有一个高效的经济，印出来很多的钱，那最终的所谓财富，实际只是把那个符号越做越大，而实质内容其实是并没有那么大。所以其实我觉得这里边也交叉了很多不同问题。恐怕需要讨论问题的时候，要把这个前提和背景讲的更清楚一点，会有助于我们去系统地探讨。我个人对互联网科技非常感兴趣，我认为它很有潜力，应该谨慎对待并发挥它的潜力，但如果有很多基本事实不弄清楚，把市场弄乱，以后会影响它的发展。

王永利：我觉得第一个我们要放在这个大背景下，中国电商迅猛发展起来，紧跟着互联网金融一下子热起来，是为什么？我觉得都可能跟它原来基础太差、管制太多有关系。第二个就是快速的进来以后，确实有很大的空间，甚至在金融里边还有好多套利空间，可能对很多人来讲，他也意识到进去不能温柔，必须赶紧抢机会、抢东西，这个时候难免失去理智，而且上去就下不来，等你能够进去别人也能够进去的时候，可能问题就会暴露。第三个如何看待互联网金融出问题，金融里面如果不出一点风险才怪，我一直坚持这个观点，金融应该两三年、三四年一定要出一点事儿。这样全社会的人都会冷静。如果金融持续5年、10年不出事儿，它最后一定要出大事儿，不管是在中国还是在外国。如果我们寄希望它不出事儿，零风险，金融就没法玩了，就会严重抑制，没有活力。你要想让它有活力，就必须要承担这个风险，我们搞金融，就是管风险的。如果说我们从事金融业务或者从事金融监管，就一门心思想不出事儿，那最好的一个办法就是别干了，那就不会出事儿。所以我的观点是要把这些东西一层层的剥离，到深层次看，哪些应该做的要适当放开，而且出一点事儿不怕，因为不出事儿谁都不知道问题在哪里？应该怎么管？但是出了事儿一定要认真总结，一定要跟上。不管内部控制还是外部监管要跟上，但一定是符合规律的。该发展的还是要发展，而不是一棍子打死那种监管。这方面还是有很多值得我们反思的。

袁满：谢谢王总。确实，金融本身就是经营运营风险的，这个谁都不可能说绝对没有风险，实际上某种程度上没有风险就没有收益了。在座各位有问题吗？

《凤凰财经》：我有两个问题想问一下。第一个说到互联网金融监管，我们知道前段时间10部门联合整顿互联网金融，但互联网金融监管方面没有现成的国外监管模式可以供借鉴。另外由于技术的介入，监管部门的技术也是赶不上市场的技术。想知道在监管层面上，互联网金融企业和监管部门发生了怎样的博弈。比如之前说到的类似于银联网络支付平台，网联的建设，不知道是监管部门牵头还是企业行业里面做主流进行。

第二个问题是跟传统有关，我们说互联网金融的主要几个业务，就是支付、P2P、众筹、消费金融，从这上面来看，似乎对于传统金融机构，对银行的挑战是最大的。但是对于券商还有投行等其他机构，好像似乎并不会威胁到那个位置。但作为传统金融大咖，像朱老师和王总，二位对于这个问题怎么看的？

袁满：第一个问题涉及支付清算了，这个是不是请陈龙答一下比较合适。

陈龙：在2013年底时，我写一过篇文章给《21世纪经济报道》，叫做《金融创新：天使还是魔鬼》，文章结语说中国正在进入金融创新情绪的上行周期。我写这篇文章的目的是想重温金融创新产生、金融机构滥用创新、监管滞后的历史。在金融史上有一句话，叫做此次不同。我想这一次也不会有什么不同，那是 2013 年底写的。2014 年我离开了自己做了很多年的教授研究行业，加入了这个行业，觉得它非常有意思，经历了这个过程感受很多。2013 年，正好是互联网金融所谓元年，大家充满希望，情绪上行。今年我们叫做互联网金融的专项整治规范年份。我觉得刚才朱先生已经讲到规范了，就是很遗憾的看到它一些早先没有做到就出事儿了。这一个事儿看到两个方面。一方面该管肯定是应该管的，另外一方面看到一些不成熟领域出事儿的同时，我们应该看到中国互联网金融在很多方面已经远远的跑在了世界前列。以支付为例子，即可以看到我们在技术上的领先。2015 年"双 11"的时候，支付宝每秒钟能够处理的支付大概是 8.59 万笔，以前我们知道的最快的 visa 公布的 1.4 万笔每秒钟，我们 2010 年时才只能够处理 300 笔每秒钟，所以是市场的巨大对这一种小额高频需求，推动我们技术的创新。不但是小额高频技术，还有安全程度。看一个行业健康不健康，要看整个行业的自损率。P2P 行业有 40% 的跑路出问题，就知道这个行业可能是不健康的。那么我们再来看第三方支付这个行业，过去一年两年自损率百分之十几的水平，中国银行卡的自损率看数字是万分之几到十万分之几的水平，这个银行卡的自损率是世界很低水平了。我们跟那个相比毫不逊色甚至更低，我们安全度不错的。

第三点，不但技术安全，而且实际成本是给商户带来显而易见的好处。中国现在平均支付这一个收单，收商家的成本是千分之几水平。到美国，他们的收单费用在 3% 左右。总体来说，我们的很安全而且成本非常低，这方面我们已经走在前面了。一方面要整治，另一方面我们自己做的很好。金融业很有意思，特点是路径依赖，你会发现即便发达国家的金融体系也完全不一样。这看起来可能很一般，但仔细想这却是一个惊人的现象。本来认为，一个好的金融难道不是全世界各国都一样吗？就是不一样。为什么不一样？因为跟每个国家当时经济的金融的环境、大家接受程度都有非常大的关系，甚至和舒适不舒适都有关系。所以我觉得我们做整治的时候，一方面该整治要整治，另外一方面要珍惜我们互联网金融现状，同时尊重我们互联网金融一路走过来这个历史现实。从我们金融机构角度来说，我们当然要尽量去配合监管的要求，去把它做的更好。总体来说，我觉得中国支付这个行业还是比较安全的。

吕常恺：关于监管，我提到监管必须要有监管诱因。怎么触动监管者做好这一部分的监管。其实所有行业当中，企业都要求市场是公开公正公平的。当它逐渐成长为一个优秀企业，才能够在市场上发挥最大功用。所以如果参考国外，会有很多的 NGO 产生。非政府机构，比如说像一些同业工会，这种其实有一些业内优秀企业所支持的。那些优秀企业其实是希望有一个很好的监管的框架，他们所提供的一些数据，其实可以给监管层作为参考资料的。

袁满：两位嘉宾说的有一个共同点，就是中国的市场环境跟国际上还是有很多不同的，所以会有自己发展的路径依赖。我们看到中国的 P2P 市场对比美国就是不一样的。美国的 P2P 很多投资人，是以机构投资者为主，而且它有非常好的征信体系。中国这个市场环境不一样，我们在目前互联网金融市场当中，散户化的倾向是相对比较明显的。个人投资者占一个相当大的比重，相对应它的监管体系考量可能就会有很多不同。

提问：我是来自山东做 PE 的。我想问一下朱总，刚才说到很多 P2P 公司出现了问题，也有很多 P2P 公司在做转型，例如做股权众筹，中国这一个股权众筹的发展趋势是怎样的？另外上周五，国家刚刚推出了 PE 机构挂牌新三板的八项条件，条件比较严格、比较苛刻，有很多的 PE 机构是被挡在门外的。如何看待这八项条件？谢谢。

朱云来：我觉得众筹有一点被说大了。据我所知，本来众筹在国外是用在一些很小的事情上，或者有关社交的事情，根本不是为了要回报。比方说大家看某个学生挺不错的，他要做一个学习调研的报告，需要到某个地方去考察一下。大家都觉得他不错，就组织一个众筹给捐一点钱，其实是一种社会公益捐钱方式，不是真正的商业。要真的把众筹商业化，帮客户投资，类似的机构已经很多了，未必非得用众筹。如果众筹组织方说自己的众筹非常特殊，一般现有的金融机构都无法覆盖，就要说清楚这个众筹到底特殊在什么地方，为什么能够控制风险？因为拿了客户的资金，就要找到能够产生回报的投资，能够负担自己的成本，还得考虑到投资失败的风险，最后还得有一个持续的 business 需求。如果众筹组织方的逻辑是这样一个特殊产品，别的金融机构做不了，只有自己的众筹公司可以做。这个要衡量的话其实也比较简单，就看它整个规模可能有多大，其成本，收入大致是多少，有没有进一步拓展的可能性和空间。

至于说三板那个八项规定，那就是比较具体的内容了。有时候很遗憾的是，我们虽然算是在金融界工作过，但是我们也经常感到，有的时候金融市场也是缺乏非常必要的规则，但是有的时候太多规则也不好。说到底，一个有效的市场，还是要有一个系统和规则，规则要简单清晰。总而言之，我觉得国内的资本市场很多机制和规则还是值得反思的。

民生银行私人银行：互联网金融给传统金融业务带来很大冲击，也具有很大活力。余额宝出现之后，金融机构改革也非常多，在产品端创造上面也颇具活力。现在有一个问题，我们互联网有很多产品，但却没有相应的机构来进行支持。现在我们很多财富还是集中在老年人手中，至于普惠金融，这些老年消费者很难理解或者很难操作。我们很多一线员工现在做的事情是教大家怎么用余额宝，怎么使用很多金融服务。我想知道现在的状况下，我们线上的互联网金融如何跟我们传统金融合作共存共鸣。再一个我们现在的业务想怎么能够进行落地。谢谢。

王永利：互联网金融更强调移动化、场景化、数字化的服务。P2P、众筹，大家可能都面临一个挑战，就是越来越多的金融服务会直接融入到业务里面去做，而不是单独叫独立第三方做。这里面也涉及我们传统金融机构。传统金融机构一直按照专业化的路子在走，脱离实体经济之后在那里专业化做业务，很少能够直接跟线上业务无缝衔接。比如说阿里支付宝，首先是为淘宝服务的，支付宝后边有余额宝，余额宝后面不断延伸的话，几乎在一个生态里面不断延伸。淘宝需要支付的东西拿给传统金融机构做，而不是它直接就能做，效率和成本肯定不一样。这会对我们传统机构带来一定挑战。但是有多大挑战这是另外一个事儿，因为现在尽管成长迅速，但支付比重还是很低。尽管 P2P 或是线上贷款发展很快，但在整个信贷总量里面所占的比重还是很低。即使这样它已经带来了一些触动作用，讲到革命，已经推动传统金融机构的互联网化，或者是服务的效率也在提高。我觉得这里边可能大家第一个要看到互联网时代正在快速走来，尽管前面用过很多年的互联网，真正到今天互联网已经成为经济社会运行基础，正在发生一个基础作用的时代已经来临。这个已经来临的时代，我觉得一定会对传统管的越多，环节越多，效率越差的地方会带来更多冲击。这是中国互联网应用方面快速走在世界前列的一个重要因素，我们有庞大的市场，巨大的用户和很大的潜力，完全有可能中国这一家的互联网应用，比全世界其他国家加起来——我指的不是社交，指的是应用到商业行为上面——都大。如果我们用好的话，中国在互联网应用方面，不仅仅是在金融应用方面，都能够走到全世界前列。我自己认为这是一个非常难得的时代，是需要我们大家共同参与的。至于说现在哪些东西是完全有生命力的，哪些东西未来没有生命力，还需要我们谨慎甄别和体验。

袁满：王总刚刚说的那个话有一点可以表明，传统金融机构也不用危机感那么强，蛋糕很大，市场很大，大家都有机会。

陈龙：我补充一下。我觉得中国金融面临最大的机会和挑战，并不是互联网，而是金融市场化带来的挑战。因为中国原来的金融体系是为大企业融资服务的，是所谓的投资拉动型经济。所以它在意的是大企业的融资成本，当中国变成一个消费驱动社会的时候，它的理财，个人信用，他的小微企业融资，每一个方面，还有保险都是风口，这才是最大一个风口和挑战。有一个经常讲的东西叫做颠覆论，其实就是认为互联网金融可能会颠覆传统金融。其实这是事实，全世界没有一个金融机构因为互联网被颠覆，迄今为止我还没有发现任何一个个案。所以我觉得其实最大的竞争或者说商机是在金融机构，而且他们之间的竞争也是他们之间发生的。第二点就讲合作，互联网的这些企业，互联网技术进来，跟传统金融有一个很强的互补性。他们的优势是互补的。一个在技术上，它的体验上的差异，第二个就是他们在金融能力上的差异。而且还有一个就是在传统场景里面的差异，还有在金额上的差异，所以其实相对复杂的大额的，它需要更多的金融专业知识，这从来都是金融机构的强项。为大企业服务，为整个供应链服务，这都是传统金融的强项。但是这个时代并不是一个互联网金融跟传统金融竞争的时代，而是所有参与者竞争的时代。因为互联网金融跟传统金融有比较大的差异化，其实是完全可以做到合作双赢的，这个蛋糕足够大。从我们的角度而言，我们从来没有梦想自己做一个非常大的银行，我们希望自己能够做一个平台，我们希望跟金融机构一起发挥各自的力量，一起去做得更好，为我们的小微企业和消费者服务。

袁满：我觉得陈总说的非常有道理。如果说我们不对传统金融机构和互联网金融机构进行严格拆分，而是从整个金融市场的市场化发展角度来看，实际上所有的机构都将面临一个市场化竞争的问题。只是在这个竞争发展的过程当中，我们这几年能够看到互联网金融的发展，在金融脱媒、利率市场化拆除壁垒、多层次金融市场体系建设过程当中，起到一个非常积极的作用。这一点是能够看到的。但是因为它比较新，有很多新技术的应用，因此市场监管、投资者教育等新问题便随之而来。实际上，新的发展就是近几年，大家完全可以怀着理性的态度，耐心的去等待它的成熟。这也就是我们今天探讨当中的一个话题，也留在下面再有机会探讨。感谢各位聆听。感谢几位嘉宾精彩发言，谢谢各位。

第十一章

邮轮港建设的财富价值和机遇

近几年来，世界邮轮经济发展迅猛。邮轮港对所在区域的经济具有较强的推动力，不但能带动海洋高端航运、文化旅游、贸易、会展、博览等传统或新兴产业，也能辐射到自贸金融、蓝色金融、跨境金融、保险金融等财富金融领域。与欧美地区相比，亚洲地区的邮轮经济尚处于发展阶段，潜力很大。如何破解在邮轮港建设过程中的产业布局问题，凸显地区邮轮港的核心优势，挖掘其中的财富价值和机遇，都值得深入探讨。

国际邮轮港是青岛市三个千亿级项目之一

在新的发展形势下，如何利用青岛港区域建设国际邮轮港，围绕邮轮以及邮轮产业上附加的财富管理，加快金融创新产业发展，与青岛未来的发展息息相关。青岛市委、市政府决定借鉴深圳前海的经验，把本区域打造成服务管理最好、产业政策最优惠的国际邮轮港。从 2015 年 5 月国际邮轮母港正式投入使用，到 2016 年已经运行了 60 余航次。国际邮轮港的建设，我们感觉有两大机遇：一是作为青岛市三个千亿级项目之一，在基础设施建设上有很大的投资机遇，希望与会的专家都能参与其中；二是青岛作为国家财富管理综合改革试验区，国际邮轮港片区金贸中心已纳入自贸区申报范围，拥有优惠政策叠加的诸多机遇。目前我们正按照自贸区的标准，加快建设金融贸易创新发展示范区，全面构建金融开放先行区，希望各位专家能提出更好的建议，共同推动国际邮轮港的建设和发展。

---

* 郑德雁，时任山东省青岛市市北区委副书记、市北区人民政府区长，现任中共青岛市北区委书记。

邮轮经济需要金融支持

马蔚华*

邮轮在世界上发展很早，据记载好像是从 1837 年就开始了，起初是邮件和包裹运输工具，有了飞机以后，更多是用在客运和旅游相关的发展上。邮轮经济由邮轮产生，它的运行和发展带动相关产业的发展，形成了多产业共同发展的经济现象。关于邮轮经济，有一个狭义的概念，有一个广义的概念。狭义的概念就是邮轮从这开到彼岸，包括抵达、停靠，它有一系列的服务；广义概念则包括邮轮制造、邮轮码头的建筑、维修等等。建立一个千亿级的邮轮经济区，必须要具备很多条件，首要条件就是经济转型，由出口拉动转向消费拉动。旅游是衡量一个国家经济发展的重要标志。我去瑞士，山上有一家饭店，以前最主要是西餐，后来卖日餐，现在卖中餐，因为中国的游客占了主导地位。现在很多中国人走出去，邮轮是很重要的交通工具，将来青岛的邮轮将驶向四面八方。

青岛也是在"一带一路"的线上。泉州是海上丝绸之路的起点，青岛也不远，青岛在"一带一路"战略中也是很重要的。目前，传统金融面临着诸多挑战，金融创新也在寻找新的方向，寻找新的支持点，邮轮经济对于金融创新有着巨大推动作用。我认为，邮轮经济可以叫做"网络的节点经济"。我们要变成一个邮轮母港，这个很重要，邮轮母港是

---

* 马蔚华，中国企业家俱乐部理事长、招商银行原行长兼首席执行官。

中心，码头构成邮轮网络的结点，但是这个母港有集聚力，所以形成结点经济。另一个是"全球经济的本土经济"。邮轮本身是全球经济，邮轮上或者码头上就是全球经济的本土经济。自贸区也是一样。还有一个是"集聚经济"。邮轮经济的集聚经济表现在两个方面，第一个是为了邮轮服务的，是狭义的定义；另外，邮轮经济港可以引进全球的邮轮停靠在这里，在这里加油，可以收费，是广义的定义。邮轮从建造到运行，到港口的开发，到港口周边商业区的开发，是金融支持的重点。这个支持不光是贷款，我们还可以用各种各样的金融工具，吸收各种各样的投资包括产业基金、PE 等，可以吸引境外投资者，千亿级的邮轮还需要很大的信贷资金支持。另外，邮轮周边搞一个商业区，可以带动很多的中小企业，这也需要金融支持。包括餐饮业、服务业，包括小的制造业，都需要金融服务。邮轮上面的服务，从产品供应到结算，到各种各样的服务都需要金融的支持。

为了更好的支撑发展，在邮轮港口的建设中，可以根据需求来设计金融服务工具。将来申请自贸区，自贸区和邮轮经济区结合起来以后，我们的跨境金融在人民币跨境合作方面都能带来邮轮经济发展的无限想象空间。邮轮经济需要金融的各种各样的支持，两者是相辅相成的。相信青岛邮轮经济开发将给青岛经济带来很大的发展机会。

邮轮模式带动经济发展

李 扬*

邮轮首先是富人或者富裕人群进行消费的一种活动，通常认为人均 8000 美元以上，才能够经得起这样的消费。现在咱们中国富起来了，那么如何看待邮轮经济的发展，我想从几个方面和大家分享一下。

第一，从国内自己看，中国市场正在成为邮轮业全球新兴的市场。我们做了一个预测，到 2020 年全球邮轮出行人次达到 3000 万，其中中国大概占 1/6。我们现在达到 220 万人次，未来会有三倍的增长，这是一个极为庞大的消费群体，全球邮轮业都看到这个机遇。从 2008 年到现在外国游客到中国大概下降了七成，但是中国国内的消费群体从 7 万多涨到现在的 200 多万，涨了 30 倍，非常惊人。

第二，从全球格局来看，我们可以看到邮轮业的增长是比较稳健的，现在意义上的邮轮业发展已经有 40 多年的历史，它一直在增长。核心是被三家一流的企业控制，嘉年华、加勒比还有香港集团，这三家占了全球 70% 的份额。从全世界看，中国的机会是很多，但是竞争对手也很多。从邮轮市场经营来看，最有名的四个码头，美国被称为邮轮第一，第一迈阿密，第二迪拜，这些都是有天然的优势。我们规划在全国建八个邮轮港，现在上海是老大，天津、三亚、厦门以后还会有烟台、珠海，青岛如何在其中胜出，还有一段路要走。中国的游客 95%

* 李扬，交通运输部水运科学研究院院长。

乘坐国外邮轮，我们占的市场份额只有 6%左右，中国的邮轮业发展任重道远。

邮轮业投资巨大，没有政府支持是不行的，一艘邮轮造价是 4 亿美元，一个企业是几百万甚至上千万美元。我们说政府的支持可能体现在：从国家来讲作为一个新兴休闲旅游产业；对港口发展有一个良好的布局，交通运输部出台了邮轮业发展的意见，政府也看好这一新兴的产业。

我相信在青岛市北区政府的努力下，一定会将千亿级项目打造成中国新的邮轮经济的亮点。希望给我们全国旅游和航运业发展带来新的契机，也为港口的转型发展提供难得的机遇。

发展离岸金融一定要有改革政策支持

裴长洪[*]

邮轮港建设的问题涉及很多方面，会议主办方要我重点讲讲离岸金融，这个话题要做点说明。离岸金融并不一定和水发生联系，不是说有水、有港口必然发生离岸金融，这没有必然的联系。马蔚华先生是最有权威的离岸金融专家，招商银行是 1997 年国务院批准的第一家中国境内试点进行离岸业务的金融机构，他最有资格讲，但他不能把这一场发言都包圆了，所以分点话题让我说。什么是离岸金融？一种货币不在发行它的监管当局管辖范围内发生的交易活动叫做离岸金融。

比方说在欧洲有美元市场，在美国境内有欧元的市场，这是发生在美国境内的离岸金融。我们国家离岸金融有两层意思，随着跨境交易人民币扩大，进出口贸易用人民币结算，人民币这几年大量流出境外，不在中国人民银行的管辖范围内，在新加坡、中国香港、中国台湾、伦敦都有，从而产生了离岸人民币市场。在中国大陆，在人民银行管辖范围内有没有离岸金融呢？也有，离岸美元市场，离岸欧元市场，离岸其他货币市场。我们今天在这里要讲的离岸金融，估计郑区长关心的是后一种离岸金融活动，是市北区怎么发展，金融创新搞什么。他想了解第二种离岸金融活动。但就第一种离岸金融，即人民币在海外，也有一个双向流动的问题，这与人民币国际化发展密切相关。中国境内的离岸市场

---

* 裴长洪，中国社科院经济研究所所长。

有什么意义？首先是咱们目前国内所谓离岸金融，在境内发生的离岸金融，它的基础是什么？它的基础是离岸的生产和经营。什么叫离岸的生产经营活动？就是说不在中国的经济活动管理办法下的离岸生产和贸易，比如说海关特殊监管区、保税区，这里面生产经营活动与你境内的管理方式不同，是特殊监管。监管区以加工贸易为主，不受境内的经济管理规则约束。它的结算是一种国际金融结算，不用人民币结算，用的是外币来结算。这些外币结算，有金融机构为它服务，就产生了金融服务需求，这样就有了金融活动，同时也有了金融服务的收入，以及金融活动的税收和金融机构的人才。咱们国家在前几年加工贸易规模很大，进出口贸易一半是加工贸易，这两年已经降低了。大体是1.4万亿到1.5万亿美元。这么大的体量真正需要人民币支付的是多少呢？20%，生产经营的20%是发工资。他卖东西也卖出去，物流也发生在外面，因此它所有结算活动用外币。人民币结算就是工资和当地的水电费。这个买卖谁来做呢？主要是外资金融机构。在中国境内发生的离岸金融主要是外资金融机构来做，这里面一年大概要发生1000多亿的税收。1000多亿的银行服务收益，加起来大概3000亿，在加工贸易最高峰的时候达到3000亿元人民币收入，这个收入主要由境外的外资银行获取。

其他的贸易活动，包括一般贸易也会发生国际结算。包括现在跨境交易的电子商务都会发生，中国有这么庞大的离岸生产经营活动，它的回旋空间很大。特别像刚才郑区长说的，市北区GDP600亿，金融增加值400亿，它发展离岸金融首先很有基础。假如它要发展，需要一些条件。首先一个条件是胶东半岛原来的加工贸易，本来就是离岸生产经营。将来这个邮轮港包括自贸区也会产生大量的离岸生产活动。这就是说它需要提供离岸金融。为什么说在市北区建设邮轮港？确实是一个很有前景的产业。第二个条件是国家对发展离岸金融需要有一个政策。离岸金融业务要发展，实际上得从别人家那里去抢生意，因为中国的离岸金融有国际货币结算，在香港、在新加坡，甚至在爱尔兰、在首尔、在东京，你中国大陆发生的生产经营活动，金融结算不在你的境内。你现在要从人家手里抢生意，你面临这样的竞争。我们引进外资银行来做业务，还要吸引中国自己的金融机构来做这个业务，首先有一个市场准入的问题。

还有一个很重要的政策，就是需要和国际金融结算结合的平等竞争条件。其中最重要的条件是税收，做离岸金融结算同行的税收在香港是15%，在爱尔兰是17%，在我们国家是25%。你这个税收25%，人家就不在你这里做。将来青岛建成自贸区，有没有可能在争取国家政策上的支持，不是说要优惠政策，首先要一个能和国际接轨的政策，这需要呼吁中央政府对这方面的支持。

最后就是说国内做离岸金融比较先进的地方，要学习他们的经验。大家想一下目前国内大城市做离岸金融并不在沿海，重庆是做离岸金融做得比较成功的城市。还有一个很重要的就是重庆市有大量的跨国公司，所以有大量的离岸金融，它有客户基础。再有就是国家支持，重庆市的离岸金融税收是10%。如果既然要搞，一定要国家支持，我觉得关于税收的政策问题将来需要大胆改革并与国际接轨。

反观青岛，市北区特别是郑区长对这个有比较浓厚的兴趣，我觉得是有独到的眼光，胶东半岛现在和将来确实有这方面的潜力。不要说多少的税收和银行的中间业务收入，我们为青岛能培养多少个高级白领、人力资本，这都是我们经济转型升级的重要条件。随着邮轮港的建设和青岛自由贸易实验区的发展，将有力带动我们青岛离岸金融发展。也祝我们青岛成为继重庆之后又一个离岸金融的先进城市。

对　话

汪鸣[*]：刚才提到迈阿密，虽然青岛没有迈阿密的温度，但是搞邮轮还是很有热情，青岛还是有希望。区长您再表表态。

郑德雁：感谢各位对我们青岛邮轮港建设给出好的建议。邮轮港建设在青岛是起点，我们青岛以港兴市，依港建设。我们今天来的专家，包括马行长，希望借这个机会，使大家了解青岛正在规划打造的国际邮轮港，刚才我们成总也发出了邀请，再者我也真诚的邀请各位专家、各位金融界的朋友来市北喝最纯正的、最原始的青岛啤酒。谢谢。

汪鸣：我简单做一个总结，不一定能把专家的思想精髓都说出来。我们国家的三大战略里面提了一个共同的要求，就是培育有国际竞争力的产业集群。这个产业集群怎么来，我们确实要依托青岛市既有的产业基础，又要开拓新的经济领域，邮轮就属于新领域。"十三五"规划在发展中做了很多文章，通过供给侧结果调整发展模式，包括用更开放的姿态迎接下一步的发展。各位专家谈的观点都体现了这一点。邮轮港的邮轮是原来来往于北美和欧洲之间传递邮件的，更多是欧洲人开发北美的梦想。我想青岛在新世纪发展邮轮经济，是我们青岛市未来成为国际强市的梦想，所以很希望青岛在发展邮轮母港过程中，能够抓住这个机遇，能够使青岛在城市规模、城市发展水平上一个大的台阶。谢谢各位的参与，谢谢大家。

---

* 汪鸣，国家发改委综合运输研究所所长。

第十二章

财富功能区的构建与探索

财富管理建设与金融机构聚焦有着紧密的依存关系。机构聚集、功能齐备的财富功能区，可以成为金融业发展的载体，其有力的辐射和带动力，是推动金融产业乃至区域经济快速发展的强大引擎。中国打造地区财富功能区，如何借鉴先进国家的经验？如何突出地方特点，发挥地区优势？目前有哪些制约财富功能区建设的因素，又应当如何破解？

六点建议加快财富管理中心建设

Charles Bowman[*]

这几天的会议中，诸多演讲人阐发的真知灼见令我们受益匪浅。之前午餐的时候，我在做主旨演讲时也提到了中国是世界上第二大财富管理市场，一共是 6.8 万亿英镑的资产，这是一个非常大的资产。因此，个人财富管理这个行业将扮演重要的角色。

伦敦金融中心有什么关键的特征呢？对于青岛要做一个财富管理的金融中心又有什么借鉴？伦敦建立金融中心也并非一日之功，有很多的促成因素，我简单总结六个关键点：

第一，如我之前提到过，要有一个非常强有力的监管框架，这必须要跟国际的标准结合到一起。要有非常稳固的法制，这是最基本的，在英国都已经具备了；

第二，要有一个非常好的税收机制，这是要做好一个财富功能区必须考虑的因素；

第三，一个开放的、多样性的资本市场，我们今天已经说到了很多，其中说到了创新，我们不应该低估创新的力量，尤其我们在这样高度竞争的国际环境背景下；

第四，高素质的人才，大家经常忽视这个元素，但是这是非常重要的，伦敦多年以来积累了大量的金融人才；

---

* Charles Bowman，伦敦金融城行政司法长官、市议员。

　　第五，就是强有力的财政环境和良好的基础设施，这一点青岛已经比较具备；

　　第六，也很重要，那就是城市适宜居住。

　　总之，如果我们总结伦敦金融中心的成功，虽然有很多的内在的优势如英语等，但这六点是可供借鉴的。

中国资本市场要提高透明度

Bob Olivar[*]

　　这两天的会议非常精彩，我们 Ziv Asia 公司是一个私人财富管理公司，来自芝加哥，管理的资金在 10 亿美元左右。我们希望进入中国市场，因为这里极具发展潜力。

　　美国市场之所以很好，主要是源自其通过监管机构所展现出的透明度。不管是买还是卖，不管是股票还是大宗商品，只要看到数据，你就能够一目了然。监管的目标就是透明。人们可以相信这些摆在面前的数据，自然能够放心交易。我认为，目前中国市场最重要的一步就是提高透明度。西方在透明度上做得不错，但中国现在有些方面也具有一定优势，那就是投资的渠道。比如说，中国运用智能手机来获得移动银行服务的人数，要远远超过美国，使用智能手机的投资者在中国也非常活跃，另外借助微信、微博等社交媒体所进行的金融服务更是方兴未艾。

　　中国遇到的一个主要问题，就是产品过于单一，缺少全球化的多样性产品。中国市场可以借鉴西方市场开放的经验，鼓励客户向海外多样化发展，这个过程需要时间。目前，中国政府正在努力使人民币走向国际化。这不仅使外国人在中国进行投资更便捷，而且可以有效提升中国市场的流动性。同时，也应该鼓励中国投资者来海外投资，使他们能够真正实现多样化的投资组合。

---

*　　Bob Olivar，Ziv Asia 财富管理公司总裁。

美国财富管理行业正处于剧烈转型

吴高林[*]

今天，我重点来谈谈美国金融危机之后出现的一些倾向和新的财富管理模式。美国财富管理行业，正处于急剧转型期，主要原因在于2008 年的金融危机。金融危机给我们带来了新的挑战，客户满意度已经到达历史最低值。客户关注透明度高和低风险、低收益的产品，因此导致财富管理公司收入也随之下降。另外，银行的整合也给我们带来了新的挑战。未来我们将面临三个挑战：第一，是顾问和公司如何重新获得客户的信任？第二，在一个整合的金融机构的世界中，顾问的角色是什么样的？第三，财富管理的运营模式如何精细化和规模化。这些问题的答案，是新时期增长的必要条件。

北美在高净值市场方面一直增长，全球平均值是 7%，北美是8.4%，欧洲是 4.4%，亚太是 8.1%，中东非洲是 10.8%，拉美是 5.9%。目前我们面临着一系列重大变化：首先，客户的行为发生了转变；其次，顾问的流动方向发生转变；最后，我们盈利率方面的压力。刚才已经提到，随着资产收益慢慢偏向于更加安全的产品，客户更加关注于透明度，其满意度已经达到历史最低值。在顾问这方面，他们逐渐转移到了那些更加独立自主的机构。同时，针对高净值人群的竞争越来越激烈。在资产类别和定价方面的改变，其中包括监管方面的改变，给我们带来

---

* 吴高林，美中商业协会执行副主席。

了越来越大盈利率方面的压力。

　　面临这一系列挑战，我们首先要做的是必须关注客户的体验；同时必须重新审视市场的细分化，根据每一个市场细分提供新的价值；还有就是必须为客户提供新的服务。

打造高效金融区的几点想法

申小林[*]

这两天我们在美丽的青岛享受了很多关于财富的思想观点。今天这场讨论，主要是关于财富管理怎么在青岛、在金融区落地的问题。

我从事的是具体实际工作，所以谨代表个人谈一谈对金融区建设和财富管理的看法。

中国改革开放 30 多年来，积累了很多财富。财富管理，也就是这两天我们经常讲到的，就是如何通过专业风险手段和专业资产管理，获得跨越周期的实际正收益。这个问题不仅涉及中国每一位老百姓，更涉及所谓国家金融安全。所以我觉得让财富增值，是我们金融工作者义不容辞的责任。现在的实际情况是，这么多年以来，在金融领域存在一些薄弱点，有些政策法规包括监管没能完全跟上发展的需要。我们要通过学习英、美等国的先进管理经验，力争把财富管理做好。我们做的这项工作有着非常强的现实意义。

我个人认为，资产管理，其实就是一个风险管理。昨天省长也讲到，不要把鸡蛋放到一个篮子里。对一个企业，对一个地方的财政，对于每个家庭，财产就是鸡蛋，我们应该把我们的鸡蛋，只要是鸡蛋，都应该放在篮子里面，通过资本市场做交易，利用信用做背书，利用杠杆作为我们的手段，利用专业管理和专门的风险控制手段，起到跨越周期

* 申小林，天津泰达投资控股有限公司董事、副总经理。

正的收益，我觉得对财富管理我是这么看的。

今天上午也讲到了，如果我们国家，按照美国、英国这样的资本杠杆放大，我们财富管理未来的空间是非常巨大的，就是上午讲到的，大概有400万亿。青岛利用自己的天然禀赋和天然优势，打造金融服务区，可以起到很好的引领和探索作用。

那么怎么样打造一个高效的金融经济区呢？我讲三个观点。

第一，在重视硬件建设的同时，要高度重视软件和环境建设。在这个过程中，政府、平台公司和有些地方在组建所谓的金融控制公司，在聚人、聚财方面发挥各自不同的作用。因为青岛和我们走过的路可能会有一些不一样，我们很多金融区的发展，包括一些搞房地产为基础的公司，后来从事金融工作，很多是基于对原来产业积累财富的一个升级管理。所以很多大的民营机构，也搞了很多的金融领域公司。我觉得青岛是做一个广泛意义上的财富管理。财富怎么来的这个过程，我就觉得可以先放下一边，我们更多是关注不同的财富聚集到青岛，怎么利用各种各样的金融工具做好风险管理，做好财富增值。我觉得应该通过打造很好的软环境，让财富聚集到这里，让更多的人才聚集到这里。

第二，用共享的思维，打造共享平台的思路，打造金融服务区的建设。共享思维是什么？就是说到这里来投资的企业和人，可以享受青岛这个聚集区所创造的比较好的软硬件条件。要让在这里从事财富管理的人和把财富放到青岛这个聚集区进行管理的股东，就是财富的所有者，能够在这里获得财富的增值，我觉得这个是硬道理，必须要有一个共享思维。政府打造金融城的动机，无非就是要打造一个繁荣的金融服务区。我们政府的投入怎么得到回报呢？可以得到税收，在予和取方面要做更多的平衡。早期，政府可能要用比较低的成本吸引更多的人到这里来，而不是比较高昂的房价和服务，吸引很多从事管理的人和资产管理公司到这里落户，打造更大的平台。如果GDP不再增长，假如在未来5年、10年里，400万亿的规模能占多少份额，可以算出来，所以说是巨大的蓝海。对从事资产管理来说，青岛打造一个平台，比什么都重要。

第三点，我们都是搞开发开放、搞园区开发起家的，超前的规划和总体设计我觉得非常重要，要突破传统思维。大家都知道，我们的金融监管现在是按照条规来执行的，银行、信托、基金包括保险，每个行业的资产，金融资产的管理，对应的是条规的监管，它的监管规矩是不完全一样的。所以在我们国家整个金融发展实践里，不同领域的发展也是不平衡的，系统之间也有很多不平衡，造成很多风险。因此，我们要做好总体规划，和监管部门一道发挥探索综合性财富管理的作用。我讲的规划是指超前的规划，现在互联网给我们提供了非常好的工具，也提供了非常好的手段，将来的货币不是一种实实在在的货币，也可能就是数字了。通过各种各样的技术手段，我们完全可以做到不同领域监管的风险控制。所以在整个规划里面，要突出重点，我觉得青岛可以在财富管理的数据收集上多下功夫，吸引更多高净值客户到青岛扎根，到青岛生活，到这边享受比较时尚的未来生活，来加强财富和青岛金融服务区之间的连接。我觉得这应该是我们要重点考虑的。

最后，青岛有很好的优势，城市很漂亮，跟北京、天津这些城市比起来，空气非常好。在诚信方面，因为中华民族儒家文化源远流长，非常有诚信。我觉得利用青岛的空间优势，好客的优势，利用我们的一些产业发展基础，一定会发展得非常好。我也祝青岛金融服务区早日建成，早日为我们提供服务。

诚信安全的金融生态环境至关重要

夏正启[*]

  非常感谢 4 位嘉宾对青岛未来建设所提出的宝贵建议。2014 年，青岛市获批建立"财富管理金融综合改革试验区"，同时，青岛金家岭金融区管委会也获批成立，省市两级这个决策是非常正确的。从世界先进金融区建设的经验来看，打造国际化的金融区是必然之路。建设一个国际化的、与世界接轨的金融功能区，是青岛市委、市政府在财富管理发展方面做出的一项重要决策。

  刚才何博士讲，今天请的各位嘉宾是来为我们青岛出谋划策的。如何与国际接轨，我从四个方面进行了一些思考，不是很成熟，今天拿出来作为靶子，供各位嘉宾和与会者讨论交流。

  第一个方面，我们要做的就是创新。我们要做未来财富管理行业的创新高地，包括制度创新、政策创新、产品创新和服务创新等层面。刚才 Charles Bowman 先生、Bob 先生都讲到监管问题，我想，在监管方面的创新，特别是交易规则、交易制度等方面的创新，应该是未来金家岭金融区建设中首先需要考虑的。

  第二个方面，我们要做财智聚集的高地。这两年来，在市委、市政府和市金融办的支持下，我们陆续和伯克利大学、山东大学合作，在

---

* 夏正启，时任山东省青岛市崂山区委常委、青岛金家岭金融聚集区管理委员会常务副主任，现任贵州省安顺市委常委、副市长。

金融博士培养方面已经迈出了坚实的步伐。此外，2014年金家岭论坛、中国金融40人论坛等一系列论坛活动也在金家岭金融区陆续开展。未来，这里将要打造成为人才、智力和思想交流的高地。

第三个方面，刚才大家异口同声讲到一个词，就是环境。青岛的环境，正如郭树清省长讲的，适合创新创业，也适合居住，更适合财富管理。金家岭金融区的环境，总结起来有四点：第一是优美的自然环境。第二是顺畅高效的政务环境。我们对金融机构和财富管理企业入驻开通绿色通道，提供一站式的服务环境。第三是高品质的生活环境。我们的空气质量、交通、环境、氛围是适合高层次人才创业的。第四也是最重要的环境，就是诚信安全的金融生态环境。在打造金融环境方面我们有科学的手段，落户了以彭实戈院士领衔的中国金融风险量化研究协同创新中心，组建了青岛金融法庭，加上山东人的诚信性格，我想诚信安全的金融生态环境将是我们最大的亮点。

第四个方面，谈谈我们未来特色化的发展方向。我们梳理了一下，目前落户金家岭的金融业态已经达到20种，在这么长的产业链条上，我们怎么突出财富管理特色呢？我想，未来金家岭的发展有三个方向。

第一是基金业，这是金家岭金融区发展的重点，这里已经聚集了超过200支的基金。第二是家族办公室，将致力于实现让家族财富更好地传承。我们已经和香港家族办公室协会建立了密切联系，我们也希望将来能够和英国、美国家族办公室领域的专业管理机构取得联系，打造家族办公室的发展高地。第三是私人收藏，现在在金家岭已经有50家私人收藏博物馆，包括钢琴、西洋文化艺术等各个方面的博物馆。未来，我们将和有关方面合作，将金家岭打造成为私人收藏的仓储基地。

感谢各位嘉宾，对我们金家岭金融区多提宝贵意见，谢谢。

对　话

何玺阳[*]：非常感谢夏区长提出的四点思考，一个是创新，一个是财智，还有环境建设以及诚信安全。我们一个一个来讨论交流。首先让我们来听听 Bob 先生的意见，您能不能在创新方面给我们分享一下，尤其是在财富管理这个行业，您觉得创新方面我们可以做什么呢？

　Bob Olivar：首先要有创新体系，但是不需要从头开始搭建。虽然西方监管体系在经济危机中已经被验证是有问题的，但是像英国、美国、欧洲的模式可以拿过来借鉴。当然，你不能够直接把它放到青岛的环境当中，因为美国、英国、欧洲跟中国的环境是不同的，但是可以在这方面用它做一个借鉴，做一个桥梁。比方说有一些国际性的套利或者是跨境的投资，也必须了解西方的体系，有一个模式来考虑和管理这方面的风险。这里也必须注意透明度的问题。我们要有一些通用的会计准则，监管方面让市场可以自由呼吸，不要让市场没有办法前进，我们之前也说到了，这里是有很多家金融机构的，所以监管这方面是非常重要。一方面要控制市场内的发展，让市场自由成长，之前有一位先生说到了互联网金融监控，确实中国需要一个监管良好的市场，要了解个人投资者想要做什么，他们知不知道风险是什么，他们买的是什么，对投资人的教育也是非常重要的。对于财富管理而言，要有资产的多样化，我们要关注全世界不同的产品，在中国也要有更多的国际化产品，这个也是很重要的一点。

　另外，也要考虑到，把西方人邀请到青岛是可以的，但是不要让西方人牵着鼻子走，他们是专家，但是是否具备你们这样真正良好的意愿，则是不一定的。因为中国最终希望的，是一个健康、可持续的财富

---

[*]　何玺阳，英国 Equitile 资产管理公司董事会主席。

管理发展模式。

何玺阳：谢谢 Bob。我想他要表达的最关键的一点是，不是所有的创新都是好的。我想实话实说，在过去的 25 年、35 年当中，西方有很多金融市场上的创新，实际上都是灾难性的。比方说 2008 年的次贷危机，CDO（担保债务凭证），这些大家可能都知道它是多么糟糕的产品。所以说到透明性，我们要有创新。我想请问，在座有多少人会买理财产品，买理财产品的可以举手吗？在座又有多少人知道您买的理财产品实际是什么资产呢？这位女士举手了，您知道您的理财产品实际是什么样的资产吗，在您投资的时候会告诉您吗，还是说这就是一个一体化的产品？这里面透明性，透明是很重要的。但是我想你说的最后一点非常非常重要了，在创新的时候，我们说的并不仅仅是研究和发展，是关于商业化，如果你把这个产品商业化，一定要了解你的客户，这个产品是不是符合你客户的一个需求呢？我最近接触到中国的银行，他们问"先生，你想买什么呢？"我第一个反应是，你知道我的财富状况吗？第二，我都不知道你有什么产品，我怎么能给你建议呢？因此，我们必须清醒的意识到，创新并不仅仅是用在互联网或者很新颖的东西上。这也是Bob 先生所说的，要做好客户的了解，介绍最合适的产品。

第二个问题问的是 Charles，他是在城市里面工作，你也提到了人才问题，所以你能不能跟我们说一说伦敦金融城对人才的看法呢？

Charles Bowman：当然可以。我也说过，人才对任何金融服务都是非常重要的，人才的培养是要花时间的。我们在伦敦金融城形成了一个产业集群，有很多的金融服务专业知识，而且这样的一个集群已经形成了一个趋势，会吸引很多的人才。但也是进行了大量的投入，才能吸引人才。我之前也提到，我高兴的看到，我们英国的一些投资机构，也是愿意在青岛这里开办一个办公室。英国的 CISI，就是英国特许证券与投资协会，会有一些职业资质认证，来支持这样一个人才培养，而且整个地区都会从中获益。人才培养方面有很多需要学习，有很多是可以分享的，里面有很多的专业知识，伦敦金融城方面也很愿意跟青岛进行分享。

何玺阳：谢谢。现在我们已经提到教育和人才这个问题，我觉得您说得非常对，要有英国和青岛这方面的经验分享也是很好的。因为这个并不是说证书，证书只是一个开始。我们应该说是一个学徒的制度，我的同事麦克可以跟你说任何的资产管理者，都是学徒制的，就像麦克、Bob这样的人有很多的经验，会把经验跟年轻人分享。还有一点非常重要，就是中国人希望做一个培训的项目，像有测试、考试的，就是你可以达到一个基金管理经理的资质，但是我跟大家说，这个证书只是一个开始。有些人把它塞过去说"你看，我有证书，把钱交给我吧"，这个大家要小心，有证书并不是全部。

夏区长还谈到了信任和安全。吴先生来自美中商业协会，我们想请您从您的角度谈谈，美方和中方可以如何打造一个合作伙伴关系，这种信任是如何达成的？您或您的客户是如何打造信任关系的？

吴高林：我想信任是任何基础设施的一个基石，任何金融服务的基石。没有信任，客户可能不会再来找你，可能不会再给你业务。据我所知，中国人在这方面很有创造力，很多投资人都会被这些创新金融机制所吸引，所以要得到投资人的信任是非常重要的。青岛，我想这里有一个很大的优势，因为它传统上是一个文化圣地，是孔孟之乡，有长期的儒家思想影响，还有一个家族的概念。大家也知道我们从小被教导要诚实，要有这种金融资产管理的公司或者是中心在青岛建立起来，青岛这里是有非常好的基础的。

但是与此同时，我要谈谈这种信任的水平。如果比较一下美国公司和中国公司，我想绝大多数的中国公司，是在标准线以下的。可以说美国有更加严格的监管和更好的法律治理机制。对中国来说，法律条款还没有被制定出来，所以有一些人想出了很多法子来骗投资者。就像刚才我提到的信任，这是任何基础设施的基础，可以没有摩天大楼，但是必须要有信任。你的家人好友愿意借给你钱是信任你，如果没有信任，哪怕这个楼建得再高、再好，大家也不会来这里。谢谢。

何玺阳：说得非常好。信任才是真的货币，您说的非常对。最后，申先生提到环境，泰达在环境建设方面有什么经验呢，吸引投资者来这里学习和工作，有什么样的建议呢？

申小林：我们这个公司其实是一直伴随着开发区建设发展起来的，有很多积累的经验，也有很多的遗憾。我们是一个做基础服务发展起来的公司，现在金融也是有一个牌照。在整个地方经济发展里面，金融股权占的比例是比较大的，所以在金融服务提供产品方面，也做过很多的尝试。我觉得可能给青岛建设金融区的建议，就是怎么建立协同模式，处理不同金融领域里面的风险，我觉得这个非常重要。

何玺阳：好的，我们刚才提到了很多的事情，其中一个我们都提到了，那就是我们是创造了财富，但是这个财富没有和其他人分享，这样就牵扯到环境，有没有服务于公众，有没有慈善，有没有帮助穷人或者是不那么富有的人。您有没有想到不光是指服务高净值人群，比如说教这些富二代做人的道理，他们成长在富裕的环境中，他们是不是意识到人生的真正价值或者其他价值所在？

夏正启：刚才讲的公益，中国人做公益，助人为乐，是中国人的传统文化和传统思想。公益慈善也是财富管理行业一个重要的管理分支。应该说现在在财富管理这个大领域当中，与慈善公益的做法还刚刚处于起步阶段。关于慈善公益投资也是我们未来关注的方向。

Charles Bowman：信任是环境必不可少的一部分。但是信任和慈善、公益一直是肩并肩前行的。在信任的背后有一个要素，就是法制，这一点也是非常重要的。做公益也是财富管理和金融财富功能区建设的一个重要部分。

Bob Olivar：从公益的角度来看，最有效的方式就是来教育投资者，我们提到信任，但是一种有条件的信任，很多情况下，很多客户说："Bob，我信任你"，但是我跟客户说，你想信任我，但是不是真的信任我？很多客户想要快速赚钱，所以你要教育客户，不能以这样的心态，如果老是这样，就会有很多这样的庞氏骗局，这样又涉及监管和法制的问题了。

何玺阳：我还有一点事情想说，我们今天有国际的专家，大家有没有想过跨国境的财富管理？比如说在国际层面上，我们可以有财富来到青岛，也可以财富走出去，不要把鸡蛋放在一个篮子里，可以多元化。所以有没有想评论跨境财富管理的？

吴高林：我想说两句，最重要是放松监管，使中国居民可以海外投资，使用外国的金融产品，如果这一点做不到，就不是双向的，只是单向的财富管理了。只能是来自中国境外的投资者来投资中国，所以这在中央政府的肩上，这是一个沉重的负担，一旦放松监管的话，那么就会产生巨大的市场流动性，双方都想要借这个机会来进行财富管理。美中商业协会是非盈利的组织，我们推动业务交流，同时也增进双方的友谊和了解，我们非常愿意帮助中国的金融机构去海外，同时我们也很高兴将海外的金融巨头介绍到中国来。

何玺阳：您现在是在自己兜售自己的协会了。从沟通和合作的角度，您刚才提到的我非常同意。Charles 您在跨境方面有什么想说的吗？

Charles Bowman：我认为我们应该先把最基础的概念澄清，才能够继续往下谈。但是如果你眼光放远一些的话，在国际上有两个重大的趋势：第一个是国界的模糊；第二个是科技的发展。这两个因素都有利于我们建立全球的平台，这样有利于个体投资、散户者和机构投资者进行跨国境的投资。

Bob Olivar：现在 QDII 和 QFII 之间是有机制的，我个人也从事了这方面的项目，但是有的时候，项目是不成功的，他们说："我们现在不需要，麻烦您这么远跑过来了"。现在我觉得，主要问题还是人民币的管控问题。这是一个双向的选择，要是谈到跨境，自然谈到产品多样化。如果是能够实现真正的双向，就能够在很多方面消除风险，消除波动性。在中国如果黄金价格比伦敦便宜 5 美元的话，那这样就会造成市场的扭曲，应该需要一个公开的市场，这样才能实现市场的效应。

夏正启：我们欢迎 Bob 来青岛设立机构，我们欢迎你。第二，双向跨境资本的通道是已经打通的，下一步的额度，国家外汇管理局也是给了的，所以是没有问题的，欢迎你。

何玺阳：我想提一句，我认为的确是有配额的问题，在跨境方面，我们作为投资者的话，我在中国有钱，但我出国的时候，我投哪些地方呢？夏先生，我对你有一个建议，我们应该在全球投资哪类的资产呢？这些资产必须是好的资产。我说我们要投资有韧性的资产，这样才能够形成高质量的趋势。所以我想问你，为什么我们不可以在您的这个区域内，打开这个韧性的指数，可以比如说是股权，可以是在二级市场上交易，可以是一些有韧性的中国企业，在每一个行业里都有一个排名，说这是青岛的指数。青岛这些好的机构和公司，可以和上海来竞争，我说这些都是很有价值的事务。通过做这些事情，不仅教育了自己，同时也教育了你未来的客户和未来的投资者，告诉他们说我的标准就是这么高，这就是我的指数，指数就是这么形成的。但关键还是要看这些资产是不是有韧性，这是我的建议。

夏正启：非常好，何博士提到指数的问题，我们市的金融办正在研究韧性资产的交易指数。我觉得这些指数也是未来对财富管理行业整个规则体系的一种完善，这个非常好。

何玺阳：跨境的主要问题是渠道的问题，这个渠道问题我觉得是会解决的，随着人民币的国际化，这个渠道打开以后，我们应该投资什么？

吴高林：在全世界有一个比较大的投资，一般来说价值都是低估的，很多人也不是特别关心，这就是知识产权。我在知识产权估值和正确化方面已经工作了 20 年。如果金融机构能够和 IP（知识产权）的机构合作，那么我们就可以创造出很好的产品。就会有长久的收益流，您觉得这样如何？

何玺阳：我们现在管这种技术方面的流动叫技术转移，剑桥大学每一年在 IP 方面的执照是 100 亿美元。我们在这个国家已经有 IP 的交易所了，所以我希望您能再详细说几句。

吴高林：我说的是很多金融机构，并不是说这个领域是比较冷门的领域。几年前，有人尝试将 IP 产品证券化，把它切成几个单元，把它卖出去。很困难，所以他们就不做了。每一个单位的价格，它的波动性是很大的。有的时候会超过数百倍，所以我们必须要好的风险管理机制，来很好利用我们的财富，我们的知识产权的财富，我们有很多非常好的 IP，比如说现在有一些创新的停车的设施，比如说车进停车库的时候，就能够通过机器把你运到你汽车某一个位置上，很省空间。这是一种创新。华为有很多好的 IP，我们也可以利用他们。如果金融机构对这些感兴趣的话，希望能够将这些 IP 做成金融产品，这是很有潜力的市场，我在这方面工作了很长时间了，但是成功倒并不多。谢谢。

何玺阳：这个确实很困难，IP 如何评估，如何做证券化呢，确实很困难的。回到青岛的问题，我想我们可以做一些总结了。这个是基于青岛当前的一个趋势，我们可以看到之前电影行业也是发展很快，万达把奥斯卡带到了这里，格莱美也可以来到这里，还有赛艇俱乐部。根据您个人的经验，夏先生，你有没有考虑过，根据青岛现在的特点，什么样的一些客户，什么样的产品，可以基于这么好的城市之上来开发呢？

夏正启：我觉得它不是一个单纯开发的问题，开发是一个载体建设的问题，我觉得就刚才你讲的负责任的创新、公平、正义，加上信任、韧性，我觉得刚才的这些，是对青岛财富管理试验区建设一个很好的指导。未来希望伦敦金融城，纽约华尔街能够参与到我们的建设当中来。谢谢。

何玺阳：我再重复一下，现在有一个公式了：信任、公平、正义、负责任的创新、韧性、再加上包容性，这个加在一起可以打造很好的财富功能区。这个也是我们的嘉宾和我本人想要给青岛市带来的一个建议。我也相信，青岛会成为非常好的全球性中国财富管理中心，谢谢！

后　记

财富管理：普惠金融的时代命题

张燕冬博士*

　　本书既是青岛·中国财富论坛的成果集，亦是中国经济进入不同阶段的一个印记，汇集了 2016 年第二届"中国财富论坛"嘉宾演讲的主要内容。

　　中国近四十年经济的快速发展和高收入人群的不断增加，催生了强烈的财富管理需求。财富增长与变革正成为中国社会经济转型的新势头，而中国所在的亚太市场，正在逐步成为新的财富资金的聚集地。随着中国财富市场规模跃居全球第二，财富管理正成为国内金融机构业务转型升级的竞争焦点。伴随着互联网金融科技等因素的催动，中国财富管理的市场需求与投资方式更加的多元化，投资范围也逐渐走出国门，全球资产配置成为新的趋势，这也对原有的监管模式提出了新的挑战。

　　2014 年 2 月，国务院授权中国人民银行等 11 家部委，批复"青岛市财政管理金融综合改革试验区"。作为全国唯一以财富管理为主题的金融综合改革试验区的青岛，获批三年多来，在财富管理试验区品牌的

_____
* 《财经》智库总裁、《财经》高级观察员。

带动下，金融机构大批进驻，形成了良好的市场聚集效应和氛围，促进了实体经济与配套产业的发展，同时也初步建立了财富管理人才培养体系和境内外合作常态机制，财富管理中心城市建设取得积极成效。

"中国财富论坛"作为财富管理试验区的一项重要品牌，由时任山东省省长、现任中国银行业监督管理委员会主席郭树清提议发起，并在他的关心支持下形成品牌，在海内外产生了一定的影响。该论坛是由青岛市人民政府主办，《财经》杂志、《财经》智库承办的国际性的财经领域高端对话平台，以促进中国财富管理行业的健康发展和对实体经济的支持作用为目标，催动政商学界的交流与探讨，打造中国最具权威性和前瞻性的财富管理行业的国际性交流平台。

2015 年 6 月，首届"中国财富论坛"创立，主题为"创新驱动下的财富变革"，就世界经济趋势与全球财富格局、资管时代的金融业态与转型、人民币国际化与跨境资本管理、财富增长与实体经济、资本市场改革与衍生品创新、财富增长与实体经济等话题开展了深入的探讨。时任山东省省长郭树清、中国工商银行董事长姜建清、中国人民银行副行长潘功胜、中国银行董事长田国立、美国前副国务卿、摩根斯坦利副主席 Tom Nides 等发表主旨演讲。与此同时，海外嘉宾如美国桥水投资公司联席首席投资官兼联席首席执行官 Greg Jensen、芝加哥商品交易所集团首席执行官 Phupinder Gill、美国布什总统经济政策及金融市场首席顾问 Pippa Malmgren 等应邀发言。

首届"中国财富论坛"对中国财富管理的实质、财富管理的金融创新与风险防控以及如何建立更加健康的财富管理市场等问题进行了阐述，在金融界引起反响。郭树清在比较全面系统梳理山东改革发展的基础上，提出推进财富管理金融试验区的首要是深刻认识和准确把握财富管理的实质，即解决储蓄与投资衔接不顺畅、转换渠道不够多的问题，换言之，是解决间接投资与直接投资的失衡问题。他提出，民间资本多、投资渠道少，中小企业多、融资手段少，银行贷款过多依靠抵押、质押、担保等经营，管理风险能力弱等问题，都制约了储蓄与投资的有效链接，造成货币与实体经济的脱节。他认为，这也是中国银行业与发达国家银行业的差别所在，是资本市场欠发达的突出表现。他同时指出，财富管理必须与创业创新结合起来，与实体经济中的产品创新、技术创新与业态创新相结合，否则资产管理和整个金融业的创新发展就成了无本之木、无源之水。

姜建清就"创新驱动下的财富变革"进行全面阐述，提出纵观全球财富发展史，其演变过程就是金融创新、金融变革和金融深化的过程。金融创新是现代财富管理蓬勃兴起的逻辑起点。他认为，中国财富管理规模之大，在全球屈指可数，而变革主要表现在五个方面：财富管理迈入新时期；经济调整创造新需求；风险偏好出现差异化；资产配置走向全球化；服务模式呈现互联网化。因此，他提出，要将财富管理的重点由"量"的增长转向"质"的提升，即财富管理要服务于实体经济、打造财富管理互联网信息平台、构筑全市场覆盖的资产配置体系、拓展多样化的风险管理手段，实现其持续稳健的发展。

客观而言，随着中国经济的持续增长和人民生活水平的提高，财富积累迅速增加，公共财富管理意识和财富管理诉求大为增强，但从金融视角而言，中国财富管理市场发展时间短，供给和输出存在较大距离。在如何建设更加健康的财富管理市场的命题下，潘功胜强调三点：一是建立一个业态多元，多层次的财富管理市场；二是建立一个更加开放的财富管理市场；三是建立一个更加健康的财富管理市场。

如果说，首届"中国财富论坛"开创了一个较为权威和前瞻性的财富管理行业的国际性交流平台，那么第二届"中国财富论坛"可谓聚拢国内外财经金融业精英，开始构建出财富管理行业多元而开放的思想行动平台的雏形。2016年6月，第二届"中国财富论坛"围绕着"全球视野下的财富管理趋势"这一主题展开，在郭树清省长的指导下，论坛力邀15个国别的金融机构参与论坛，从宏观的全球经济与财富管理趋势、增长新动能与财富管理之道、货币政策分化与全球资产配置、金融创新与监管新思维、财富管理现状分析与应对、创新与产业升级、财富管理的政策突破、资本市场的波动与治理、产业金融与共享经济、油轮港建设的财富价值和机遇、财富功能区的构建与探索，以及具体的资本市场走势、中日韩自贸区、金融业数字革命、房地产、公益慈善、财富传承等具体话题展开，深入探讨了全球与中国的财富格局、问题与建议等。

　　2015 年首届"中国财富论坛"结束后，全球经济与财富管理发生了新的变化，对如何进行财富管理提出了挑战。针对这种挑战，郭树清提出了"维护金融稳定是各级政府必须承担的责任"；时任青岛市委书记李群提出了"推进金融改革创新　当好中国财富管理的探路者"；法国前总理德维尔潘提出了"金融创新对中国经济转型至关重要"；蔡昉提出了"发展财富管理必须立足于实体经济及民生改善"；中国证监会副主席李超分析了公募基金对财富管理行业健康发展的领头羊作用；时任央行行长助理、现任央行副行长殷勇提出了"中国货币政策回旋空间仍大"的观点；马蔚华提出了"科技创新才是财富创造的新动能"；芝加哥大学讲习教授、原美联储银行监管委员会主席 Randall Scott Kroszner 提出了"中国人口趋势和储蓄率要求加快金融改革"；英国伦敦金融城行政司法长官 Charles Bowman 梳理了打造财富管理中心的三大要素等等，都为中国财富管理的发展勾勒出重要的框架、脉络与路径。总体看来，有几个问题或许不可回避，值得继续深入探讨。

　　一是财富管理的普惠性。从全球的视角而言，财富管理主要是面向财富人群，即高净值人群，它以现代私人银行的形式在瑞士起源，20 世纪 90 年代盛行于美国、英国，成为国外主流商业银行重要的赢利性业务。然而中国发展财富管理的目的，如郭树清所言，"是把老百姓的储蓄资金更好的转化为有效投资，优化产业结构，改善供给质量，使人民群众在经济发展过程中，获得更多收入，得到更大实惠"。郭树清强调，中国财富管理是一个关系人民大众的事业，这与国外有很大不同，在中国即使低收入人群，也会有一定数量的节余节约资金。因此，一方面要强调财富管理的精细化、多元化，把分层做的越深入越好，即把合适产品卖给合适的投资者；另一方面，财富管理在总体上涉及千家万户，关系民众切身利益，直接为民众服务。大众理财有很大潜力，但同时也有必要加强对投资者的风险提示。在中国，财富管理从一开始，或许就是个普惠概念。

二是财富管理是服务实体经济的本源。财富管理的根基是实体经济，如姜建清在首届"中国财富论坛"所强调的，"实体经济是本源，是金融持续繁荣的根基和依托，而金融危机的爆发多起源于金融业的脱实向虚"。通过财富管理业的发展，促进经济结构转型，这也是论坛中共同思考的一个话题。随着经济结构的变化，随着老龄化的发展，财富管理业务应该减少对政府平台、房地产的依赖，应更多关注产业结构发展中的亮点、生产性的服务业以及中高端制造业等领域并结合企业、产业和产品的创新。

三是财富管理的创新与防范风险。应该看到，随着中国金融市场化、利率市场化改革的不断推进，多层次资本市场日趋成熟，财富管理迎来"蓄水运势"。一些企业越来越多地运用股票、债券等直接融资工具，民众的财富结构也从较为单一的储蓄和房地产更多地向理财、股票、基金、保险、债券等领域配置；与此同时，中国人的财富加速与全球资源的配置，亦成为国人财富理财的一部分。伴随着移动互联、大数据、云计算对传统商业范式的颠覆，让产品创新无国界，让财富流动和交易在秒指之间。在这种瞬息万变、错综复杂的时代背景和环境下，既要看到中国金融业、财富管理业仍处于一个相对发展不足的发展阶段，又要看到社会上利用"创新"之名导致金融乱象丛生的一面，必须强化金融监管和风险控制。随着金融改革的开放和企业"走出去"战略的实施，汇率、利率、信用、市场等各类风险加大，国别风险也在增加；同时老百姓储蓄和养老、高净值人群对于财富保值、抗风险、传承等需求日益强烈。因此，正如姜建清所强调的："单纯的风险规避已经无法满足中国财富管理市场的需要，金融要在风险管理创新方面投入更高的关注度和创造力，更多地采取主动型的风险管理理念，把财富管理的创新发展，建立在结构优化、质量优良、效率提升、责任明确的基础上，实现中国财富管理行业的持续、稳健发展"。从根本上说，金融和财富管理的监管应从制度层面上下功夫。

四是财富管理金融聚集区的探索。国际上将财富金融聚集区分为三大类：全球性（伦敦、纽约等）、区域性、地方性，而全球财富管理最主要的聚集区应该是欧洲、美国和亚太三个地区，而在中国，又将北京、上海、深圳—前海、青岛、杭州钱塘江湾、成都—重庆等区域视为金融重要聚集区。在金融聚集区域，尽管主要的财富发展模式有其共性，但在不同金融聚集区的形成过程中，因其历史背景、商业文化传统、经济腹地、制度和基础设施、法律、人才基础、优惠政策和配套服务不同，应该有各自不同的特点和优势，而非一哄而起，同质化。毋庸置疑，机构聚集、功能齐全的财富功能区，可以成为金融业发展的载体，其有力的辐射和带动力，是推动金融产业乃至区域发展的强大引擎。中国打造财富管理聚集区，如何借鉴发达国家经验？如何突出地方特点，发挥地区性优势，创造更好的金融生态圈？目前有哪些制约财富聚集区建设的因素？又当如何破解？

凡此种种问题，在"中国财富论坛"都有涉略，无法一一阐述，但带来的思考，或许比问题本身更有意义。此时，我要感谢山东省政府、青岛市政府，尤其是感谢时任山东省省长、现任中国银行业监督管理委员会主席郭树清的亲历指导和专业指点，感谢时任山东省委常委、青岛市委书记李群，时任青岛市政府副市长刘明君的强力支持，使论坛得以圆满成功，同时要感激青岛金融办的指导和鼎力相助，感谢白光昭主任、王锋副主任、李鸣和老琳琳处长的帮助支持；要感激人民出版社资深编辑鲁静的执着和专业能力；还要感激《财经》团队的伙伴们为论坛作出的卓越贡献；当然最要感谢的是对"中国财富论坛"付出心血的朋友们和各位发言嘉宾！

希望呈现给大家的不仅是2016"中国财富论坛"作为全球高端对话的平台内容，而且是我们梳理和审视中国财富管理发展的一种诠释、见解和思考。

2017年5月18日于北京金台园